Plagegeister im Riffaquarium

Schädlingsabwehr in der Praxis

Rüdiger Latka

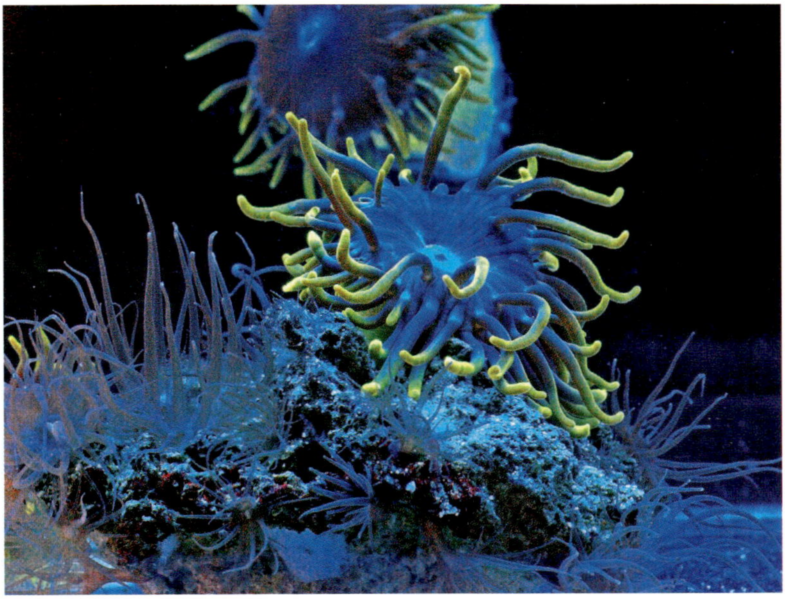

Ein Buch der Zeitschrift „Der MeerwasserAQUARIANER"

Bildnachweis:
Alle Fotos, Zeichnungen, Diagramme und Tabellen stammen vom Autor, sofern keine anderen Angaben im begleitenden Text gemacht werden.

Umschlagfotos:	Christian Fries
	Rüdiger Latka
Vorsatz/Schmutztitel:	Kai Velling

Hinweis: Alle in diesem Buch enthaltenen Angaben, Empfehlungen, Daten, Dosieranleitungen etc. wurden vom Autor nach bestem Wissen und Gewissen erstellt und sorgfältig überprüft. Da inhaltliche Fehler nicht vollständig auszuschließen sind, übernehmen Autor und Verlag keinerlei Haftung.

Die Deutsche Bibliothek – CIP-Einheitsaufnahme

Latka, Rüdiger
Plagegeister im Riffaquarium.
Schädlingsabwehr in der Praxis
– Rüdiger Latka Verlag Marxzell 3 –

ISBN 978-3-9810570-3-4

Sämtliche Computergrafiken wurden vom Rüdiger Latka Verlag erstellt.

Layout: Rüdiger Latka
Lektorat: Martina Leiber
Druck: Stober GmbH, Eggenstein

„Plagegeister"

Nach viel Mühe, Frust und manch schlaflosen Nächten entscheidet sich – Aquarianer, gehörst Du zu den Echten? Suche nicht immer in Chemie und Technik Dein Heil, denn der Teufel sitzt oft im Detail.

Vorwort

Eine Vielzahl von kleinpolypigen Steinkorallen, fast alle Weichkorallen, ja selbst großpolypige Steinkorallen können heutzutage gezüchtet werden, und so ist es nur zu begrüßen, dass diese Nachzuchten über den Fachhandel immer häufiger den Weg zum Endverbraucher finden.

Für die Recherche zu diesem Buch habe ich aus vielen Teilen Deutschlands Korallenableger aus gewerblichen und privaten Zuchten und dem Fachhandel erworben, um sie auf versteckte „Plagegeister" hin zu untersuchen. Nach dem Erwerb setzte ich sie zuerst in ein kleines Beobachtungsbecken, um zu schauen, ob „blinde Passagiere" zu finden sind.

Eine respektable Anzahl von Plagegeistern saß auf den Ablegersteinen, direkt auf den Korallen fand ich nur wenige Spezialisten. Sie alle waren ohne stärkere Lupe kaum auszumachen, aber von der Alge über den Strudelwurm bis hin zum Seestern war alles vertreten!

Ich möchte aber ausdrücklich erwähnen, dass die mir bekannten Fachhändler oder Zuchtbetriebe allesamt gewissenhaft geführt werden – trotzdem lässt es sich nicht vermeiden, dass Plagegeister dort an der Tagesordnung sind. Warum?

In der Regel handelt es sich z. B. bei den privaten Zuchten und erst recht bei den gewerblichen Zuchtbetrieben um „Gärtnereien", die Korallen in großen „Beeten" heranziehen. Diese manchmal mehrere Quadratmeter großen Becken lassen eine hundertprozentige Kontrolle der Korallen nicht mehr zu, und so schleicht sich eben der eine oder andere Plagegeist ein. Genau wie in jeder herkömmlichen Gärtnerei auch, allerdings mit dem einen Unterschied, dass der „Korallengärtner" seine Tiere nicht vorsorglich mit Schädlingsbekämpfungsmitteln behandeln kann!

Hier ist der Endverbraucher sprich Aquarianer gefordert. Ihm obliegt es ganz alleine, ob er nun diese Tatsache völlig ignoriert und dadurch die „Mitreisenden" in sein Aquarium überführt, oder ob er sich die Zeit nimmt, die Neuankömmlinge aufmerksam zu begutachten, und sie erst dann in das Aquarium setzt, wenn er glaubt, alle Plagegeister sicher entfernt zu haben. Mit jenen, die ihm dabei durch die „Lappen" gehen, hat er immer noch genug zu tun.

Wie gesagt: Eine hundertprozentige Kontrolle ist kaum möglich, und hier setzt dieses Buch an.

Für meine Recherchen habe ich befreundete Aquarianer konsultiert, um mit ihnen Erfahrungen auszutauschen, denn meiner Meinung nach ist der Erfahrungsschatz eines Einzelnen nicht ausreichend, um ein solches Buch zu schreiben.

Bedanken möchte ich mich bei Dipl.-Biol. Hannes Kirchhauser, der im Vivarium des Naturkundemuseums Karlsruhe eine Vielzahl tadellos geführter Korallenbecken betreut und über einen reichen Erfahrungsschatz verfügt. Auch mein langjähriger aquaristischer Weggefährte André Luty ließ mich über viele Jahre an seinem Erfahrungsschatz teilhaben. Auch ihm gilt mein Dank.

Begleiten Sie mich nun auf eine Reise zu den „Nervigen", den Plagegeistern im Riffaquarium.

Rüdiger Latka
Marxzell, im November 2010

Kapitel 1
Algen

Sie können einen Meerwasseraquarianer zur Verzweiflung bringen: Algen aus der Gattung *Bryopsis*.

1 Algen sind die Regel

Ein Algenwachstum im Korallenriffaquarium ist normal und nie ganz zu vermeiden. Das braucht auch nicht unser Ziel zu sein. Ich möchte das an einem einfachen Experiment erläutern.

Ich unternahm bereits Anfang der 1990er Jahre an einem maledivischen Korallenriff nahe der Insel Fesdu (Ari-Atoll) folgenden Versuch: Ich suchte mir einen ca. 40 x 40 x 30 cm großen, völlig algenfreien Stein in der Starklichtzone aus, der von allen erreichbaren Bewohnern befreit wurde. Schnecken, kleine Seegurken, Seeigel, Krabben, Einsiedlerkrebse usw., alles wurde entfernt. Danach wurde über den Stein ein Netz, das ca. 10 cm Abstand einhielt, gespannt. Der Stein befand sich somit unter einer Art „Netz-Zelt".

Durch die 3 x 3 mm großen Maschen des Netzes war er nun so geschützt, dass kaum ein relevanter Algenfresser an ihn herankam. Das Experiment startete bereits zu Beginn des Aufenthalts, sodass es drei Wochen lang beobachtet werden konnte. Bereits nach drei Tagen war der erste zaghafte Fadenalgenflaum zu sehen. Dem gesellten sich nach und nach kleine Schmieralgengesellschaften hinzu. Zum Ende der zweiten Woche war der Stein so mit Fadenalgen und einigen Schmieralgen überwachsen, dass ihn jeder Aquarianer aus seinem Aquarium entfernt hätte – wohlgemerkt, das Wasser war frei von jeglichen messbaren Endprodukten wie Nitrat oder Phosphat. Dieses Naturwasser war ein biologisch aufbereitetes, für aquaristische Verhältnisse sehr gutes Meerwasser, das so wahrscheinlich nur selten in Aquarien anzutreffen ist – und trotzdem wuchsen in diesem Wasser die Algen hervorragend.

Schon am Ende der zweiten Woche versuchten viele algenfressende Fische mit aller Macht, an diesen Stein zu kommen. Sicher war er in ihren Augen ein unglaublicher Leckerbissen. Auch Einsiedlerkrebse, ja selbst Schnecken und Seeigel waren immer auf dem Netz zu finden. Aber sie kamen nicht an die Algen heran.

Bevor sich nun der halbe Indische Ozean an diesem „Leckerbissen" einfand, beschloss ich, das Netz zu lüften, und dann begann

Hier ein anschauliches Experiment, das im Aquarium vorgenommen wurde. Die linke Filterkammer wird genau wie das Hauptbecken beleuchtet und enthält auch das gleiche Wasser – allerdings fehlen hier jegliche Algenfresser. Nach wenigen Wochen ist diese Kammer vollständig veralgt. Der rechte Teil, in dem sich jede Menge Algenfresser befinden, ist nahezu algenfrei.

ein spektakulärer „Showdown". Alles, was Flossen hatte, und sich von Grünzeug ernährt, stürzte sich auf den Stein, und binnen weniger Stunden war er wieder blitzblank. Die wenigen Schmieralgen wurden dann in der Nacht von irgendwelchen Schnecken, Seeigeln etc. restlos dezimiert. Am nächsten Morgen sah man dem Stein nicht mehr an, was er die letzten beiden Wochen „durchgemacht" hatte. Nur die Kalkalgen, die sich auf ihm befanden, waren in Mitleidenschaft gezogen, aber sicher erholten sie sich nach relativ kurzer Zeit wieder. Das konnte zwar nicht mehr beobachtet werden, da der Urlaub vorüber war, aber es ist mehr als wahrscheinlich.

Damals lernte ich durch dieses Experiment, dass selbst ein für Korallen optimal eingestelltes Meerwasser ein ideales Umgebungsmedium für alle Arten von Algen darstellt. Sie lassen sich auch durch noch so wenig Nitrat oder Phosphat nie ganz vermeiden. Die wichtigste Erkenntnis war aber, dass es auf genügend Algenfresser ankommt. Sie entscheiden, in Verbindung mit einem einwandfreien Wasser, ob die Algen kontrollierbar bleiben.

Ein Überhandnehmen und unkontrolliertes Wachstum von Algen, egal, ob es sich hierbei um Schmier-, Faden-, Kugel- oder Braunalgen handelt, muss allerdings unterbunden werden. Schnell nehmen sie, im eng begrenzten Raum eines Aquariums, zu große Flächen für sich in Anspruch und verdrängen oder beschädigen in der Folge die Korallen. Dass sich die Algen über Gebühr ausbreiten können, dazu sind aber immer mehrere Faktoren erforderlich.

Im natürlichen Riff findet man jede Menge Tiere, die effektiv Algen fressen. Auch im Meerwasseraquarium sollten wir sie uns zu Nutze machen.

Nicht unterschätzen sollte man das Einbringen unerwünschter Algen. Es gibt Algen wie z. B. die Braunen Schmieralgen (Ordnung Raphidophycea, siehe Kap. 1.6), die man sich durch Unaufmerksamkeit in das Aquarium einschleppen kann, obwohl sie vorher dort nicht vorhanden waren.
Dann die Überdosierung von Spurenelementen. In diesen Elementen ist häufig viel Eisen enthalten, das Einfluss auf einige Korallenfarben nimmt. Es wird nach Zugabe der Spurenelemente schnell etwas „sichtbar". Das verleitet viele Meerwasseraquarianer dazu, hoch zu dosieren, und dann liegt dieses effektive Algenwuchselement im Übermaß vor, obwohl es, neben dem Mangan, zu den am stärksten abgeschäumten Elementen gehört (GLASER 2009).
Der größte Fehler, den Meerwasseraquarianer machen, ist, dass sie sich zwar recht teure Fische und Korallen leisten, für Algenfresser – sog. herbivore Organismen – aber am liebsten keinen Cent ausgeben möchten. Meist sind die Schnecken, Einsiedler, Seeigel, Kammseesterne, Seegurken oder Sanddollars nicht besonders farbig und viele sind am Tag auch kaum zu sehen, aber wir sollten uns darüber im Klaren sein, dass nur sie es sind, die unermüdlich jeglichen Algenbewuchs „beackern" und so die besten Voraussetzungen für ein algenfreies Aquarium schaffen. Die Einzelheiten hierzu erfahren Sie in den folgenden Kapiteln.

Turbo-Schnecken sind zwar nicht spektakulär, aber sie befreien das Aquarium von feinstem Algenaufwuchs. Foto: J. Pfleiderer

Diese bis max. 2,5 cm große Schnecke (*Euplica spec.*) mit ihrem markanten Rüssel hat sich als hervorragender Algenfresser entpuppt, der keine Korallen belästigt.

1.1 Fadenalgen (*Derbesia*- und *Bryopsis*-Arten)

Wie in der Einleitung beschrieben, sind in intakten natürlichen Korallenriffen auch die Lebensbedingungen für Fadenalgen günstig. Zu Beginn der Meeresaquaristik war es für jeden Aquarianer ein erstrebenswertes Ziel, zuerst die Fadenalgen zu etablieren, denn diese zeigten an, dass nach dem Einfahren eines Riffaquariums der Prozess der biologischen Reifung abgeschlossen war. Man wusste: Wachsen erst einmal die Fadenalgen, überleben auch die Korallen.
Durch Fehler im Betrieb eines Meerwasseraquariums wie unausgewogener Besatz, das Fehlen von Algenfressern und ungünstige Wasserwerte können verschiedene Arten von Fadenalgen zum Problem werden. Wahrscheinlich lernt jeder Meerwasseraquarianer in seiner Laufbahn diese Algen einmal kennen. Einigen Einsteigern vermiesen sie das ganze Hobby, sodass diese relativ schnell wieder zu Aussteigern werden. Durch die richtige Zuordnung dieser Algen und einige Hinweise zu ihrer Beherrschung hoffe ich, etwaige Enttäuschungen verhindern zu können.

Schadensbild

Besonders zwei Gattungen von Fadenalgen werden in unseren Becken häufig angetroffen: *Derbesia spp.* sowie *Bryopsis spp.* Beide Algengattungen können zeitgleich im Aquarium auftreten. Beide können bei einem Massenaufkommen die komplette Dekoration überziehen und die Korallen – allen voran die empfindlichen Steinkorallen – schädigen.

Bei der Gattung *Derbesia* handelt es sich wohl um die am häufigsten auftretende Fadenalge im Riffaquarium. Sie bildet oft dicke Teppiche aus unverzweigten Fäden, in denen sich eine Menge Detritus ansammeln kann. Generell gilt, dass ältere lange Algen von den meisten algenfressenden Tieren nicht so gerne gefressen werden. Diese nehmen viel lieber den kurzen Algenrasen, der willig gefressen wird.

Bryopsis-Arten sind an ihrer verzweigten, gefiederten Gestalt zu erkennen. Die Färbung ist meist dunkelgrün. Diese Algen werden, wenn überhaupt, nur von wenigen Algenfressern gefressen. Allgemein kann man sagen, dass sich jeder Algenfresser zuerst einmal nach anderen Algen umschaut, bevor er sich an den *Bryopsis*-Algen vergreift. Diese Algen sind wesentlich schwerer beherrschbar als *Derbesia*-Arten.

Maßnahmen

Ein invasives Wachstum dieser beiden Gattungen kann auf eine „Eutrophierung“ (Anreicherung von Pflanzennährstoffen) des Aquarienwassers zurückgehen. Das betrifft in erster Linie Nitrat und Phosphat. Jedoch sind Algenplagen nicht ein ausschließliches Nitrat- oder Phosphatproblem, denn Algen brauchen noch weitere Nährstoffe, um zu wachsen: Eisen und Kohlendioxid zum Beispiel.

Besteht bei einem dieser Faktoren ein Defizit, was nur sehr begrenzt durch ein Überangebot anderer Faktoren kompensiert werden kann, so wirkt dieser Faktor wachstumslimitierend. Das ist die wohl wichtigste Erkenntnis bei der Bekämpfung von Algenplagen: Viel Nitrat und viel Licht lassen keine Fadenalgen wuchern, wenn gleichzeitig z. B. ein ausgeprägter Eisenmangel oder ein Mangel an CO_2 vorliegt. Liefern wir aber – beispielsweise durch Spurenelementezugabe – das nötige Eisen oder auch durch den Kalkreaktor vermehrt CO_2, so kann das Algenwachstum dadurch explosionsartig zunehmen. Trotzdem wäre es falsch, zu behaupten, allein eine Eisen- oder CO_2-Zufuhr verursache eine Fadenalgenplage. Das Zusammenwirken aller Faktoren, also das Gesamtmilieu, verursacht die Plage! Darum ist das gesamte System erst einmal hinsichtlich der folgenden Punkte zu überprüfen:

An ihren unverzweigten Spitzen (Pfeil) erkennen wir Fadenalgen der Gattung *Derbesia*.
Foto: J. Pfleiderer

Deutlich verzweigte Spitzen (Pfeil) sind das Merkmal der Gattung *Bryopsis*.

- Herrscht ein hoher Gehalt an anorganischen Nährstoffen (Phosphat, Nitrat)?

- Findet eine übertriebene Zufuhr von Eisen und anderen Spurenelementen statt?

Die Futtermenge zu reduzieren, soll nicht bedeuten, die Fische hungern zu lassen. Es stellt aber eine effektive Maßnahme zur Reduzierung des Nährstoffeintrags dar. Die Fische nur so viel füttern, wie in kurzer Zeit gefressen werden kann (hierbei die Garnelen etc. nicht vergessen).

- Ist viel gelöstes Kohlendioxid (z. B. Kalkreaktor mit hohem CO_2-Eintrag) im Aquarium?
- Werden für Fadenalgen günstige Lichtfarben verwendet (Leuchtmittel mit hohem Gelbgrün-Anteil)?
- Fehlen Algenfresser?
- Könnten sich schädliche Substanzen im Becken befinden (z. B. zu hoher Gehalt an Schwermetallen, giftige Kunststoffe)?

Zuerst gilt es, eine nachgewiesene Wasserbelastung zu reduzieren. Die Futtermenge verringern klingt leicht, aber wenn das Aquarium überbesetzt ist, nützt es relativ wenig, die Fische hungern zu lassen. Ergo, nicht die Futtermenge verringern (es sei denn, Sie geben wirklich zu viel), sondern die Menge der zu fütternden Tiere reduzieren, denn das bringt auf jeden Fall Erfolg. Auch muss für ein sehr gutes Ausgangswasser gesorgt werden, das über eine Osmoseanlage von Schadstoffen zu befreien ist.
Ergänzend führen Sie einen wöchentlichen 10 %igen Wasserwechsel durch und filtern das Aquarienwasser über einen Phosphatadsorber.
Beachten Sie, dass dies nur Sinn macht, wenn Sie ein bekannt gutes Markensalz verwenden, denn diese Salze sind schon lange auf dem Markt und haben sich ausreichend bewährt. Hierbei ist zu beachten, dass bei vielen billigen Salzsorten die Hauptelemente Calcium und Magnesium nicht im richtigen Verhältnis zugemischt sind. Bei einer Salinität, verursacht durch 35 Gramm Salz in 1 kg (nicht Liter!) Wasser, sollte das Calcium (Ca^{2+}) mit einer Konzentration von 421 mg/l vorliegen. Das Magnesium sollte in diesem frisch angesetzten Meerwasser mit ca. 1313 mg/l messbar sein. Ist die Abweichung von diesem Mengenverhältnis (412 : 1313) gravierend, dann ist die Salzmischung nicht ausgewogen und kann ein Auslöser für Algenprobleme sein.

Weiterhin bietet sich auch der Einsatz von Zeolith an. Achten Sie aber darauf, dass es sich um ein Zeolithmaterial handelt, das für Salzwasser geeignet ist. Normalerweise wird hier der sog. Klinoptilolith verwendet.
Die genaue Zusammensetzung der natürlichen Zeolithe hängt von ihrer Herkunft ab. Klinoptilolith hat eine innere Oberfläche von etwa 200 (!) m^2/g. Er bindet verschiedene Kationen unterschiedlich stark. Die Bindungsreihe sieht wie folgt aus (GLASER 2008): Cäsium (Cs^+)> Rubidium (Rb^+)> Kalium (K^+)>Ammonium (NH_4^+)> Barium (Ba^{2+})>Strontium (Sr^{2+})>Natrium (Na^+)> Calcium (Ca^{2+})> Eisen (Fe^{3+})> Aluminium (Al^{3+})> Magnesium (Mg^{2+})> Lithium (Li^+). Dieser Reihe ist zu entnehmen, dass Ammonium (NH_4^+) an 4. Stelle steht und stark gebunden wird. Dies verhindert effektiv den weiteren Umbau über das Nitrit zum Nitrat. Einer übermäßigen Anreicherung von Nitrat kann so elegant entgegengewirkt werden. Auch diverse Schwermetalle werden von Klinoptilolith gebunden: Blei, Zink, Mangan, Kupfer und Cadmium.
Da Zeolith ein Naturprodukt ist, unterliegt er natürlich Schwankungen. In der Praxis liegt das Bindevermögen zwischen 2 und 6 mg Ammonium pro Gramm Zeolith. Effektiv ist der Zeolith aber nur, wenn er aktiv durchströmt wird. Das einfache

Fadenalgen und die „Balling Methode"

In der Meerwasseraquaristik wird oft mit anorganischen Salzen gearbeitet. Sie werden vornehmlich für die sog. „Balling Methode" verwendet. Diese Methode dient als unkomplizierte Versorgung des Meerwasseraquariums mit Calcium und Hydrogencarbonat, die beide für das Korallenwachstum notwendig sind. Zur Versorgung werden diese Stoffe täglich zugeführt. Hat man sich entschieden, diesen einfachen Weg der Wasseraufbereitung zu gehen, müssen die entsprechenden Salze eingekauft werden. Hierbei handelt es sich um die anorganischen Salze Calciumchlorid-Dihydrat und Natriumhydrogencarbonat. Recherchiert man im Internet nach Ballingsalzen, bekommt man eine Vielzahl dieser Salze mit folgenden Beschreibungen angeboten:

1. Von pharmazeutischer Reinheit und optimal zur Anwendung bei der Balling Methode
2. Calciumchlorid mit hoher Reinheit und optimal zur Anwendung bei der Balling Methode
3. Ballingsalze 1 kg CALCIUMCHLORID DIHYDRAT Ph Qualität
4. Calciumchlorid-Dihydrat 1000 g Packung in Reinst-Qualität ≥ 99,5 % Ph. Eur.

Falls Sie regelmäßig mit diesen Salzen arbeiten möchten, gelangen damit auch die Verunreinigungen der Salze ins Wasser. Einige Verunreinigungen sind positiv, weil sie biologisch verwertet werden können, andere verhalten sich neutral. Es existieren aber auch solche, die sich anreichern und nach einiger Zeit schädigend auf das System (z. B. in Form von Algenplagen) wirken können. In hohen Konzentrationen sind diese Stoffe sogar toxisch. Als typische Beispiele wären hier Arsen (As), Quecksilber (Hg), Blei (Pb), Kupfer (Cu) usw. zu nennen. Verdeutlichen wir es uns an folgendem Beispiel: Nimmt man einen jährlichen Verbrauch von 5 kg Calciumchlorid-Dihydrat (***zur Analyse***) an, so würden sich bzgl. Kupfer in Summe maximal 25 mg im Meerwasseraquarium anreichern. Würden diese bei einem Meerwasseraquarium mit einem Volumen von 500 Nettoliter komplett in Lösung gehen, wären dies dann 0,05 mg/l. Beim Einsatz des Salzes mit dem Reinheitsgrad ***„reinst"*** wäre dies schon die doppelte Menge (0,1 mg/l). Verwendet man ein Salz mit einem nur ***„technischen"*** Reinheitsgrad, so erhöht sich die Zugabe dieser Verunreinigungen drastisch (Kreissl 2011)! Es ist möglich, dass zu Beginn einer schleichenden Verunreinigung die Fadenalgen verstärkt wachsen, obwohl die messbaren Wasserwerte im optimalen Bereich liegen. Beim Kauf von anorganischen Salzen sollten Sie genau wissen, welche Qualität Sie einkaufen.

Deshalb achten Sie auf folgende Punke:

- Je höher der Reinheitsgrad, desto unwahrscheinlicher werden Wechselwirkungen sein, die durch Verunreinigungen hervorgerufen werden.
- Die qualitativ schlechten Salze können zwar alle für die Balling Methode verwendet werden; man sollte sich aber dann nicht wundern, wenn die ersten unerklärlichen Probleme auftreten (z. B. Fadenalgen).
- Definitiv gilt: Je höher der Reinheitsgrad, desto teurer die anorganischen Salze.

Merke: Von den oben beschriebenen vier Bezeichnungen ist für uns nur die letzte Angabe (Punkt 4) relevant und unkritisch: „Calciumchlorid-Dihydrat 1000 g Packung in Reinst-Qualität ≥ 99,5 % Ph. Eur". Nur Salze mit dieser Bezeichnung sollten wir im eigenen Interesse kaufen.

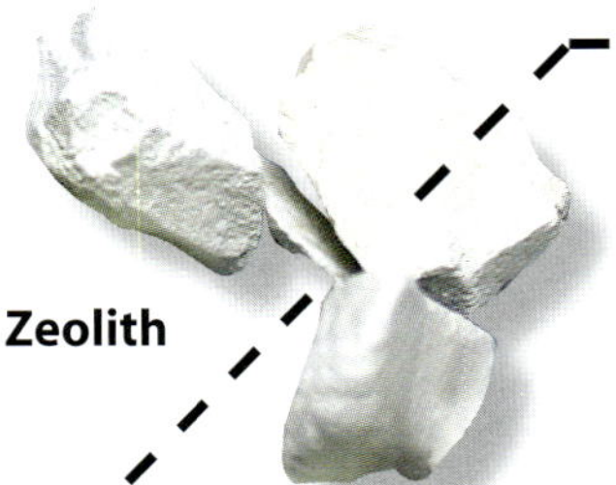

Zeolith

Welche Stoffe in welcher Reihenfolge (Bindungsstärke) vom Zeolith aufgenommen werden:

1. **Cäsium**
2. **Rubidium**
3. **Kalium**
4. **Ammonium (!)**
5. **Barium**
6. **Strontium**
7. **Natrium**
8. **Calcium**
9. **Eisen**
10. **Aluminium**
11. **Magnesium**
12. **Lithium**

Ammonium (die Vorstufe von Nitrit und Nitrat) sowie Eisen sind starke Algennährstoffe. Durch den vorsichtigen Einsatz von Zeolith können sie behutsam aus dem Meerwasser entfernt werden. Auch Verunreinigungen, die durch minderwertige Salze in das Aquarium kamen, können mit Zeolith teilweise wieder herausgeholt werden. Hierbei müssen aber die Korallen sehr genau beobachtet werden. Beim kleinsten Anzeichen von Bleaching (helle Gewebestellen) muss die Zeolithmenge sofort reduziert werden.

Einhängen eines zeolithgefüllten Beutels ins Aquarium reicht nicht aus. Auch kann dieser nicht endlos verwendet werden, weil das Zeolith-Material durch Verschmutzung und starken Bakterienaufwuchs irgendwann verstopft. Verfahren Sie aber nicht nach dem Motto „Viel hilft viel". Zeolith sollte zu Beginn nur in kleinen Mengen zugegeben werden. Erfahrungsgemäß reicht eine Menge von 40 g/100 Liter vollkommen aus. Beobachten Sie Ihre empfindlichen *Acropora*-Korallen sehr genau. Löst sich bei diesen einige Tage nach der Zugabe plötzlich stellenweise das Gewebe auf, ist die zugegebene Zeolithmenge zu hoch. Reduzieren Sie in diesem Fall sofort das Material!

Überprüfen Sie, ob an Ihrem Becken nur meerwassertaugliche Materialien Verwendung finden. Grüne Aquarienschläuche aus PVC enthalten Weichmacher, die vom Meerwasser langsam herausgelöst werden. Werden diese Schläuche nur sparsam verwendet (Erfahrungswert ist ca. 1,5 Meter 16/22 mm dicker grüner Aquarienschlauch auf 100 Liter netto), hat das keine Auswirkungen auf ein Meerwasseraquarium, wenn ein regelmäßiger Teilwasserwechsel durchgeführt wird. Silikonschläuche sind hier wesentlich besser, da absolut giftfrei.

Graue und grüne PVC-Rohre, wie sie im Fachhandel angeboten werden, sind hinsichtlich ihrer meerwasseraquaristischen Tauglichkeit nicht zu beanstanden.

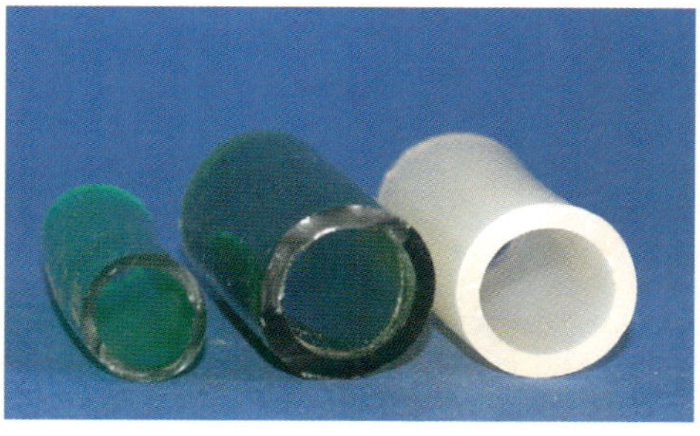

Beim grünen Aquarienschlauch sollte man im Meerwasser vorsichtig sein. Der helle Silikonschlauch hingegen ist völlig ohne Nebenwirkungen.

Einige **toxische Substanzen** können bei manchen Kunststoffen und ggf. verwendeten Klebstoffen beobachtet werden. Deshalb sollten nur Kunststoffe und Kleber, die garantiert meerwassertauglich sind (graue Hart-PVC-Rohre, Acryl- oder Plexiglas, Tangit-Kleber sowie ausgewiesener Aquariensilikon), verwendet werden. Vorsicht auch bei künstlichen Aquarienrückwänden: Verlangen Sie vom Hersteller eine Garantie der Meerwassertauglichkeit.

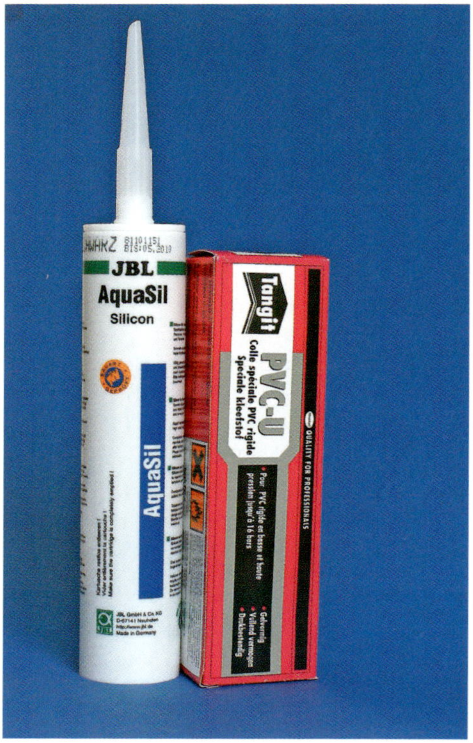

Tangit PVC-Kleber von Henkel hat sich über Jahre als meerwassertauglich bewährt. Silikonkleber, der von diversen Aquaristikfirmen angeboten wird, ist ebenfalls geeignet.

Werden toxische Substanzen im Aquarium vermutet, sollte ein Aktivkohlefilter installiert werden. Die notwendige Dosierung muss mit langsamer Steigerung der eingesetzten Kohlemenge experimentell ermittelt werden. Als grobe Obergrenze sehe ich ca. 1 ml Aktivkohle/Liter Aquarienwasser an. Gehen nach deren Zugabe die Algen zurück, sind wahrscheinlich Materialien im Becken, die dort nicht hingehören.

Beleuchtung optimieren. Prüfen Sie die Beleuchtung auf Lichtfarbe und Lichtstär-

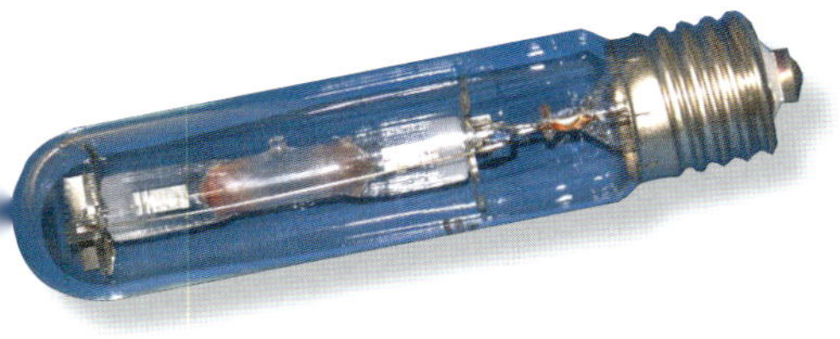

Alte Leuchtmittel können Algenwuchs provozieren.

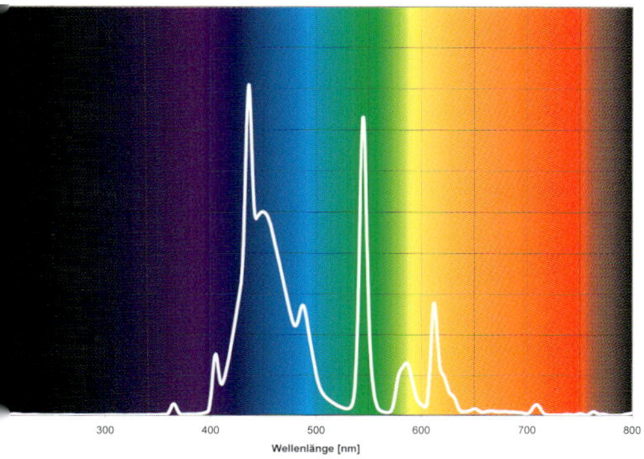

Ein Beleuchtungskörper für Meerwasseraquarien muss genügend blaue Strahlungsanteile aufweisen. Das Lichtspektrum sollte in etwa so aussehen, wie in der obigen Grafik dargestellt. Grafik: S. Brunnengräber

ke. Vermeiden Sie Lampen mit hohem Rot-, Gelb- und Grünanteil (Warmtonleuchten)! Setzen Sie probeweise andere Lichtfarben ein. Lenken Sie das Spektrum verstärkt in Richtung Blau. Achten Sie auch auf einen regelmäßigen Austausch der Leuchtmittel nach ca. 12 bis 14 Monaten. Das Spektrum von HQI-Brennern und T5-Leuchtstofflampen verschiebt sich mit zunehmender Brenndauer in Richtung rotgelb.

Klebstoffe außerhalb des Aquariums können in einigen Fällen ebenfalls für eine Algenplage verantwortlich sein. Einige Male ist es in der Praxis schon vorgekommen, dass die weiche Unterlage, auf der das Aquarium direkt aufliegt (Schaumstoff, Styropor, Gummi etc.), mit einem problematischen Kleber auf den Unterschrank geklebt wurde, z. B., um ein Verrutschen bei der Aufstellung des Aquariums zu vermeiden. Befindet sich nun dieser Klebstoff zufällig direkt unter einer Silikonklebefuge, können die austretenden Lösungsmittel durch die Unterlage in die Silikonfuge und dann ins Wasser einwandern und so das Wasser vergiften.

Sollte die Aquarienunterlage mit Klebstoff am Unterschrank festgeklebt worden sein, könnte dieser Klebstoff ggf. durch die Schaumstoffunterlage und durch die Aquariensilikonnaht in das Aquarienwasser einwandern und so eine Algenplage verursachen.

Nährstoffkonkurrenz durch Algen in einem dem Hauptbecken angeschlossenen Refugium.
Eine der zuverlässigsten Fadenalgen-Bekämpfungsmethoden ist es, schnellwüchsige Algen der Gattungen *Caulerpa* oder *Chaetomorpha linum* im Aquariensystem „wuchern" zu lassen. Durch ihr starkes Wachstum stellen sie für die Fadenalgen erstens eine Konkurrenz bezüglich der Nährstoffverwertung dar und zweitens bekämpfen sie die Fadenalgen durch allelopathische Wirkstoffe (siehe Kapitel 1.7 Rote Schmieralgen). Vermeiden sollten Sie in dieser Phase jede Zufuhr von Spurenelementen, insbesondere von Eisen.

Nährstoffkonkurrenz und Feindfaktor. Höhere Algen bekämpfen langfristig eine Fadenalgenplage.

Freies CO_2 minimieren. Wenn Ihr Aquarienwasser zu viel freies CO_2 enthält, das zum Beispiel über den Kalkreaktor in das Becken eingebracht wird, dann sollten Sie versuchen, den pH-Wert (als Messwert der CO_2-Konzentration) einmal durch Calciumhydroxid ($Ca(OH_2)$) anzuheben und zum Zweiten an den Auslauf des Kalkreaktors eine sog. zweite Stufe (gefüllt mit grobem Korallensand) anschließen. Dadurch wird freies CO_2 gebunden und als Hauptnährstoff für die Fadenalgen zu einem Minimumfaktor, der im Laufe der Zeit das Wachstum der Algen begrenzt.

Grafik: Zweite Stufe am Kalkreaktor

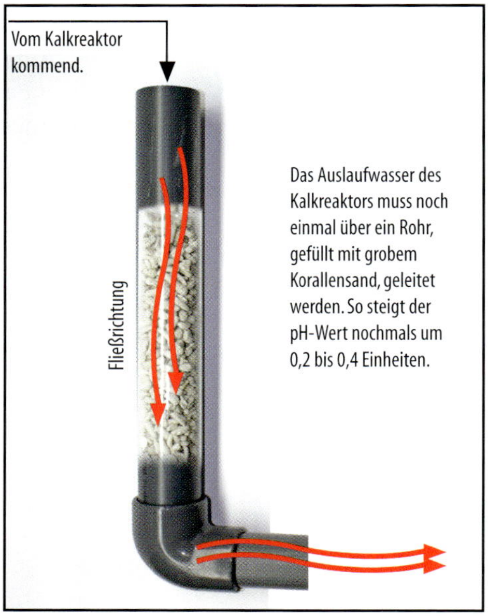

Eine weitere Möglichkeit ist, dass über den Abschäumer bei sehr starker Abschäumung und gleichzeitig schlechter Umgebungsluft (viel CO_2 in der Luft) zu viel dieses Treibhausgases ins Aquarium transportiert wird. Hier kann es helfen, dem Abschäumer aus einer gut belüfteten Umgebung Frischluft zuzuführen.

Kalkwasserzugabe: Das Verdunstungswasser muss generell durch Kalkwasser (Calciumhydroxid ($Ca(OH_2)$)) ersetzt werden. Das Kalkwasser sollte jeden 3. bis 4. Tag neu angesetzt werden, damit es seine Wirksamkeit voll entfalten kann. Kalkwasser arbeitet verlässlich einem verstärkten Algenwachstum entgegen und hat sich in den vergangenen Jahren bestens zur Unterdrückung von übermäßigem Algenwuchs bewährt!

Mechanische Bekämpfung. Haben Sie mit den o. a. Methoden die Lebensbedingungen für Fadenalgen verschlechtert, dann können Sie zur mechanischen Bekämpfung übergehen. Dicke Polster werden ausgerissen, dünnere Schichten abgebürstet. Abgelöste Fadenalgen müssen aus dem Wasser entfernt werden (Absaugschlauch, feinmaschiges Fischfangnetz etc.).

Bitte beachten Sie, dass bei Fadenalgenproblemen die Zugabe von Spurenelementen so lange unterlassen wird, bis die Plage nicht mehr existiert. Beim regelmäßigen Teilwasserwechsel kommen genügend Spurenelemente ins Becken, sodass die Korallen keinen Mangel leiden.

Fressfeinde

Wie bereits erwähnt, werden dünne, kurze Algenbeläge von allen bekannten Algenfressern besser aufgenommen als dicke, langfädige Algenpolster. Setzen Sie folgende algenfressende Fische ein:

Doktorfische

Die im Aquarium allgemein als schwierig bekannten Arten wie *Acanthurus achilles, A. japonicus, A. leucosternon, A. lineatus* fressen Fadenalgen, aber diese Fische sollten dem fortgeschrittenen Meerwasseraquarianer vorbehalten bleiben und nicht in erster Linie zur Algenabwehr erworben werden.
Wer ein großes Aquarium ab ca. 2000 Liter Inhalt besitzt, kann den bis 40 cm Länge erreichenden und sehr schwimmfreudigen Gestreiften Rotmeer-Doktorfisch *Acanthurus sohal* pflegen. Der Gestreifte Rotmeer-Doktor frisst hervorragend Fadenalgen und andere Algenbeläge. Weiterhin bietet sich

der Paletten-Doktorfisch *Paracanthurus hepatus* an. Er ist ein guter Fadenalgenvertilger. Auch der Gitter-Doktorfisch *Acanthurus triostegus* frisst Fadenalgen und Algenfilme von Hartsubstraten. Sämtliche *Naso*-Arten werden für das normale Riffaquarium (bis ca. 800 Liter) zu groß und außerdem sind sie nicht so sehr auf Fadenalgen spezialisiert. Man findet in dieser Gruppe eher Zooplanktonfresser, Tangalgenfresser, Braunalgenfresser und Phytoplanktonfresser.
Hervorragend geeignet sind Doktorfische der Gattung *Zebrasoma*. Besonders der Gelbe Seebader *Z. flavescens* (18-20 cm) ist ein exzellenter Fadenalgenfresser. Der Weißdorn-Seebader *Z. scopas* (bis 20 cm) ist zwar farblich weniger attraktiv, aber genauso gut für die Fadenalgenbekämpfung geeignet. Auch der Schwarze Seebader *Z. rostratum* (bis 25 cm) macht seine Arbeit bestens. Unterschiedliche Meinungen hört man über den Gelbschwanz-Seebader *Z. xanthurum* (bis 25 cm) aus dem Roten Meer. Bei einigen Aquarianern läuft er unter „guter Algenfresser", bei anderen als „nicht immer zuverlässiger Algenfresser". Die Gründe dafür liegen im Dunkeln.

Kaninchenfische

Kaninchenfische sind mit den Doktorfischen nahe verwandt. Besonders *Siganus vulpinus* kann im Aquarium eine Größe bis 25 cm erreichen. Bei Einzelhaltung ist *S. vulpinus* ein ausgezeichneter Aquarienfisch, der in der Regel (auch hier keine Regel ohne Ausnahmen) hilft, die Fadenalgen im Aquarium kurz zu halten. Unermüdlich löst und frisst er diese, sodass sie sich immer mehr reduzieren. Mit kleinen Garnelen (*Thor, Periclimenes* usw.) sollte er nicht zusammen gepflegt werden, denn hier besteht die Möglichkeit, dass er sie frisst.

Schleimfische

Der Juwel-Felshüpfer (*Salarias fasciatus*) ernährt sich hauptsächlich von kurzen Aufwuchsalgen und lebt in flachen Riffgebieten zwischen Korallen, Sand und Geröll in einer Tiefe bis zu 8 Metern. Er leistet im Aquarium wertvolle Hilfe bei der Reduzierung des kurzen Algenrasens, den er den ganzen Tag über abweidet. Die Betonung liegt hier aber auf „kurz" denn längere Fadenalgen werden von ihm nicht mehr „bearbeitet".

Viele Doktorfische aus den Gattungen *Acanthurus* und *Zebrasoma* sind hervorragende Algenfresser. Auch Kaninchenfische der Gattung *Siganus* lassen sich gut zur Algenbekämpfung einsetzen.

Zebrasoma flavescens

…us vulpinus

Acanthurus nigrofuscus

Salarias fasciatus beweidet den kurzen Algenrasen sehr effektiv. Foto: M. Latka

Sandgrundeln

Mit einer Länge von max. 6 cm und einem relativ kleinen Maul frisst *Amblygobius rainfordi* (Rotstreifen-Sandgrundel) sehr gerne Fadenalgen (nicht *Bryopsis*-Arten!). Man kann diese Grundel in bester Kondition halten, wenn ihr kleine Felder dieser Algen (an Stellen, wo die Algen keinen Schaden anrichten können), angeboten werden. Den ganzen Tag über weidet sie die Algen ab, und es ist erstaunlich, wie kräftig diese kleine Grundel dann wird. Es muss allerdings bemerkt werden, dass eine Algenplage durch sie alleine nicht eingedämmt werden kann. Genau wie den Juwel-Felshüpfer sehe ich sie als „Zuarbeiter" an. Die eigentliche Hauptarbeit leisten immer noch die Doktor- und Kaninchenfische.

Schnecken

Familie Trochidae

Einen nicht unwichtigen Anteil bei der Algenbekämpfung haben die Gehäuseschnecken. Bei einer Pflege geeigneter Arten – d. h. Arten, die dauerhaft unter der Wasseroberfläche bleiben – kann man davon ausgehen, dass eine große Schnecke (ca. 3 bis 4 cm Durchmesser) der Gattungen *Trochus* oder *Tectus* ein Dekorations-

Die Rotstreifen-Sandgrundel *Amblygobius rainfordi* zupft sehr gerne an längeren Fadenalgen. Eine Plage lässt sich aber mit diesen Grundeln nicht bekämpfen. Foto: J. Pfleiderer

teil von 15 x 15 cm frei von Fadenalgen hält. Es lohnt sich somit auf jeden Fall, diese Schnecken von Anfang an mit in das Aquarium zu nehmen. Beide Gattungen vergreifen sich nicht an Korallen!

Trochus sp.

Turban-Schnecken

Ebenfalls wichtig sind die sogenannten Turbanschnecken (Unterfamilie Turbininae). Von der Gattung *Turbo* tauchen mehrere Arten regelmäßig im Handel auf. Häufig handelt es sich dabei um *Turbo brunneus,* die im Indischen Ozean und im Westpazifik weit verbreitet ist. Mit einer Maximalgröße von 5 cm ist sie ein eher kleiner Vertreter der Gattung.

Turbo sp.
Foto: J. Pfleiderer

Braunmarmorierter Seehase

Dolabella auricularia

Dieser Seehase ist nach schwieriger Eingewöhnung (unbedingt die Tropfmethode anwenden, denn die Tiere sind gegen Dichteschwankungen sehr empfindlich) im Aquarium ein ausgezeichneter Algenfresser. Die Art ist nicht auf eine Alge spezialisiert. Vor allem Fadenalgen, auch *Wrangelia argus,* aber auch Schmieralgen (leider nicht die roten Formen) werden gefressen. Sind keine Algen vorhanden, stirbt der Seehase innerhalb von wenigen Wochen. Ersatzfutter können überbrühter Salat, aufgeschnittene Tomaten oder Pflanzenpellets (für Nager) sein. Bis 300 Liter können deshalb nur Einzeltiere empfohlen werden. Die Tiere sind Zwitter, können sich aber ohne Partner nicht vermehren. Nach dem Laichen sterben sie recht schnell und darum ist es schade, dass zu oft zu große Seehasen importiert werden.

Für *Dolabella auricularia* wird berichtet, dass sie 4 Jahre im Aquarium gepflegt wurde.

Dolabella auricularia. Foto: A. Luty

Algenfressende Schnecken dürfen in keinem Meerwasseraquarium fehlen.

An Wirbellosen vergreifen sich die Seehasen als reine Pflanzenfresser nicht. Allerdings ist die gemeinsame Pflege mit vielen Lippfischen, Drückerfischen, Feilenfischen und Kugelfischen zu vermeiden. Bei Gefahr stoßen Seehasen ähnlich einem Kraken Tinte aus. Diese ist entgegen den gelegentlichen Behauptungen nicht giftig.

Seeigel

Im Folgenden stelle ich Arten vor, die sich im Korallenriffaquarium zur Algenbekämpfung bewährt haben und keine Korallen belästigen.

Paracentrotus lividus

Der Steinseeigel ist im gesamten Mittelmeer auf Felsuntergrund oder in Seegraswiesen häufig anzutreffen. Steinseeigel sind gute Algenvertilger, die problemlos über viele Jahre auch in tropischen Meerwasseraquarien gehalten werden können. Tagsüber sind sie kaum zu entdecken, da sie ihr Versteck erst nachts verlassen, um auf Weidegang zu gehen.

Die hier vorgestellten Seeigel sind effektive Algenfresser.
Fotos: H. Kirchhauser

Paracentrotus lividus

Echinometra mathaei

Eine häufig importierte Seeigel-Art ist der Riffdach-Bohrseeigel aus dem Indopazifik. Neben dem Kugel-Seeigel (*Mespilia globulus*) ist er wohl der harmloseste Seeigel für das Korallenriff-Aquarium. Als Erkennungszeichen der braunen Riffdach-Bohrseeigel kann der weiße Ring um die Basis der Stacheln dienen. Im Aquarium hat sich dieser Seeigel als sehr ausdauernd erwiesen. Beim Kauf von kleineren Tieren muss darauf geachtet werden, dass man nicht die ähnliche, polypenfressende Seeigel-Art *Parasalenia gratiosa* erwirbt. Diese Art hat jedoch ein ovales Gehäuse, das maximal 2 cm im Durchmesser misst.

Echinometra mathaei

Tripneustes gratilla

Ein häufig importierter Seeigel des Indopazifik ist der Pfaffenhut-Seeigel, der ebenfalls zur Familie der Giftzangen-Seeigel gehört. In seiner Heimat ist er schon auf dem Riffdach oder im Seegras seichter Buchten anzutreffen. Die Giftzangen, über die der Pfaffenhut-Seeigel verfügt, sind für den Menschen zwar nicht gefährlich, können aber an empfindlichen Stellen wie Wespenstiche wirken. Der Seeigel benutzt sie, um

Tripneustes gratilla

kleinere Wirbellose zu fangen. Ansonsten sind Pfaffenhut-Seeigel vorwiegend Pflanzenfresser und gelten in Fachkreisen als die effektivsten Seeigel im Kampf gegen Algenplagen.

Mespilia globulus

Der relativ kleine Kugel-Seeigel aus den Flachwasser-Bereichen des Indopazifik wird im Handel regelmäßig angeboten. Er kann an den 5 breiten und 5 schmalen samtigblauen, stachellosen Flächen zwischen den radiären Stachel-Reihen leicht identifiziert werden. Da er sich ausschließlich von Algen ernährt, ist er für das Korallenriffaquarium uneingeschränkt empfehlenswert.

Mespilia globulus

Einsiedlerkrebse

Für die Aquarienpflege sind die interessantesten Arten die geselligen Einsiedler aus der Gezeitenzone, da diese zu mehreren gepflegt werden können und extreme Änderungen im Milieu (Temperatur, Dichte, Wasserbelastung usw.) gut wegstecken.

Clibanarius erythropus

Erfahrungsgemäß wird dieser Mittelmeer-Felsküsten-Einsiedlerkrebs von den meisten Einsteigern bei einem Urlaub am Mittelmeer oder am Atlantik selbst gesammelt und mit nach Hause gebracht. Bei ihm handelt es sich um einen der häufigsten kleinen Mittelmeer-Einsiedler, der stellenweise in Massen auftritt. Die Art ist an felsigen Untergrund gebunden. Tiere aus dem Mittelmeer und von der sich südlich anschließenden Atlantikküste sind für tropische Riffaquarien geeignet und haben im Aquarium schon ein Alter von 6 Jahren erreicht. Tiere des Nordatlantiks sind weniger geeignet. Diese Art frisst in der Natur und im Aquarium vor allem Fadenalgen.
Allerdings habe ich häufig beobachtet, dass diese Krebse nicht nur Algen fressen, sondern sich gelegentlich auch an Schnecken vergreifen. Wenn man die Krebse aber mehrmals wöchentlich mit fleischlicher Nahrung versorgt, unterbleibt die Jagd auf Schnecken fast ganz.

Clibanarius signatus

Einer der häufigsten kleinen Einsiedler des Roten Meeres, der stellenweise am Ufersaum in Massen auftritt, ist der „Gestreifte Einsiedlerkrebs“. Die Art ernährt sich im Spülsaum von Algen und verschiedenen angespülten „Abfällen“. Im Riffaquarium hat sie bisher nur Algenbeläge gefressen.

Clibanarius signatus ist ein empfehlenswerter Einsiedlerkrebs, der Algen frisst und keine Korallen belästigt. Foto: J. Hinterkircher

Algenfressende Krabben

Percnon gibbesi

Ein guter *Derbesia-* und *Bryopsis*-Algenfresser ist die Igel-Quadratkrabbe *Percnon gibbesi*. Mit einem diagonalen Carapax von 3 cm und ca. 12 cm langen Beinen ist sie im ausgewachsenen Stadium ein imposantes Tier, in dem jeder Meerwasseraquarianer, der es zum ersten Mal sieht, einen schlimmen Räuber vermuten würde. Selbst Fossa/Nilsen warnen (in ihrem Buch „Korallenriffaquarium, Band 6") vor ihr. Aber drei Jahre Pflegezeit und die Bestätigung vieler mir bekannter Meerwasseraquarianer erlauben es, diese Krabbe als guten „Freund" in der Algenbekämpfung in jedem Aquarium zu empfehlen. Sie frisst auch fleischliche Kost, wie kleine Frost-Mysis, die sie geschickt aus der Wassersäule fängt, wenn sie an ihr vorübertreiben. Auch Mückenlarven werden gefressen. Am liebsten aber frisst sie Algen. Unermüdlich werden diese von der Dekoration gezupft, und selbst Algen, die sich in den Zacken der Überlaufkämme verfangen, werden von ihr entdeckt und gefressen. Diese Krabben können sich sowohl über als auch unter dem Wasserspiegel aufhalten. Nur wenn im Becken sehr wenig Algen zu finden sind, sitzen sie knapp unter der Oberfläche und reinigen den fädigen „Ufersaum", der von algenfressenden Fischen nicht erreicht werden kann. Großflächig dämmen sie diesen Ufersaum allerdings nicht ein. Hier muss man schon mal mit der Bürste nachhelfen. Auch Korallen, die knapp unter der Oberfläche sitzen und zeitweise trocken liegen, dadurch absterben und veralgen, werden von ihnen nicht aufgesucht und gereinigt. Hier muss der Aquarianer weiterhin manuell eingreifen.

Bis zum heutigen Tag konnte ich nicht beobachten, dass Fische angegriffen werden, allerdings nur, wenn sie gesund sind. Kranke oder desorientierte Fische werden erbeutet, sobald sie zufällig in die Nähe der Krabbe kommen. Das aber geschieht auch bei den meisten Garnelen, die schon jahrelang in Meerwasseraquarien gepflegt werden.
Es ist nur eine Krabbe in einem 400-Liter-Becken möglich, mehr vertragen sich nicht!

Das generelle Problem mit den *Bryopsis*-Arten

Weiterhin beobachtete ich, dass Bryopsis-Algen von vielen wirbellosen Tieren und auch von den bekannten algenfressenden Fischen, kurz nachdem diese neu in das Aquarium gesetzt wurden, gefressen werden. Sind die Tiere aber nach einiger Zeit etabliert, nehmen sie diese Algen oftmals nicht mehr an. Ein Grund könnte sein, dass die Tiere, wenn man sie im Fachhandel erwirbt und sie aus algenlosen Verkaufsbecken stammen, solch einen Heißhunger auf Grünkost haben, dass es ihnen egal ist, was sie zu fressen bekommen. Nach einiger Zeit, wenn der anfängliche Bedarf gedeckt ist, scheinen sie aber diese Algen nicht mehr zu mögen, und so kann es sein, dass sie keine Algenprophylaxe mehr darstellen. Dann bleiben eigentlich nur noch die Zahnbürste und die oben aufgeführten Wasserpflegemaßnahmen.

Als *Bryopsis*-fressende Krabbe beworben wird die Igel-Quadratkrabbe *Percnon gibbesi*. Sie wird mittlerweile in vielen Becken mit großem Erfolg eingesetzt.

Auf einen Blick
Fadenalgen

Schadensbild

Große Teile der Dekoration sind mit fädigen grünen Algen überwuchert. Die Algenspitzen sind einmal verzweigt (Gattung *Bryopsis*) und unverzweigt (Gattung *Derbesia*).

Ursache

1. Es sind zu viele Nährstoffe (NO_3 und PO_4) im Aquarienwasser.
2. Es werden zu häufig Spurenelemente zugeführt (Eisen!).
3. Es wird zuviel CO_2 über den Kalkreaktor ins Wasser gegeben.
4. Es können algenprovozierende Giftstoffe im Aquarium vorliegen.
5. Die Beleuchtungskörper sind zu alt.
6. Fressfeinde fehlen oder sind nicht ausreichend vorhanden.

Maßnahme

Zu 1. Wassermessungen hinsichtlich Nitrat (NO_3) und Phosphat (PO_4) durchführen. Werden überhöhte Werte festgestellt, einen regelmäßigen wöchentlichen Wasserwechsel (10 %) durchführen. Das Ausgangswasser muss frei von Nitrat und Phosphat sein (Osmosewasser). Verdunstungswasser generell mit Kalkwasser ersetzen.

Zu 2. Spurenelemente auf ein Drittel der üblich verwendeten Dosis reduzieren.

Zu 3. Eine 2. Stufe, gefüllt mit kalkhaltigem, grobem Korallensand, hinter den Auslauf des Kalkreaktors schalten. So wird überschüssiges CO_2 minimiert. Verdunstungswasser generell mit Kalkwasser ersetzen.

Zu 4. Überlegen, ob giftige Kunststoffe oder giftiger Kleber am und im Aquarium Verwendung finden (Aktivkohletest). Unbedingt vom System trennen.

Zu 5. HQI-Brenner und Leuchtstofflampen gegen neue austauschen. Der Austausch muss schrittweise erfolgen (ca. über zwei Wochen). Sicherheitshalber, falls möglich, die Beleuchtung für 2 bis 3 Wochen 30 cm höher hängen und danach wieder stufenweise absenken.

Zu 6. Zuerst empfiehlt es sich, die langen Fadenalgen mit einer Bürste gründlich abzubürsten. Die meisten Algenfresser können sich nur für einen kurzen Fadenalgenbewuchs begeistern. Lange, im Wasser wogende Algen werden kaum gefressen. Danach sollte man ein oder zwei Exemplare der vorgeschlagenen Fischgattungen einsetzen. Wirbellose wie Seeigel, Einsiedlerkrebse, Algenkrabben und Schnecken in größerer Zahl einsetzen. Sie bekämpfen nach einiger Zeit effektiv die Fadenalgen.

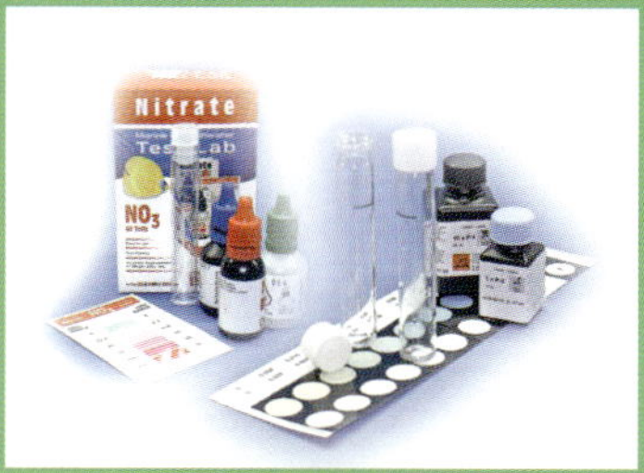

Neben einem guten Nitrat-Test ist auch ein hochwertiger Phosphat-Test zu empfehlen. Untersuchungen mit hochauflösenden Massenspektrometern (GLASER 2009) ergaben, dass qualitativ hochwertige Phosphat-Tests, wie der hier abgebildete Merck Aquaqant 1.14445, hervorragende Ergebnisse liefern. Es lohnt sich daher, etwas tiefer in die Tasche zu greifen.

Wachsen die Drahtalgen der Gattung *Cladophoropsis* ungezügelt, liegt das auch an nicht vorhandenen Fressfeinden.
Foto: H. Kirchhauser

1.2 Drahtalgen Gattung *Cladophoropsis*

Hierbei handelt es sich um harte, drahtförmige Algen, die meist mit lebenden Steinen eingeschleppt werden. In kleinen Beständen eine durchaus attraktive Alge, die aber hin und wieder den Hang zum Wuchern hat und dann gefährlich für alle Korallen ist. Sie belästigt diese bei Berührung und das kann zum Absterben empfindlicher *Acroporas* führen.
Nicht zu verwechseln mit der Gattung *Chaetomorpha,* deren Wuchsform eher wie ein Nylongeflecht aussieht.

Schadensbild

Drahtförmige Algen, die Korallen überwuchern können. Scheibenanemonen werden so stark bedrängt, dass sie sich vom Substrat lösen. In einigen Fällen wachsen die Algen auch in das Gewebe von Weichkorallen hinein.

Maßnahmen

Den bewachsenen Stein komplett aus dem Aquarium nehmen. Ein Abbürsten der Algen ist nicht möglich, da diese zu zäh sind! Meist hilft nur der Einsatz von Fressfeinden.

Fressfeinde

Harte Algen sind für viele Fische ein Problem. Die meisten Doktorfische dürften sie, wenn überhaupt, nur wenn sie jung und zart sind, fressen, denn ausgewachsen sind die Algen etwa so hart und zäh wie Nylon. Größere Fische wie z. B. die Gattung *Naso* haben kaum Probleme damit, aber diese passen nun mal nicht in jedes Aquarium.
Der Pfaffenhut-Seeigel (*Tripneustes gratilla*), Gesamtdurchmesser bis 17 cm, allerdings ist für diesen Einsatzzweck geeignet. Bei ihm handelt es sich um einen häufig importierten Seeigel des Indopazifik, der zur Familie der Giftzangen-Seeigel gehört. In seiner Heimat ist er schon auf dem Riffdach oder im Seegras seichter Buchten anzutreffen. Die Vielfältigkeit der Seeigel, die als *Tripneustes gratilla* determiniert werden, lässt Zweifel aufkommen, ob es sich nicht um unterschiedliche Arten handelt. Meist trifft man im Handel Tiere an, die auf braunem, schwarzem oder violettem Untergrund oft in zerzauster „Unordnung“ weiße, orange oder rote Stacheln tragen. Von den giftigen Pedicellarien ist bei diesen Tieren nicht viel zu sehen. Seltener trifft man auf weiße, rote oder orangefarbene Tiere, deren Oberfläche von den weißen, blasigen Giftzangen dominiert wird. Von Stacheln ist bei diesen Tieren oft nur auf der Unterseite etwas zu sehen. Die Giftzangen der Pfaffenhut-Seeigel sind für den Menschen zwar nicht gefährlich, können aber an empfindlichen Stellen wie Wespenstiche wirken. Der Seeigel benutzt sie, um kleinere Wirbellose zu fangen. Ansonsten sind Pfaffenhut-Seeigel vorwiegend Pflanzenfresser, ja, sie gelten als die effektivsten Seeigel im Kampf gegen

Algenplagen. Wie ihre Fraßspuren zeigen, nagen sie dabei auch den Kalkuntergrund an. Höhere Algen wie *Caulerpa spp.* werden ebenso verspeist wie die Drahtalgen, die sie zuverlässig dezimieren.
Einigen Berichten zufolge sollen Pfaffenhut-Seeigel bei einem Mangel an geeigneten Algen schnell auf Weichkorallen wie *Xenia spp.* übergreifen. Bei *Tripneustes gratilla* ist der Hang zum „Maskieren" besonders ausgeprägt. Man muss also damit rechnen, dass diverse Materialien durch das Becken geschleppt werden.
Auch das sog. Karibische See-Ei (*Tripneustes ventricosus,* Gesamtdurchmesser bis 20 cm) ist für die Vernichtung dieser Algenart geeignet. Für diesen Seeigel gilt in etwa das Gleiche wie für den Pfaffenhut-Seeigel. In einigen Regionen seiner Heimat ist dieser Seeigel selten geworden, weil seine Gonaden bei den Einheimischen als Delikatesse gelten. Bisher ist nicht bekannt, ob er sich an Korallen vergreift. Bei mir hat er das bis jetzt nicht getan.

Oben: *T. gratilla*
Unten: *T. ventricosus*
Fotos: H. Kirchhauser

Auf einen Blick
Drahtalgen

Schadensbild

Drahtartige Alge von kräftig grünem oder dunkelgrünem Aussehen (lichtabhängig). Unter direkter Beleuchtung glänzend. Nicht zu verwechseln mit den eher Nylongeflecht-artigen Algen der Gattung *Chaetomorpha*.

Ursache

Die Ursachen sind nicht genau bekannt, denn diese Alge kann auch wuchern, obwohl die Wasserwerte in Ordnung sind. Eventuell sind bestimmte Spurenelemente der Auslöser. Auf jeden Fall begünstigt ein Mangel an geeigneten Fressfeinden den Wuchs.

Maßnahme

Algenbewachsenen Stein, falls möglich, aus dem Aquarium nehmen. Ein Abbürsten ist kaum möglich, da die Algen sehr zäh sind und diese Prozedur unbeschadet überstehen. Bei Becken ab 2.000 Litern Inhalt kann ein *Naso lituratus* eingesetzt werden. Bei kleineren Becken den häufig importierten Seeigel *Tripneustes gratilla* verwenden. Spurenelementezugabe um 1/3 reduzieren und dabei den Wuchs der Algen beobachten. Kalkwasser als Verdunstungswasser einsetzen.

1.3 Kugelalgen

Für das Korallenriffaquarium sind aus der Ordnung Siphonocladales in erster Linie zwei Gattungen von Bedeutung: *Valonia* und *Ventricaria,* die aufgrund ihres Aussehens als Kugelalgen bezeichnet werden.

Schadensbild

Auch Kugelalgen können in einem Meerwasseraquarium zur Last werden. Wenn sie sich einmal etabliert haben, entwickeln sie ein erstaunliches Vermehrungspotenzial. Gerade weil sie häufig an unzugänglichen Stellen wachsen, wie z. B. in den Astgabeln von Steinkorallen, wo sie schwer zu entfernen sind, oder auch in Spalten zwischen zusammengesetztem Gestein, das sie früher oder später auseinandersprengen, sind sie nicht unbedingt harmlos. Zersticht oder zerdrückt man die aus einer einzigen Riesenzelle bestehenden Kugelalgen, so werden dadurch Unmengen von Sporen freigesetzt. Dies beschleunigt die Ausbreitung. Einfaches mechanisches Entfernen durch Abbürsten im Aquarium ist daher nicht die erste Wahl.

Maßnahmen

Nehmen Sie Steine mit sehr starkem Kugelalgenbewuchs aus dem Aquarium und bürsten Sie diese in einem salzwassergefüllten Eimer ab. Das lässt sich gut mit einem Teilwasserwechsel verbinden.
Weiterhin saugen Sie bei jedem Teilwasserwechsel die Algen mit einem Schlauch ab, an dessen Saugseite Sie ein passendes PVC-Rohr einsetzen, dessen Vorderteil mit einer kleinen Säge bearbeitet wurde und rundherum, ähnlich einer Lochsäge, kleine Zacken aufweist. Mit diesem Teil lassen sich die Kugelalgen gut lösen und werden so zuverlässig abgesaugt. Wenn sie bei dieser Prozedur aufplatzen, so ist das nicht weiter tragisch, denn die freigesetzten Sporen werden gleich mit abgesaugt. Mit dieser

Oben: *Ventricaria ventricosa*. Foto. J. Pfleiderer.

Unten: *Valonia macrophysa*. Foto: R. Latka

Methode können Sie die Kugelalgen gut im Zaum halten.

Ich habe im Laufe meiner Praxis festgestellt, dass durch den Einsatz einer leistungsfähigen UV-Lampe die durch das Zerplatzen der Zellen freigesetzten Sporen zuverlässig abgetötet werden. Wenn etwas Geduld aufgebracht wird, können die Algen auf ein tolerierbares Minimum begrenzt werden.

Allerdings erlebt man in der Praxis immer wieder, dass die Kugelalgen so schnell verschwinden, wie sie gekommen sind. Woran könnte das liegen?

In neuester Zeit wird hier ein Zusammenhang zwischen einem unbemerkten Ansteigen des Kaliumgehalts und dem verstärkten Wachstum von Kugelalgen vermutet. Elemente wie Kalium können sich im Meerwasseraquarium nur dann biologisch verbrauchen, wenn sie in Organismen eingebaut werden. Besonders viel Kalium enthalten Kugelalgen der Gattung *Valonia*. Ihr Zellsaft kann 1,6 % Kalium enthalten. Das Skelett einer *Acropora* hingegen enthält nur 0,01 % Kalium.

Im Falle einer Kugelalgenplage ist die Überprüfung des Aquarienwassers mit einem Kaliumtest angebracht.
Foto: A. Glaser

Oben: Mit diesem selbstgebauten Schlauchaufsatz entfernen Sie die Kugelalgen mühelos. Das PVC-Rohr kann mit einem handelsüblichen Küchenmesser zugeschnitten werden.

Untersuchungen ergaben, dass sich weder durch den biologischen noch durch den chemischen oder sonstigen Verbrauch die Notwendigkeit einer zusätzlichen Kaliumdosierung ergibt (Glaser 2008). Wenn Sie also Kalium in irgendeiner Form nachdosieren (Spurenelemente etc.) dann setzen Sie diese ab. Das heißt nicht, dass es ausgeschlossen ist, dass es in einzelnen Aquarien allmählich zu einer Abnahme des Kaliumgehalts kommen kann. Wenn aber eine Zudosierung erfolgt, dann sollte diese unbedingt auf der Grundlage einer qualifizierten Messung erfolgen und durch regelmäßige Kontrollmessungen überwacht werden. Als anzustrebende Kaliumkonzentration werden 380 bis max. 420 mg/l empfohlen.

Auch beim Thema Kalium gilt natürlich die Grundregel, dass häufige Wasserwechsel die beste Versicherung gegen eine Veränderung der Ionenbalance sind und dadurch das Kalium nicht stetig ansteigt.

Fressfeinde

Wenn Sie ein großes Aquarium haben und algenfressende Fische pflegen, helfen Ihnen in jedem Fall Fische der Gattung *Siganus* (z. B. *Siganus vulpinus*) oder, falls Sie ein sehr großes Aquarium haben (ab 2000 Liter), die Gattung *Naso* (z. B. *Naso lituratus*). Beide fressen Kugelalgen (keine Regel ohne Ausnahmen).

Sehr gute Kugelalgenfresser sind Fuchsgesicht (*Siganus vulpinus*) und *Naso lituratus*.

Mit unterschiedlichem Erfolg wird diese Krabbe *Mithraculus* (*Mithrax*) *sculptus* gegen Kugelalgen eingesetzt. Bei mir hat sie diese Algen gefressen. Für Wirbellose ist sie völlig ungefährlich!

Auf einen Blick
Kugelalgen

Schadensbild

Kugelalgen wachsen in den Astverzweigungen von Weich- und Steinkorallen in großer Zahl. Selbst Dekorationsgestein wird von ihnen auseinandergesprengt.

Ursache

1. Nährstoffgehalt (NO_3 und PO_4) des Wassers kann (muss aber nicht) zu hoch sein.
2. Gegebenenfalls ist der Kaliumgehalt des Aquarienwassers zu hoch. Durch zu wenig Wasserwechsel und eine (auch unbewusste) Zugabe von Kalium (z.B. in den Spurenelementen (Kalium-Iodid)) steigt der Kaliumgehalt unbemerkt an.
3. Bei Reinigungsarbeiten platzen zu viele der Kugelalgen auf und setzen ihre Sporen frei.
4. Fehlende Fressfeinde.

Maßnahme

Zu 1. Werden zu hohe Nährstoffgehalte gemessen (Nitrat > 10 mg/l Phosphat > 0,09 mg/l), muss versucht werden, diese Nährstoffe durch fortlaufende 10 %ige wöchentliche Wasserwechsel auf die Hälfte zu reduzieren. Generell Kalkwasser als Verdunstungswasser verwenden.

Zu 2. Mit einem sehr guten Kaliumtest sollte der Kaliumgehalt im Aquarienwasser gemessen werden. Bei Kaliumwerten über 420 mg/l muss herausgefunden werden, wer diesen hohen Kaliumgehalt in das Wasser einbringt. Spurenelemente? Eine billige Meersalzmischung? Falls die Quelle hier zu finden ist, andere Produkte verwenden. Weiterhin kann das Kalium im Wasser durch die Verwendung von Zeolith reduziert werden. Wie auf Seite 17 beschieben senken Zeolithe in der Regel den Kaliumgehalt recht gut. Bitte mit wenig meerwassertauglichem Zeolith (sog. Klinoptilolith) beginnen und die Korallen unbedingt auf ausbleichende Stellen hin beobachten. Falls Bleachingerscheinungen auftreten, sofort die Zeolithmenge um 2/3 reduzieren. Beginnen Sie mit max. 40 g Zeolith auf 100 Liter Wasser.

Zu 3. Mit dem vorgestellten Schlauchaufsatz die Kugelalgen sofort absaugen. So gelangen nur wenige Sporen ins Wasser sobald diese beschädigt werden.

Zu 4. In Aquarien von 300 bis ca. 800 Liter Inhalt kann ein Fuchsgesicht (*Siganus vulpinus*) hervorragende Arbeit leisten. Bei Becken ab 2.000 Litern Inhalt kann ein *Naso lituratus* eingesetzt werden, der diese Algen dezimiert.

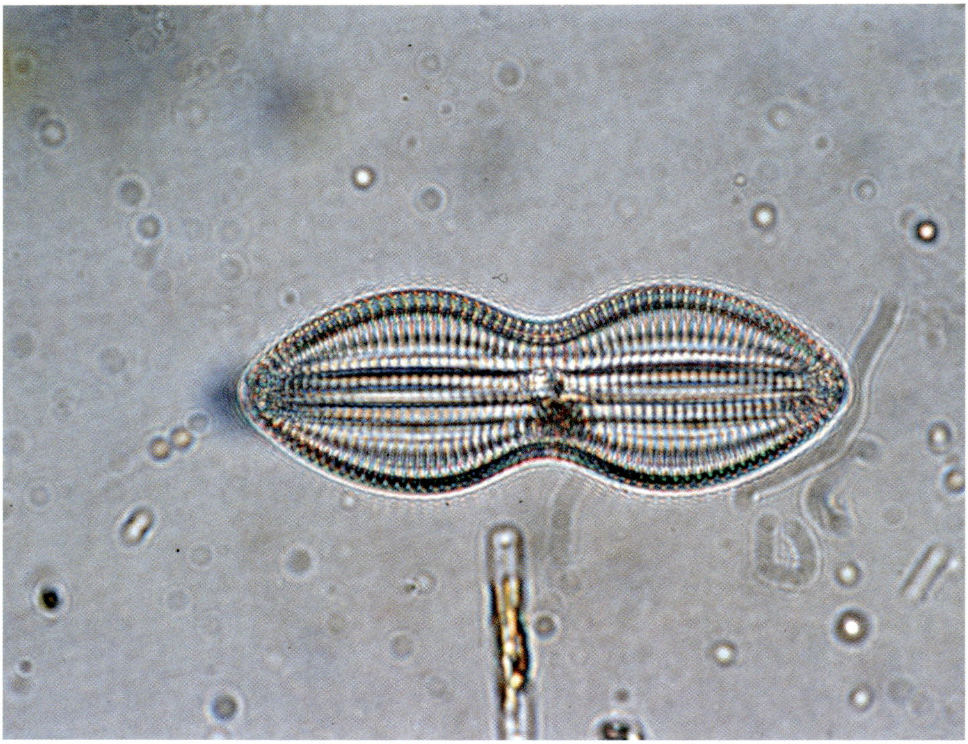

Kieselalgen haben unter dem Mikroskop ein charakteristisches Aussehen. Auch der Laie kann sie erkennen. Foto: W. Reinecke

1.4 Kieselalgen (Diatomeen)

Im Aquarium sind Kieselalgenbeläge unästhetisch. Foto: H. Kirchhauser

Kieselalgen (Diatomeen) treten in der Regel im frisch eingerichteten Aquarium als Erstbesiedler auf und überziehen das Gestein mit einem bräunlichen Belag. Diese Algen lagern in ihren Zellen Kieselsäure (Verbindung von Silicium, Sauerstoff und Wasser) ein. Ihre Ausbreitung ist von der Menge der im Wasser vorhandenen Kieselsäure abhängig.

Schadensbild

Diatomeen bilden goldbraune Beläge auf Scheiben und Substrat. Bei einem massiven Befall können die Korallen, und hier besonders die Steinkorallen, starke Schädigungen davontragen. Sobald wir merken, dass etwas nicht stimmen könnte, sollten wir uns im Fachhandel einen Kieselsäuretest (SiO_2-Test) besorgen und das Reinstwasser checken. Weist es einen hohen Anteil an Kieselsäure auf, muss diese entfernt werden. Unter „hoch“ versteht man einen Wert größer 1 mg/l Si (= 2,14 mg/l SiO_2 oder 3,43 mg/l $Si(OH)_4$). Der im Meerwasseraquarium direkt gemessene Wert sollte 0,1 mg/l Si (= 0,21 mg/l SiO_2 oder 0,34 mg/l $Si(OH)_4$) nicht übersteigen. Die Erfahrungen der letzten Jahre haben gezeigt, dass sich bei Werten darüber Probleme einstellen können.

Über das Leitungswasser gelangt die Hauptmenge an Kieselsäure in unser Meerwasser.

Maßnahmen

Die Hauptursache für Silicium im Aquarium ist das Leitungswasser. Leitungswasser enthält oft 5 und mehr mg/l Silicium. Es wird auf dem Weg durch siliciumhaltiges Gestein gelöst und bei der Trinkwasseraufbereitung, da es unschädlich ist, nicht entfernt. Oft wird es von den Wasserwerken nicht einmal angegeben, da es nicht in der Trinkwasserverordnung aufgeführt ist.
Siliciumhaltiges Gestein kann auch im Aquarium vorhanden sein. Carbonatgesteine wie Calcit und Dolomit werden zwar bevorzugt, können aber auch hin und wieder Träger von Silicium sein. Die abgegebenen Mengen sind zwar relativ gering, aber zumindest am Anfang bemerkbar.

Der feine Sand, der auch in Meerwasseraquarien in belebter oder unbelebter Form gerne verwendet wird, ist Quarzsand (= Siliciumdioxid). Das ist eine unlösliche Form von Silicium, er gibt aber Spuren von Silicat ab. Durch Verunreinigungen kann es auch deutlich mehr sein. Wer überhaupt kein Silicat im Wasser haben möchte, muss daher Korallenbruch bzw. Aragonitsand verwenden. Riffkeramik und Tonminerale können ebenfalls viel Silicium enthalten, von dem sich in der Anfangszeit, wenn die Oberflächen noch nicht bewachsen sind, etwas lösen kann.
Eine weitere Quelle sind die Meersalzmischungen. Auch im Futter kann etwas Silicium enthalten sein, wenn auch der Anteil nicht besonders groß ist.
Der einfachste Weg ist, die Kieselsäure bereits in dem Wasser, das für die Meerwasserzubereitung verwendet wird, zu entfernen. Hier ist der in den meisten Fällen ausreichende Weg die Umkehrosmose. Wie im folgenden Kapitel 1.5 Gallertartige Algen beschrieben, halten heutige Membranen bis zu 98 % zurück. Auch die Bildung unlösli-

cher Minerale lässt den Siliciumgehalt des Meerwassers sinken. Ein Glück für uns ist, dass die oxidischen Adsorber, die eigentlich gegen Phosphat eingesetzt werden (z. B. EliminiPhos, ROWAphos etc.), Kieselsäure zuverlässig und gewissermaßen nebenbei entfernen. Wenn Sie aber absolut keine Kieselsäure in Ihrem Aquarium haben möchten, können Sie einen Ionenaustauscher, wie im nächsten Kapitel (S. 42) beschrieben, hinter die Umkehrosmose schalten.

Fressfeinde

Im Aquarium selbst findet die natürliche Entfernung von Silicium durch die Diatomeen und Schwämme statt. Die Diatomeen ihrerseits werden von allen algenfressenden Schnecken gerne genommen. Die bereits beschriebenen *Trochus*- und *Tectus*-Schnecken leisten vorzügliche Arbeit.
Selbst Doktorfische fressen Kieselalgen! Hierzu gehören folgende Arten: *Acanthurus dussumieri, A. nigrofuscus, A. olivaceus, A. pyroferus, A. tennenti, A. tristis* und *A. xanthopterus*. In der Praxis ist bei diesen Arten zu beobachten, wie gezielt „schmutzige" Winkel aufgesucht werden, in denen sie abgesetzten Detritus (der ebenfalls Diatomeen enthält) aufwirbeln, um ihn zu verspeisen (Luty 1999).

Auf einen Blick
Kieselalgen

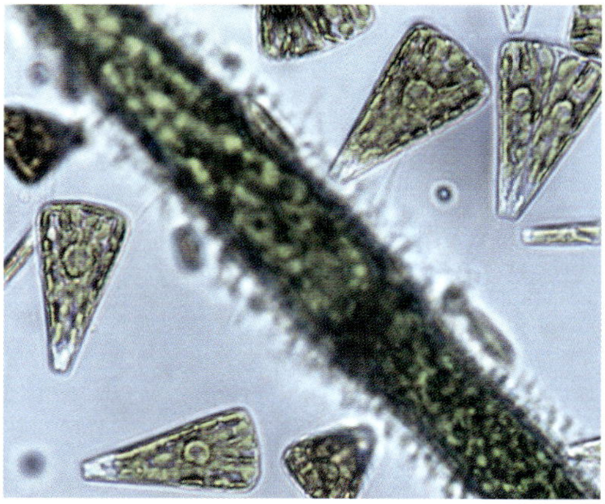

Foto: W. Reinecke

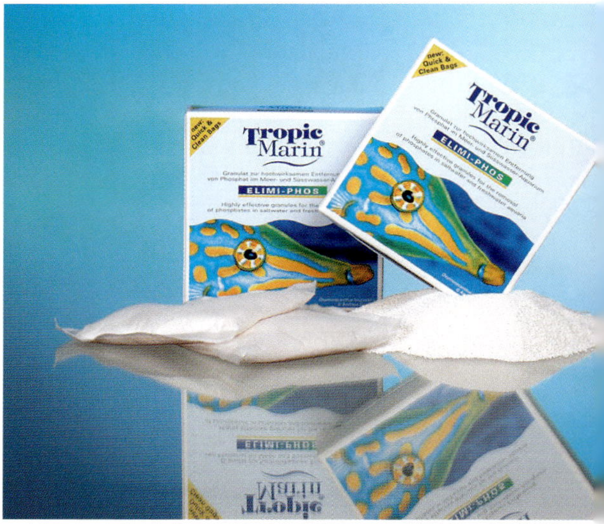

Schadensbild

Braune Beläge auf Scheiben, Bodengrund und Dekoration. Algen können zum Teil auf Steinkorallen siedeln.

Ursache

Zu viel Kieselsäure (> 2,14 mg/l SiO_2) messbar – entweder im Ausgangs- oder Aquarienwasser.

Maßnahme

Kieselsäure reduzieren! Im Ausgangswasser mit einer guten Osmoseanlage oder mit Ionenaustauschern oder, in hartnäckigen Fällen, mit beidem zusammen. Im Aquarium selbst kann die Kieselsäure mit oxidischen Phosphatadsorbern gesenkt werden.

Kritische Dekorationsmaterialien entfernen.

Kieselalgenfresser wie diverse *Tectus*- und *Trochus*-Schnecken sowie die Doktorfische *Acanthurus nigrofuscus, A. olivaceus, A. pyroferus, A. tennenti, A. tristis* oder *A. xanthopterus* einsetzen.

Leider ist es noch nicht möglich, viele Algenarten dauerhaft im Meerwasseraquarium zu halten. Die abgebildete Schirmchenalge *Acetabularia spec.* wäre sicher eine Bereicherung für viele Meerwasseraquarien.
Foto: J. Pfleiderer

1.5 Gallertartige Überzüge Goldalgen Klasse Chrysophyceae

Wie Kapitel 1.4 zeigt, wird jeder Meerwasseraquarianer zumindest einmal in seiner Laufbahn mit Kieselalgen konfrontiert. Diese umfassen viele tausend rezente, meist einzellige Arten, und die meisten von ihnen sind unter dem Lichtmikroskop gut zu erkennen. Sie haben ein charakteristisches Aussehen, sodass sie auch von Laien gut bestimmt werden können.

Von diesen „normalen" Kieselalgen soll hier allerdings nicht die Rede sein, denn wie beschrieben, lassen sie sich durch Minimierung der Kieselsäure relativ leicht verdrängen! Ich möchte hier Kieselsäure liebende Algen behandeln, die auch mit dem Durchlichtmikroskop nur unter sehr starker Vergrößerung sichtbar werden.

Diese Algen sind allerdings so klein, dass sie unter dem Mikroskop noch nicht einmal mit einem 1000er Ölimmersionsobjektiv ausreichend gut zu erkennen, geschweige denn zu bestimmen sind. Die Farbe entspricht der von Gold und die Algen sind bewegungslos. Es ist mir in diesem Fall leider nicht möglich, sie korrekt zu bestimmen, aber höchstwahrscheinlich handelt es sich um Dinoflagellaten mit einer Hülle aus kieselsäurehaltigen Schuppen und der Fähigkeit zur Schleimbildung. Diese besondere Spezies findet man in der Klasse Chrysophyceae (Goldbraune Algen oder umgangssprachlich als Goldalgen bezeichnet).

Lange Zeit ging die Wissenschaft bei diesen Algen davon aus, dass sie im Meer relativ selten sind. Das aber lag daran, dass über das Nanoplankton noch zu wenig bekannt war. Auch wurden diese Organismen nicht mit den gängigen Planktonnetzen gefangen, denn die Algen haben eine Größe von 5 bis 20 µm, die Planktonnetze aber eine Maschenweite von 40 bis 70 µm – sie schlüpften schlichtweg durch die Maschen.

Speziell bei einigen Gattungen (Arten) können die Algenansammlungen kohlenhydrathaltige Gallerte absondern. Diese Gallerte dienen, neben einigen anderen Funktionen, auch der Anheftung der Zellen an lebende oder tote Unterlagen. Zum Beispiel leben in flachen Gewässern am Meeresboden Arten, die keine stachelartigen Auswüchse haben,

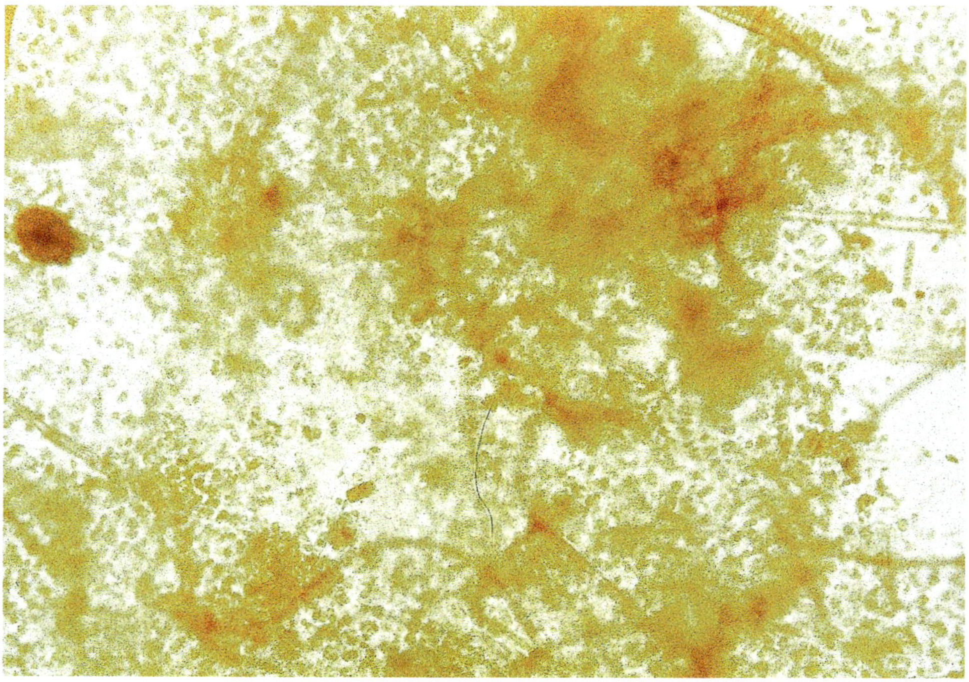

Die ersten Anfänge einer drohenden Goldalgenplage sind dünne, goldfarbene Beläge auf der Dekoration.

weil diese sie am Boden nur stören würden. Dafür haben viele am Grund lebende Arten eine sogenannte „Raphe“, eine Öffnung, aus der sie Schleim absondern. Ähnlich wie Schnecken können sie sich auf ihrem eigenen Schleim kriechend fortbewegen. Die Gallertproduktion durch sehr dichte Populationen kann zur Bildung gallertiger Filme auf der Oberfläche des Sediments führen.

Schadensbild

In meiner aquaristischen Praxis ist es bis jetzt zweimal vorgekommen, dass gelbgrüner bis golbbräunlicher Schleim einen Großteil der Dekoration und des Bodengrunds des Aquariums überzog. Auch hier sind durch Assimilationsbläschen aufsteigende Algenfetzen zu erkennen, die sich aber beim Abfächeln nicht auflösen. Im Aquarium sehen sie durch ihren Zusammenhalt schleimig aus, und Luftblasen ziehen lange Ausläufer nach oben. Diese haben mit viel Fantasie ein nudelähnliches Aussehen und so werden diese Algen im englischen Sprachraum auch als „Golden Noodel“ bezeichnet.

Maßnahmen

Silicium im Wasser

Natürliches Meerwasser kann bis zu 5 mg/l Silicium enthalten. In den nährstoffarmen Gebieten, in denen sich die Korallenriffe befinden, sind es aber nur 0,04 bis 0,1 mg/l. Im Meerwasseraquarium kommt Silicium nicht nur in gelöster Form vor. Es kann auch als winzige Partikel im Wasser schweben und ist ein wesentlicher Baustein vieler Gesteine, Tonmineralen und besonders von künstlich hergestellter Riffkeramik.

Diese goldgelben Algenbeläge (Pfeile) muss man sehr genau beobachten. In seltenen Fällen können sich ... →

... gallertige Massenansammlungen bilden, die ohne Weiteres die Korallen überwachsen und ersticken können.

Ohne Silicium kommen wir in keinem Aquarium aus. Das gelöste Silicium in Form von Kieselsäure (H_4SiO_4) bzw. Silicat ($H_3SiO_4^-$ und $H_2SiO_4^{2-}$) wird von Diatomeen, Radiolarien, Schwämmen und Mollusken benötigt und auch verbraucht. Gerade die oben beschriebenen „normalen" Kieselalgen (S. 34 ff.) sind bei vielen Aquarianern äußerst unbeliebt, da sie sich sehr stark vermehren können. Es muss jedoch deutlich hervorgehoben werden, dass sie dazu außer Silicium noch Stickstoff und Phosphat in ausreichender Menge benötigen.

Wie im Kap. 1.4 Kieselalgen bereits erwähnt, ist die Hauptursache für Silicium im Aquarium das Ausgangswasser. Leitungswasser enthält oft 5 und mehr mg/l Silicium, das ein natürlicher Bestandteil von Wasser ist. Es wird auf dem Weg durch siliciumhaltiges Gestein gelöst und wird bei der Trinkwasseraufbereitung, da es unschädlich ist, nicht entfernt. Siliciumhaltiges Gestein kann auch im Aquarium vorhanden sein, Carbonatgesteine wie Calcit und Dolomit werden zwar bevorzugt, aber wer untersucht schon jeden Stein, der ins Aquarium kommt? Die abgegebenen Mengen sind relativ gering. Wer überhaupt kein Silicat im Wasser haben möchte, sollte auf jeden Fall Korallenbruch bzw. Aragonitsand verwenden.

Meersalzmischungen sind eine weitere Quelle, die theoretisch Silicat enthalten können. Auch hier sollten Sie sich vom ausgewählten Salz erst einmal eine kleine Packung besorgen und diese auf ihren Silicatgehalt hin überprüfen. Riffkeramik und Tonminerale enthalten relativ viel Silicium, von dem sich zum einen in der Anfangszeit, wenn die Oberflächen noch nicht bewachsen sind, einiges lösen kann. Problematisch wird das Gestein aber, wenn es falsch verarbeitet, d. h. bei der Produktion geschlampt wurde. Hier war bei einem südwestdeutschen Hersteller zeitweise Riffkeramik erhältlich, die im Innern nicht komplett durchgebrannt war. Dieses „unfertige“ Material verursachte die Plage. Hier soll aber betont werden, dass eine einwandfrei verarbeitete Riffkeramik keine Probleme bereitet!

Sollten Sie, lieber Leser/in, Riffkeramik verwenden und dieses Problem bei sich erkennen, so müssen Sie sich vergewissern, dass es auch sicher von der Keramik stammt. Um dies zu überprüfen, nehmen Sie einen faustgroßen Brocken des Materials und geben diesen in ca. 5 Liter Osmosewasser. Sie ermitteln den Wert des reinen Osmosewassers und schreiben ihn auf. Nach genau einer Woche entnehmen Sie dem Eimer etwas Wasser und testen dieses ebenfalls auf Kieselsäure. Wenn der Wert danach doppelt so hoch ist wie der Anfangswert, können Sie davon ausgehen, dass das Gestein die Ursache ist! Ich habe z. B. einmal verschiedene Gesteinsarten einer Probe unterzogen. Das Ergebnis können Sie der Tabelle 1 entnehmen (es wurden jeweils 8 g von jedem Material in 40 ml Meerwasser gemessen!).

Material/Medium	Silicat (H_3SiO_4) mg/l	Eisen (Fe) mg/l
Reines Salzwasser	0	0
Riffkeramik	2-3	0
Tuffgestein	0,03	0
Grottenkeramik	2	0
Jugoslaw. Lochgestein	2,5	0
Quarzsand	1,3	0

Tabelle 1. Silicat- und Eisengehalt von diversen Materialien.

Messung von Silicium

Silicium ist so leicht zu messen wie Phosphat, denn es wird mit fast den gleichen Reagenzien ermittelt. Bei der Siliciummessung ist zu beachten, dass die Werte in mg/l Silicium (Si), Siliciumoxid (SiO_2) oder Kieselsäure ($Si(OH)_4$) angegeben sein können. Bei der Umrechnung hilft die folgende Tabelle 2 nach GLASER (2008).

1mg/l =	Si	SiO_2	$Si(OH)_4$
Si	1	2,14	3,43
SiO	0,47	1	1,60
$Si(OH)_4$	0,29	0,62	1

Tabelle 2. Umrechnung nach GLASER.

Siliciumentfernung

Wenn Sie am Anfang stehen, ein neu eingerichtetes Becken haben und mit dieser Plage bereits jetzt konfrontiert werden, dann rate ich Ihnen, es noch einmal auszuräumen und das Dekorationsmaterial komplett zu verwerfen. Ist das Becken aber schon etabliert, müssen ein paar Anschaffungen getätigt werden: Besorgen Sie sich einen Phosphatadsorber auf Eisenoxidhydrat-Basis denn, wie im vorherigen Kapitel 1.4 gezeigt, entfernt er Kieselsäure.

PO_4-Adsorber entfernen nebenbei auch die Kieselsäure.

Zusätzlich entfernen Sie die Kieselsäure im Ausgangswasser. Dabei ist der einfachste und in den allermeisten Fällen ausreichende Weg die Umkehrosmose. Diese hat bezüglich der Silicate bei manchen Aquarianern einen schlechten Ruf (da frühere Membranen auf Celluloseacetatbasis nur 85 % der Silicatmenge zurückhielten), aber heutige Membranen halten etwa 98 % zurück, sodass von 5 mg/l Silicium nur tolerable 0,1 mg/l übrig bleiben. Wenn Sie aber trotzdem noch zu viel Kieselsäure im Wasser haben, dann können Sie zusätzlich einen Ionenaustauscher hinter die Umkehrosmose schalten.

Zweisäulen-Kationen- und Anionenaustauscher bieten sich hier an, weil sie einfach zu regenerieren sind. Hierbei müssen Sie sich für einen stark sauren Kationenaustauscher und für einen stark basischen (und nicht für einen schwach basischen) Anionenaustauscher entscheiden! Nur der stark basische Anionenaustauscher entfernt die Kieselsäure zuverlässig.

Dieser Anionenaustauscher wird mit Natronlauge regeneriert, während der Kationenaustauscher mit Salzsäure zu regenerieren ist. Halten Sie sich in diesen Fällen strikt an die Anweisungen des Herstellers.

Bedenken Sie bitte, dass durch das Vorschalten einer Osmoseanlage die Regeneration der Austauscher hinsichtlich der Härte zwar nur in langen Zeitintervallen vorzunehmen ist, aber die Kieselsäure schon wesentlich früher wieder durch das System schlüpfen kann und es deshalb sinnvoll ist, von Zeit zu Zeit (je nach benötigter Menge Wasser) das ablaufende Wasser zu überprüfen. Mit dieser Zweisäulenanordnung wird die Kieselsäure zuverlässig entfernt. Falls die gesamte Einheit nur in größeren Zeitabständen (ca. alle 1,5 Monate) benutzt wird, benötigt die Anlage eine gewisse Vorlaufzeit, während der das ablaufende Wasser nicht aufgefangen

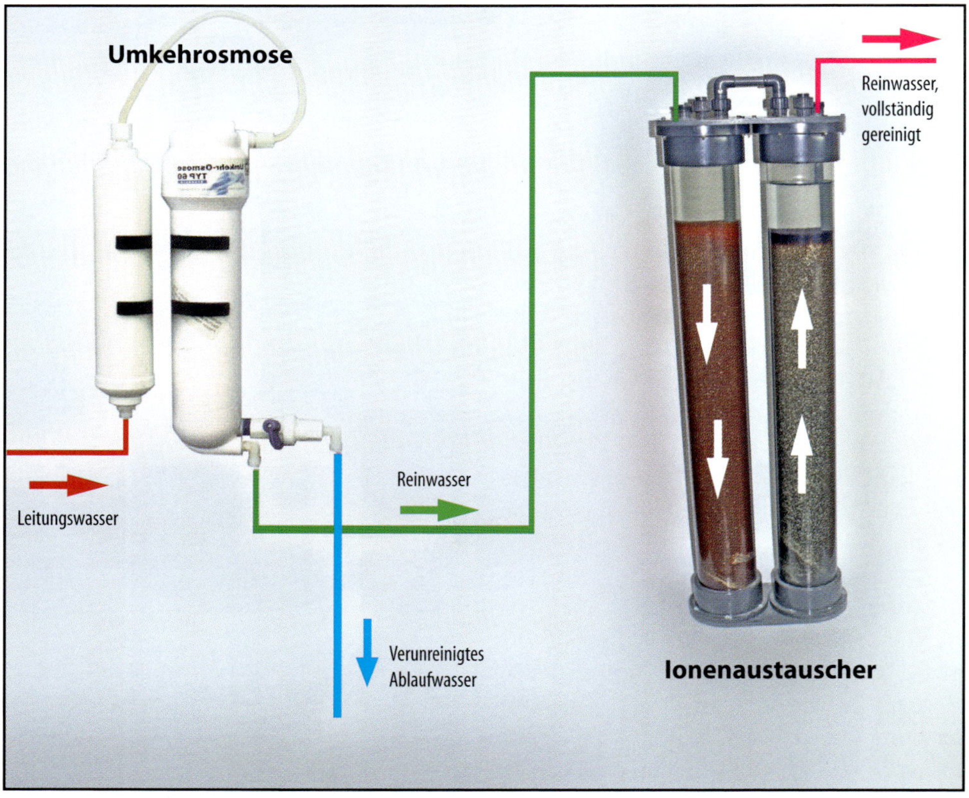

Auch in diesem Fall müssen die bewährten Kieselsäure entfernenden Maßnahmen, wie Umkehrosmose und Ionenaustauscher, eingesetzt werden.

werden sollte. Dies hat den Zweck, dass angesiedelte Keime in den Austauschern fortgeschwemmt werden. Erst wenn der Inhalt der Austauschersäulen zweimal komplett abgelaufen ist, darf das Wasser aufgefangen werden. Sollten Sie Angst vor der Regeneration mit den nicht ganz ungefährlichen Chemikalien haben, so können Sie sich auch für einen Mischbettaustauscher entschließen. Der muss allerdings immer vom Hersteller regeneriert werden. Denken Sie an die laufenden Kosten!

Chemische Bekämpfung

Ich selbst konnte mich überzeugen, dass das Mittel phycoEx wirkungsvoll diese Algen bekämpft. Die tägliche Beleuchtungszeit ist auf 8 Stunden zu reduzieren (Blaulicht kann 2 Stunden länger brennen), der Abschäumer ist voll aufzudrehen und außer dem Schnellfilter sind alle anderen Filtersysteme vom System zu trennen. Jeden zweiten Tag 15 ml auf 250 Liter Aquarienwasser geben und die Behandlung zwei Wochen fortsetzen. Gegebenenfalls vorhandene höhere Algen leiden zwar etwas darunter, aber die Korallen waren über den gesamten Zeitraum fit.

Fressfeinde

Sind nicht bekannt!

Hilfreich und sicher in der Anwendung: phycoEx

Auf einen Blick
Goldalgen

Schadensbild

Goldbrauner Belag auf großen Teilen der Dekoration. Dieser Belag entwickelt sich in den folgenden Tagen zu massiveren Gallertanhäufungen. Korallen werden unter diesem Schleim förmlich erstickt. Schleim löst sich beim Abfächeln nicht auf, sondern fliegt in Fetzen davon.

Ursache

1. Zu hohe Nährstoffkonzentrationen im Wasser.
2. Zu viel Kieselsäure im Wasser. Schuld daran kann verunreinigtes Dekomaterial hauptsächlich ungeeignete Steine, Tonminerale und fehlerhafte Riffkeramik sein.

Maßnahme

Zu 1. Kräftiger Wasserwechsel mit kieselsäurefreiem Wasser. Kalkwasser als Verdunstungswasser verwenden.

Zu 2. Oxidhaltige Phosphatadsorber einsetzen, damit diese die Kieselsäure aus dem Wasser holen. Verschiedene Gesteinsarten wie beschrieben auf starke Kieselsäureabgabe hin untersuchen.
phycoEx als Algenmittel nach Vorschrift zugeben.

1.6 Braune Schmieralgen (Dinoflagellaten Ordnung Raphidophycea)

Bei den sogenannten „Braunen Schmieralgen" handelt es sich hauptsächlich um Dinoflagellaten aus der Klasse Dinophyceae. Algen dieser Klasse besitzen zwei Geißeln und leben zu ca. 90 % im Meer (VAN DEN HOEK 1993).

Die meisten Dinophyceae tragen wie Kieselalgen charakteristische Panzer. Allerdings bestehen diese nicht aus Kieselsäure, sondern aus Cellulose (VAN DEN HOEK 1993)! Schnell schleppt man sich die Flagellaten beim Kauf von Wirbellosen oder schlecht gepflegten bzw. gelagerten lebenden Steinen in das Aquarium ein. Man kann hier förmlich von einer „Infektion" des Systems sprechen. Sämtliche Aquarien, egal welche Wasserqualität sie haben, werden befallen! Haben die Algen das Wassermilieu einmal auf ihre Bedürfnisse eingestellt, tritt fast immer eine Massenvermehrung ein. Erschwerend kommt noch hinzu, dass die Dinoflagellaten in der Lage sind, bei ungünstigen Bedingungen die befruchteten Eizellen in Dauerzysten umzubilden, weshalb sie immer wieder ausbrechen können. Ein guter Rat ist, beim Neuerwerb die Koralle und hier hauptsächlich das mitgelieferte Substrat (siehe Vorwort) sehr genau auf diesen Algentyp hin abzusuchen. Eine starke Lupe hilft.

Schadensbild

Diese Dinoflagellaten vermehren sich, einmal eingeschleppt, im Riffaquarium sehr schnell. Sie bilden rostbraune bis farblose Matten, die die gesamte Dekoration überziehen können. Auch in der freien Wassersäule schweben diese Algen und vermehren sich dort ebenfalls stark. Werden die Matten von Luftbläschen (Assimilationsbläschen) unterwandert, ziehen sie sich gegenseitig fadenförmig in die Höhe. Die Algen sind unter dem Mikroskop gut auszumachen. Sie bilden keine fleischigen Gallertansammlungen wie die in Kapitel

Diese Dinoflagellaten werden auch mit neuen Korallenablegern ins Aquarium eingeschleppt. Da es sich um eine sehr zähe und langwierige Plage handelt, lohnt es sich ganz besonders, die Ablegersteine vor dem Einbringen in das eigene Aquarium zu kontrollieren. Foto: H. Mayer

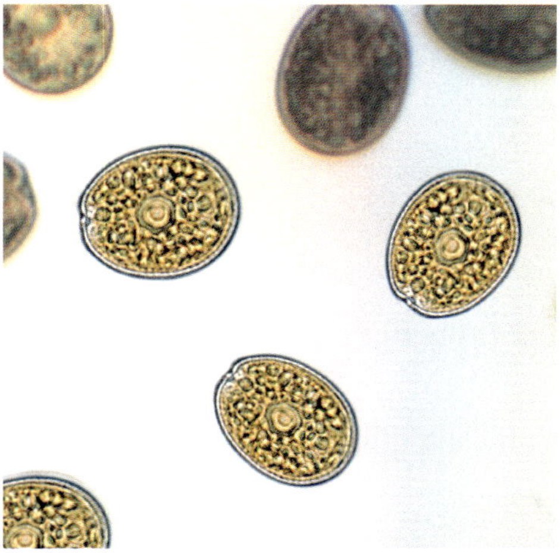

Bild links: Die Algen sind unter dem Mikroskop gut auszumachen. Sie bilden <u>keine</u> fleischigen Gallertansammlungen.

1.5 beschriebenen Algen, sondern die Verbindungen lösen sich, z. B. beim Abfächeln, vollkommen auf.

Maßnahmen

<u>Vor dem Einsetzen</u>

Werden die Algen bereits an einem neu erworbenen Korallenableger entdeckt, sollte dieser auf keinen Fall sofort in das Aquarium gesetzt werden. Erfahrungsgemäß sitzen sie nicht auf der Koralle, sondern auf dem Substrat, auf dem die Koralle befestigt ist. Handelt es sich um eine größere Koralle, die ggf. vom befallenen Substrat abgebrochen werden kann, stellt das die beste Lösung dar, um die Algen nicht ins Becken einzuschleppen. Handelt es sich aber um ein kleines Stückchen, das nicht abgebrochen werden kann, sollte wie folgt verfahren werden:
Drei bis vier kleine Eimer, Einmachgläser, Plexiaquarien etc. zur Hälfte mit Aquarienwasser füllen. Dann das Substrat, auf dem die Koralle sitzt, mit einer Zahnbürste kräftig abbürsten und in das nächste Behältnis setzen. Den Vorgang bis zum letzten Behälter wiederholen. Danach die Koralle in ein Plexiglasaquarium übersiedeln und so beleuchten, dass sie einige Tage darin verbleiben kann (kein Wasseraustausch mit dem Hauptbecken!).
Eine kleine Strömungspumpe einbringen und eine *Trochus*- oder *Tectus*-Schnecke dazusetzen. Nach meinen Beobachtungen fressen diese Schnecken die Algen, obwohl diese manchmal giftig sein können. Die Schnecke wird aus Mangel an Nahrung das Substrat fein säuberlich reinigen. Das Ganze ca. eine Woche lang beobachten. Haben sich bis dahin keine neuen Algen mehr gebildet, wird das Substrat noch einmal kurz abgebürstet und dann in das Hauptbecken überführt. Das Wasser aus dem Plexiglasbecken unbedingt wegschütten.

Eine effektive Behandlung erfolgt vor dem Einsatz in das Aquarium. Zahnbürste, Einmachglas und Lupe leisten hier gute Dienste.

Eine algenfressende Schnecke sollte noch einige Tage zusammen mit dem Ablegerstein gehalten werden. Sie besorgt dann den Rest indem sie übersehene Algenteile auffrisst.

<u>Bereits im Becken</u>

Bei einer bereits im Aquarium bestehenden Infektion ist es wichtig, keine Spurenelemente zuzugeben und möglichst auch keinen Wasserwechsel durchzuführen. Die Algen reagieren stark auf sämtliche Spurenelemente (hauptsächlich auf Eisen), die neu ins Aquarium kommen. Deshalb sollte das Absaugen der Algenbeläge nicht einfach mit einem Schlauch in einen Eimer erfolgen, denn sonst muss das fehlende Wasser mit frischem Salzwasser aufgefüllt werden. Besser ist es, wenn entweder gleich über einen sogenannten Diatomfilter absaugt wird oder alternativ ein Topffilter mit speziellem Filtervlies (z. B. JBL Symec Micro oder Dennerle MicroFiltervlies, die eine diatomähnliche Wirkungsweise haben) bestückt wird, der die Algen dann zurückhält. Benutzen Sie für diesen Filter eine starke Druckpumpe, denn das Vlies setzt sich schnell zu.

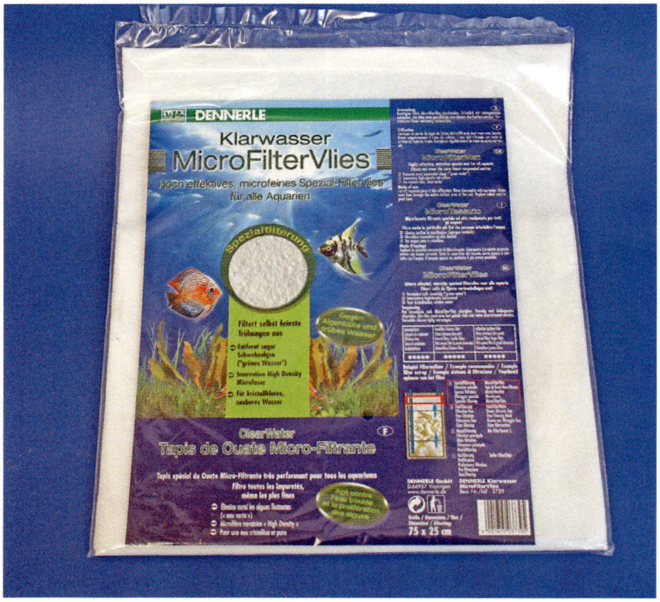

Mikrofiltervlies zum Ausfiltern kleinster Partikel.

Danach mittels Aktivkohle das Becken vom Gelbstich befreien. Dieser Gelbstich besteht aus einem Gemisch verschiedenster Huminsäuren, die die Vermehrung von Dinoflagellaten fördern. Erhöht man gleichzeitig den pH-Wert um ca. 3 Einheiten hinter dem Komma (z. B. von 8,0 auf 8,3 oder von 8,2 auf 8,5, aber auf keinen Fall mehr als 8,7!), so arbeitet dies einer Vermehrung entgegen. Man kann hierzu das altbewährte Kalkwasser einsetzen und mit diesem den pH-Wert steuern (elektronische Messung sollte vorhanden sein). Das alles muss unter Umständen mehrere Wochen lang betrieben werden, bis sich der Erfolg einstellt, denn diese Plage ist sehr widerspenstig.

Aquarienwasser und Frischwasser im Vergleich: Deutlich ist der Gelbstich zu sehen.

UV-Lampe installieren

Bei einer Massenvermehrung dieser Algen hat sich die zusätzliche Installation einer UV-C-Lampe bewährt, denn einfach strukturierte Mikroorganismen wie die Dinoflagellaten weisen eine hohe Empfindlichkeit gegenüber der UV-C-Bestrahlung auf und lassen sich in kürzester Zeit neutralisieren. Wichtig bei diesen Algen ist, dass sie möglichst täglich von der Dekoration geblasen werden, damit sie auch von der UV-Bestrahlung erfasst werden können. Die Wirksamkeit der UV-Entkeimung steht in direktem Zusammenhang mit der angewandten Dosis (= Zeit x Intensität). Hohe Intensitäten während einer kurzen Zeit oder geringe Intensitäten über einen langen Zeitraum sind praktisch gleichwertig in der Desinfektionswirkung. Verschiedene Mikroorganismen brauchen zu ihrer Vernichtung eine unterschiedliche UV-C-Intensität. Die folgende Aufstellung gibt hierüber Auskunft.

	Mortalität bei:
Bakterien	10.400 µW/cm²
Viren	6.750 µW/cm²
Protozoa	105.000 µW/cm²
Sporozoa	95.000 µW/cm²
Chlorophyceae	22.000 µW/cm²
Dinophyceae	22.000 µW/cm²

Tabelle 3. Mortalitätsrate diverser Organismen durch UV-Licht*.

*Die Leistung einer neuen UV-Lampe beträgt ca. 150.000 µW/cm².

Der Wellenlängenbereich von 253,7 nm wirkt zerstörerisch auf die DNA. Um diese Wirkung zu erzielen, muss die Kontaktzeit ausreichend groß sein. Sie errechnet sich aus dem UV-Reaktorvolumen geteilt durch den Durchfluss.

Beispiel: Ein UV-Reaktorvolumen von 2 Litern wird mit einer Förderpumpe, die 1200 l/h leistet, beströmt. Die Kontaktzeit errechnet sich wie folgt: 2 Liter geteilt durch (1200 l/h) ergeben 1/600 Stunde = 1/10 Minute = 6 Sekunden (Glaser 2008). Namhafte Hersteller von UV-C-Entkeimern geben eine Kontaktzeit von 2 Sekunden an, die zur Desinfektion des passierenden Wassers völlig ausreicht.

Bei Experimenten muss aber unbedingt beachtet werden, dass die Durchflussgeschwindigkeit nicht wesentlich unter der vom Hersteller angegebenen Menge liegt, denn der Durchfluss des zugeführten Wassers regelt auch die Temperatur im Lampengehäuse. Ist er zu gering, kann das Gehäuse überhitzen und platzen!

UV-Lampen sollten auf jeden Fall im Dauerbetrieb eingesetzt werden. Im Bild ein im Fachhandel häufig angebotenes Produkt. Foto: sera

Chemische Mittel

Da für diese Algen Chlorophyll a sehr wichtig ist (van den Hoek 1993), weiterhin noch Chlorophyll c_2 und einige akzessorische Pigmente anwesend sind, können sie mit Algenvernichtungsmitteln, die für ein Korallenriffaquarium geeignet sind, bekämpft werden. In der Literatur und im Internet wurde hier das Mittel phycoEx wiederholt erfolgreich eingesetzt. Es ist meiner Ansicht nach legitim, so ein „schweres Geschütz" bei dieser Plage anzuwenden, wenn es zum Erfolg führt. Es ist jedoch zu bedenken, dass sämtliche Algen im Becken ebenfalls in Mitleidenschaft gezogen werden. Auch die Zooxanthellen einiger empfindlicher Korallen können leiden. Erfahrungsgemäß erholen sich die Korallen aber nach wenigen Wochen wieder. Auch bei

phycoEx: Wenn es genau nach Vorschrift eingesetzt wird und das tatsächliche Nettovolumen des Aquariums ermittelt wurde, hilft es zuverlässig.

einer dreitägigen Abdunklung des Beckens, wie sie manchmal bei diesem Problem empfohlen wird, leiden die Zooxanthellen und gehen teilweise zugrunde.

Sind Phosphatadsorber hilfreich?

Wie bereits beschrieben, ähneln diese Dinoflagellaten bezüglich ihres Nährstoffbedarfs anderen Mikroalgen, und wenn sie sich einmal im Aquarium befinden, können sie auch bei extrem niedrigen Phosphatkonzentrationen existieren. Sie können somit auch zum Problem werden, wenn bereits mit PO_4-Adsorbern gearbeitet wird.

Fressfeinde

Die einzigen Fressfeinde sind Schnecken aus der Familie Trochidae. In erster Linie sind die beiden Gattungen *Tectus* und *Trochus* zu nennen. Wie oben beschrieben, können die Dinoflagellaten teilweise giftig sein und bei einem Massenauftreten den Schnecken schaden. Wird aber, wie in unserem Fall empfohlen, das Substrat gründlich abgebürstet, sodass nur noch sehr wenige dieser Dinoflagellaten vorhanden sind, dann schaden die Algen den Schnecken nach meinen Beobachtungen nicht.

Auf einen Blick

Braune Schmieralgen

Schadensbild

Brauner Belag bzw. mit Assimilationsbläschen durchwanderte Matten auf großen Teilen der Dekoration. Dieser Belag entwickelt sich in den folgenden Tagen und Wochen extrem. Durch die Assimilationsbläschen ziehen sich die Algenmatten fadenförmig in die Höhe und die Korallen werden langsam, aber sicher erstickt. Der Belag löst sich beim Abfächeln auf. Die Algen sind unter dem Mikroskop gut auszumachen und zu bestimmen (siehe Bild S. 45 oben).

Ursache

Meist eingeschleppt durch Kauf oder Tausch von Korallen, lebenden Steinen etc. aus schon mit diesen Algen infizierten Aquarien.

Maßnahme

Vor dem Einsetzen: Koralle vom befallenen Substrat brechen und auf sauberes Substrat erneut aufkleben. Falls nicht möglich, dann Koralle samt Substrat in ein gesondertes Behältnis setzen und Algen abbürsten. Nach dem Abbürsten Wasser verwerfen und neues Wasser verwenden. Prozedur bis zu 3-mal wiederholen. Koralle mit Substrat noch ca. 1 Woche lang in separatem Behälter lassen und beobachten.

Bereits im Becken: Keine Spurenelemente mehr zugeben. Kein Wasserwechsel! Verdunstungswasser nur durch Kalkwasser ersetzen. Algen so gut wie möglich mit speziellem Filtervlies absaugen. Gelbstich mittels Aktivkohle eliminieren. UV-Lampe installieren und abwarten, bis die Plage verschwunden ist. Ggf. Mrutzek phycoEx nach Vorschrift ins Becken geben. Nach der Behandlung eine größere Zahl Gehäuseschnecken wie die Gattungen *Tectus* oder *Trochus* einsetzen.

Ein leidiges Problem: Rote Schmieralgen breiten sich im Aquarium aus.

1.7 Rote Schmieralgen (Cyanobacteria)

Wir alle kennen die roten Beläge, die beim Betrieb eines Aquariums irgendwann einmal auftreten. Sie bilden dichte Schichten auf Bodengrund und/oder Dekoration und verhindern den so wichtigen Wasseraustausch. Allerdings werden nicht nur tote Dekorationsmaterialien überwachsen, sondern auch lebendes Inventar wird bedeckt, geschädigt oder erstickt.
Jeder Meerwasseraquarianer verachtet die Schmieralgen – ich natürlich auch, obwohl ich der Meinung bin, dass man sich nicht über jedes Fleckchen, das irgendwo im Riffbecken wächst, gleich aufregen sollte. Kleinere Beläge mit einem Durchmesser von ca. 5 x 5 cm werden beim obligatorischen Wasserwechsel einfach mit abgesaugt. Breiten sie sich nicht weiter aus, stellen sie keine Gefahr dar.
Nervös sollten Sie erst werden, wenn die Flächen nach dem Absaugen schon am nächsten Tag wieder zu sehen sind und sich von Woche zu Woche verdoppeln. Dann müssen wir akzeptieren, dass etwas im System aus dem Gleichgewicht gekommen ist. Meiner Meinung nach ist eine Schmieralgeninvasion die aufwendigste Plage, die einem Meerwasseraquarianer widerfahren kann, und nur mit Ausdauer und absoluter Disziplin wieder in den Griff zu bekommen, denn diese Algen haben viele Strategien entwickelt, um zu überleben.

Ein Streifzug in die Überlebensstrategien der Roten Schmieralgen

Wissenschaftlich handelt sich es um Blaualgen bzw. Cyanobakterien. In früheren Zeiten stritten sich Mikrobiologen und Botaniker darum, in wessen Arbeitsbereich sie gehören, denn es sind Organismen auf der Entwicklungsstufe von Bakterien. Sie besitzen keinen sog. umschlossenen Zellkern, der in einer Membran liegt, sondern ihre DNA liegt frei im Zentrum der Zelle. Auch ihr Stoffwechsel und ihre Zellwand entsprechen denen von Bakterien. Aber eine

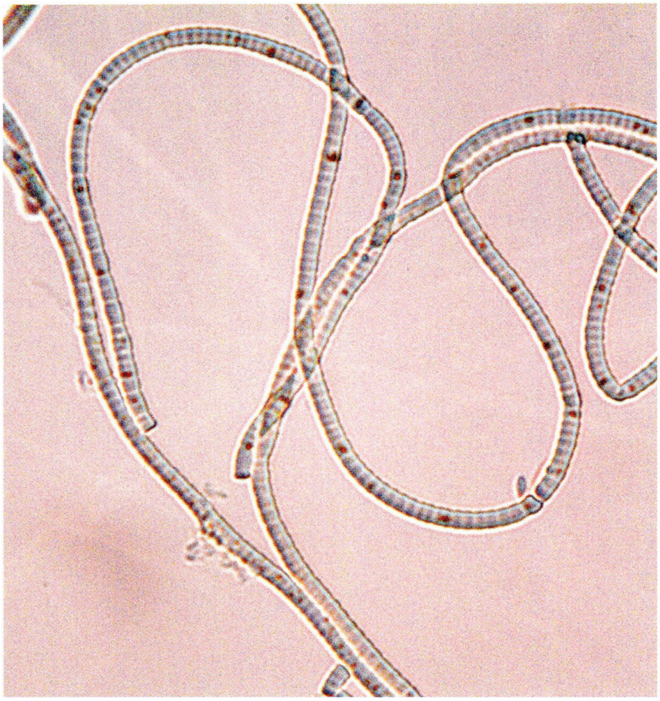

Mikroaufnahme einer Blaualge die in Meerwasseraquarien ebenfalls häufig auftritt.

Definition der Algen lautet, dass sie mit Hilfe von Lichtenergie Wasser spalten und dabei Sauerstoff freisetzen können. Weiterhin dürfen sie in ihrem Entwicklungszyklus keinen Embryo aufweisen (Reize 2007. Diese Kriterien erfüllen sie und demnach werden die Cyanobakterien auch „Blaualgen" genannt.

Bei den Blaualgen im Meerwasseraquarium handelt es sich um Vertreter der Schwingalgen (Oscillatorien), die auch im Süßwasser und auf feuchten Böden vorkommen können. Innerhalb der Gattung *Oscillatoria* können sich einzelne Arten in ihren Eigenschaften sehr unterscheiden, und nur dadurch lässt es sich erklären, dass Oscillatorien in unserem Fall sowohl in nährstoffarmem als auch in belastetem Meerwasser auftreten. Es handelt sich wahrscheinlich um unterschiedliche Organismen, die jeweils eingeschleppt wurden. Wer einmal Schmieralgen im Aquarium hatte, weiß, wie ausdauernd sie sein können.

Warum sind sie so erfolgreich? Das liegt zum einen an ihrer Größe. Durch ihre Kleinheit sind die Diffusionswege der Nährstoffe und Gase durch das Zytoplasma kürzer und schneller als bei größeren Zellen. Zum anderen haben sie als fädige Gebilde mehr Kontakt zur Umgebung als komplexere Zellverbände wie Makroalgen. Zusätzlich haben sie den Vorteil, das Licht besser ausnutzen zu können. Neben dem Chlorophyll (dem Lichtfänger der grünen Pflanzen und Algen) besitzen sie noch zusätzlich sog. „Antennenpigmente". Die Lichtabsorption des Chlorophylls liegt hauptsächlich im roten und blauen Spektralbereich. Die gelben und grünen Komponenten können nicht zur Photosynthese genutzt werden. Durch Antennenpigmente (Phycobiline) wird diese Grünlücke geschlossen. Daran sind das blaue Phycocyanin und das rote Phycoerythrin beteiligt, die ihre Fluoreszenzenergie in das Photosystem dieser Algen einschleusen. Dabei sind die Blaualgen in der Lage, das Verhältnis der Farbstoffe an das vorhandene Licht anzupassen und so optimal Photosynthese zu betreiben.

In der Natur besitzen sie in tiefen Wasserregionen viel von dem roten Phycoerythrin als komplementärer Farbe zur blauen Umgebung. Sehr schön beobachten können wir das, wenn wir einmal eine Probe dieser Algen aus der blaustichigen Umgebung des Meerwasseraquariums unter eine gelbe Warmton-Leuchtstoffröhre geben. Sie werden dann innerhalb kurzer Zeit grün. In manchen Fällen können die Oscillatorien durch die Farbstoffe Chlorophyll, Phycocyanin und Phycoerythrin vollkommen schwarz erscheinen, was eine gute Lichtausnutzung bewirkt.

Um einen geeigneten Standort für die Photosynthese zu bekommen, können sich diese Algen durch Längsdrehungen ihrer Fäden vorwärtsbewegen, was sich unter dem Mikroskop als schwingende Bewegung zeigt. Die Oscillatorien schaffen es dabei, pro Sekunde einige Mikrometer vorwärtszukommen. Eine Art erreicht sogar bis 11 µm/s. Sie kann dann in eineinhalb Minuten einen ganzen Millimeter wandern. So erklärt sich auch der positive Eindruck eines befalle-

Auch in der Natur sind Beläge mit Roten Schmieralgen nicht selten wie diese Aufnahme aus dem Roten Meer beweist. Foto: A. Luty

nen Aquariums, kurz nachdem das Licht angegangen ist. Der Aquarianer freut sich, dass die Blaualgen endlich weg sind. Aber kurze Zeit nach dem Lichteinschalten sind sie wieder da. Die Algen haben sich in der Nacht in den Bodengrund zurückgezogen und kommen erst wieder mit dem Licht zum Vorschein. Während der Dunkelphase leben sie von ihren Speicherstoffen, die als Glykogen- und Polyphosphatgranula in der Zelle zu finden sind.

Als Stickstoffspeicher besitzen sie Cyanophycinkörnchen, die aus den Aminosäuren Asparaginsäure und Arginin gebildet werden. Sollten diese Speicher aufgebraucht sein, können sie sich auch von organischen Komponenten (Nitrat, Phosphat etc.) des Meerwassers ernähren, sofern das Aquarium genug davon bietet. Dann können sie sogar eine Weile ohne Licht existieren.

In sauberem Meerwasser mit wenigen Nitraten oder anderen Stickstoffverbindungen können sie selbst mit einem Nitrogenasesystem den atmosphärischen Stickstoff, der ständig aus der Luft in das Wasser diffundiert, durch eine sog. N_2-Fixierung nutzen. Wir können das so verstehen, dass sie sich hierbei selbst düngen.

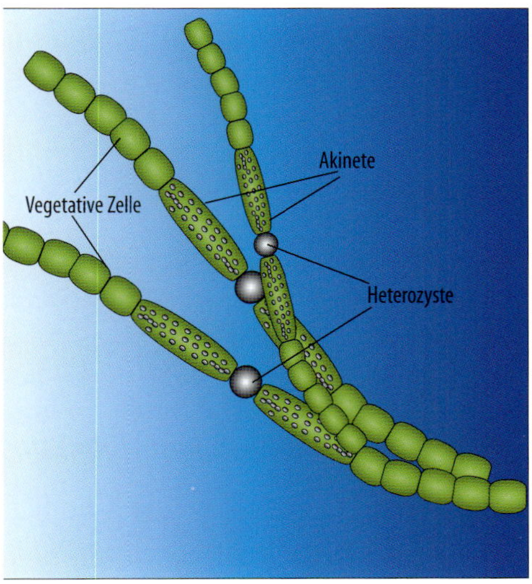

Schema einer Stickstoff fixierenden Blaualge.

Akinete = Dauerspore. Vermehrung durch vegetative Zellen. Stickstofffixierung mittels Heterozysten.

Will man diese „Alleskönner“ bändigen, sind zuerst die einzelnen Nährstoffe zu betrachten. Was brauchen die Blaualgen zum Wachsen, und woraus bestehen sie? Ein großer Teil der Zellen besteht aus Kohlenstoff, den sie durch die Photosynthese fixieren. Diesen können wir nicht verringern, denn im alkalischen Meerwasser (pH 8,2) löst sich immer genug CO_2 aus der Luft und der Atmung der Tiere. Ein weiterer Anteil ist der Stickstoff, z. B. für die Protein- und DNA-Synthese. Wenn wir die Stickstoffverbindungen im Wasser verringern, holen sie ihn sich als gasförmig gelösten Luftstickstoff. Das ist für sie energetisch zwar erheblich ungünstiger, als vorhandene

Stickstoffverbindungen zu nutzen, kann ihr Wachstum aber nur verlangsamen und nicht stoppen!
Verbindungen, die Kalium, Calcium, Magnesium, Bor, Schwefel und Spurenmetalle enthalten, sind wesentliche Komponenten des Meerwassers und daher stets vorhanden. Lediglich das Phosphat ist ein Nährstoff, der in Mangel geraten kann und somit regulierend wirken könnte. Es gibt hier keine gasförmige Verbindung, die aus der Umgebung in das Wasser diffundieren kann, und in den Meersalzmischungen ist es auch nicht enthalten. Da aber Phosphate, z. B. als ATP, für den Stoffwechsel, im Energiehaushalt oder als Komponente der DNA notwendig sind, ließe sich über diesen Nährstoff das Wachstum der Blaualgen beeinflussen.

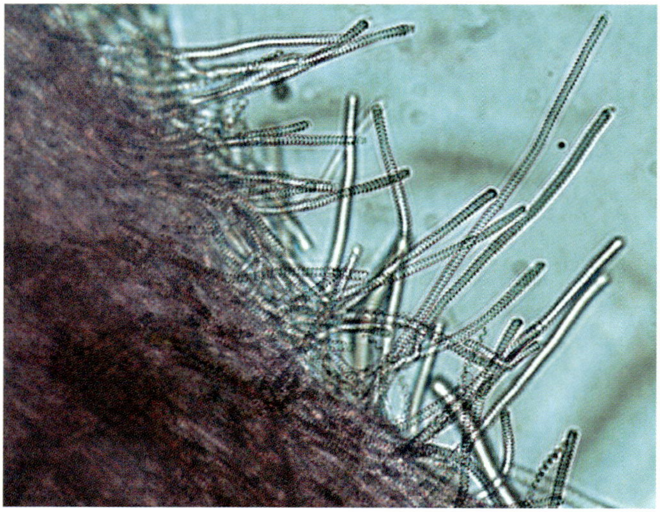

Rückzug: Zwei Zentimeter tief im Bodengrund fand sich dieses Schmieralgen-Nest auf einem Sandkorn. Das Becken war zu dieser Zeit, oberflächlich betrachtet, frei von Schmieralgen. Foto: O. Kiwas

Wie jeder Meerwasseraquarianer schon einmal erfahren hat, verschwinden die roten Beläge manchmal nach einiger Zeit von allein. Dann wirken in einem so komplexen System wie dem Meerwasseraquarium weitere chemische Verbindungen, wie z. B. Hemmstoffe, die von anderen Bewohnern des Beckens abgegeben werden.
Es ist hinreichend bekannt, dass viele sessile Tiere sich vor dem Überwachsen durch Fremdorganismen schützen, indem sie sog. Biozide (abtötende Substanzen) abgeben. Eines sollte nämlich klar sein: Auch Blaualgen haben ihre empfindlichen Seiten! Sie verschwinden dann entweder völlig, was sich vielleicht jeder betroffene Aquarianer wünscht, oder aber – und das kommt weitaus häufiger vor – sie überleben als Restbestände im Sediment oder in Gesteinslücken. Der Grund ist jener, dass dort der Wasseraustausch geringer ist und die jeweiligen Hemmstoffe dann nicht mehr konzentriert genug sind, um richtig wirken zu können. Die Blaualgen entziehen sich somit dem chemischen Bombardement! In solchen Nischen sind sie dann in der Lage, zu einer sauerstofffreien Lebensweise überzugehen, denn aus frühen Zeiten, als es noch keinen Sauerstoff in der Atmosphäre gab, besitzen sie noch entsprechende Stoffwechselmechanismen. Beim Abkühlen des Planeten Erde verschwand damals der anfänglich vorhandene Sauerstoff in mineralischen Verbindungen. Die übrige Atmosphäre war anaerob und enthielt große Mengen Schwefelwasserstoff. Zu dieser Zeit gab es einen Schwefelmetabolismus, bei dem mithilfe des Sonnenlichts der Schwefelwasserstoff in Schwefel und Wasserstoff gespalten wurde. Der Wasserstoff ging in den Stoffwechsel der Bakterien, und der Schwefel konnte in der Dunkelheit wieder veratmet werden. Das ist zwar für die Blaualgen im Aquarium energetisch ungünstiger, reicht aber, um mit etwas Schwachlicht im Bodengrund zu überleben. Ändern sich aber irgendwann die Bedingungen und die „hemmenden" Einflüsse werden geringer, sind die Blaualgen sofort wieder am Start!

Schadensbild

Diese Algen bilden schleimige oder filzartige Matten aus, die gewöhnlich rot bis rotbraun sind. Auch andere Farbformen sind möglich! Gelegentlich sind sie dunkelgrün bis fast schwarz gefärbt. Es werden schnell sämtliche Oberflächen im Aquarium überzogen. Auch hier heben Assimilationsbläschen (Luftblasen) die Matten zeitweise wenige Zentimeter an.

Maßnahmen gegen die Schmutzwasservariante

Bei der sog. „Schmutzwasservariante" handelt es sich um Schmieralgen, die meist aufgrund einer hohen Wasserbelastung entstanden sind. Dieser Typus ist für uns Aquarianer einigermaßen beherrschbar, denn hier sind die Ursachen von vornherein klar und messbar. Sie können durch geeignete Maßnahmen, die die Algen nach einiger Zeit eindämmen, effektiv verändert werden, sodass sie nicht mehr in Erscheinung treten. Die Gründe für die Entstehung dieser Algenbeläge sind meist hohe Nitrat- und Phosphatwerte im Aquarienwasser.
Zuerst müssen wir uns mittels geeigneter Wassertests einen Eindruck verschaffen, in welcher Größenordnung diese beiden Algennährstoffe vorliegen.
Meine Erfahrungen haben gezeigt, dass sobald sie beim Phosphat (PO_4) z. B. in einer Größenordnung von größer 1,0 mg/l und Nitrat (NO_3) jenseits der 50 mg/l-Marke liegen, unbedingt durch einen kräftigen Wasserwechsel dauerhaft günstigere Werte geschaffen werden müssen. Immer wieder sind in diesem Falle die Schmieralgen abzusaugen und immer wieder ist das dadurch fehlende Wasser durch neues, unbelastetes zu ersetzen. In mehreren Schritten müssen jeweils 10 % Wasser pro Woche gewechselt werden (jede Woche ca. 50 Liter bei einem 500-Liter-Aquarium). Beachten Sie aber bitte, dass das frisch angesetzte Wasser bei Verwendung dieser hohen Mengen 2 Tage gereift sein sollte, bis es zum Einsatz kommen darf. Mit dieser Maßnahme stellen wir die Werte ungefähr in Richtung 0,1 mg/l PO_4 und etwa 10 mg/l NO_3 ein.
Gleichzeitig ist es eine Überlegung wert, ob die Abschäumung verbessert werden muss und ob ein Phosphatfilter eingesetzt werden sollte. Der weitaus häufigste Auslöser ist aber, dass sich zu viele Fische im System befinden. Wenn Sie also merken, dass sich die Wasserwerte in kürzester Zeit wieder in Richtung Ausgangswerte einpendeln, dann muss wohl oder übel der Fischbestand „ausgedünnt" werden!

Phosphatfilter

Eine sehr effektive und rückstandsfreie Methode zur Beseitigung des Phosphats ist der Einsatz eines Phosphat-Adsorbers. Dabei stehen Adsorber auf Eisen- und auf Aluminiumbasis zur Auswahl, die beide nach dem gleichen Prinzip arbeiten. Sie bieten eine große Oberfläche, auf der sich das Phosphat sehr leicht anlagert. Haben sie ihre Arbeit getan, werden sie einfach aus dem Aquarium genommen und damit auch das gesamte adsorbierte Phosphat. Egal ob Eisenoxidhydrat oder Aluminiumoxid verwendet wird, beide Verbindungen sind unlöslich und können nichts an das Wasser abgeben. Bei

Phosphatfilter nützen nur bei der Schmutzwasservariante der Roten Schmieralge. Bei der Reinwasserform und bei anderen Störungen wie z. B. beim blauen Filterschwamm(S. 61) helfen sie nicht.

Aluminiumoxid (das etwas schneller wirkt als Eisenoxidhydrat) wurde vereinzelt über kurzzeitige Reaktionen von besonders empfindlichen Korallen berichtet. Dies könnte aber auf eine Verunreinigung zurückzuführen sein, die sich durch Ausspülen mit sauberem Süßwasser, vor dem Einbringen ins Aquarium, entfernen lässt. In meinem Umfeld jedenfalls wurden einige Aquarien ausschließlich mit Aluminiumadsorbern betrieben und es wurden keinerlei Beeinträchtigungen festgestellt. Der feine braune Niederschlag, der zu Beginn aus dem Eisenoxidhydrat herausströmt, ist ebenfalls harmlos.

Phosphatadsorber adsorbieren nicht nur Phosphate, auch Silicate werden adsorbiert, ebenso wie Gelbstoffe und andere organische Substanzen, somit alles Stoffe, die den Blaualgen sehr entgegenkommen. Mit einem Phosphatadsorber entzieht man ihnen eine breite Palette Algen-provozierender Nährstoffe.

Der Einsatz erfolgt am effektivsten in einem Wirbelbettreaktor. Wichtig ist aber, zu beachten, dass eventuell zugegebenes Kalkwasser niemals direkt in den PO_4-Adsorber gelangen darf, weil dadurch schlagartig das gesamte gebundene Phosphat wieder freigesetzt werden kann. Steht der Reaktor also in einer Kammer des Filterbeckens, aus der ihm das Wasser direkt zugeführt wird, sollte in diese Kammer auf keinen Fall das Kalkwasser zugegeben werden!

Die Durchflussmenge des Aquarienwassers durch den PO_4-Adsorber muss auf jeden Fall regelbar sein, denn es könnte notwendig werden, den Durchfluss zu begrenzen, da bei dieser sehr effektiven Methode in kürzester Zeit so viel Phosphat entfernt werden kann, dass Korallen und andere Wirbellose ihren Stoffwechsel nicht schnell genug an die neuen Bedingungen anpassen können. Hier gilt, wie überall in der Meerwasseraquaristik, das Prinzip, Veränderungen möglichst langsam vorzunehmen. Gute Erfahrungen habe ich gemacht, wenn durch den Phosphatfilter nicht mehr als 100 bis 150 Liter pro Stunde (Erfahrungswert bei einem gut besetzten 400-Liter-Becken) geleitet werden. So ist

Neben dem sorgfältigen Auswaschen von Frostfutter (Bild links) gehört auch das Durchlüften des Bodengrunds dazu, bei dem der Boden von übermäßigem Mulm befreit wird.

immer noch ein minimaler Restanteil PO_4 im Wasser, den viele Korallen und höhere Algen unbedingt benötigen. Auch das kurze Spülen des aufgetauten Frostfutters mit Leitungswasser ist zu empfehlen. Durch diesen Vorgang wird eine Menge Phosphat, das sich durch aufgeplatztes Zellgewebe der Futtertiere im Abtauwasser befindet, von Anfang an vermieden.

Nitratreduzierung

Das Nitrat (NO_3) bekommen wir durch den zu Beginn intensiven Wasserwechsel in den Griff. Hier eignet sich zur Wasseraufbereitung eine Umkehrosmoseanlage die über 98 % des im Leitungswasser vorhandenen NO_3 bereits von vorneherein herausfiltert.
Weiterhin sollte während einer Plage, die durch überhöhte Nährstoffparameter entstanden ist, das Aquarium (Fische, Korallen, Würmer, Schwämme etc.) nicht übermäßig gefüttert werden. Weniger kann auch hier mehr sein – zumindest so lange, bis die Algen wieder verschwunden sind. Dies bedeutet allerdings nicht, die Fische hungern zu lassen, sondern ganz gezielt nur so viel zu füttern, wie innerhalb kurzer Zeit gefressen wird.

Dauerhafte manuelle Belästigung

Die wichtigste Maßnahme ist aber auch hier, die Schmieralgen niemals in Ruhe zu lassen. Immer wieder müssen sie vorsichtig abgesaugt oder mit der Hand abgefächelt werden. Das Abbüsten mit einer Zahnbürste sollten Sie unterlassen, denn dies beschädigt die Biofilme, die unter den Algen sitzen. Diese allerdings sind Gegenspieler der „Roten Pest“. Bei fehlenden Biofilmen besiedeln die Schmieralgen diese Stellen ungleich schneller als bei intakten Biofilmen. Fügt man in diesen Fällen noch regelmäßig Wasseraufbereitungsmittel wie zum Beispiel EASY-LIFE (Fa. EASY-LIFE Int. BV Niederlande) oder ähnliche Produkte zu, die viele, auch von Algen erzeugte Schadstoffe binden, kann nach einiger Zeit mit einem Erfolg gerechnet werden.

Die Zahnbürste sollte nicht eingesetzt werden, damit die unter den Algen sitzenden Biofilme nicht zerstört werden. Diese Biofilme helfen uns, weil sie gegen die Cyanobakterien arbeiten. Vorsichtiges Absaugen der „Roten“ ist besser!

Maßnahmen gegen die Reinwasservariante

Schwieriger stellt sich das Problem dar, wenn wir mit einer Schmieralgenplage zu kämpfen haben, obwohl die Wasserwerte im sogenannten „grünen“ Bereich liegen. Dazu gehören Werte von nicht nachweisbar (n. n.) oder weniger als 0,05 mg/l PO_4 und Nitratwerte (NO_3), die ebenfalls unter 4 mg/l liegen. Hier kann man davon ausgehen, dass übermäßige Nährstoffe nicht schuld an der Misere sind! Wieso aber können die Schmieralgen bei diesen geringen Werten überleben, obwohl keine anderen Algen im Aquarium wachsen?
Wissenschaftler fanden in umfangreichen Feldstudien heraus, dass Cyanobakterien in phosphatarmem Wasser den Phosphatbedarf für ihren Stoffwechsel reduzieren. Das bedeutet: Sie verzichten teilweise auf das Phosphat und greifen stattdessen zu anderen Verbindungen. Die Forscher bemerkten, dass sobald Phosphat nur in sehr niedrigen Konzentrationen vorhanden ist (< 9,5 µg/Liter), die Schmieralgen dieses Phosphat nicht mehr in ihre Membranlipi-

Schwefelnitratfilter können manchmal problematisch werden.

de einbauen (weil dies eine Verschwendung des wertvollen Phosphats bedeuten würde, das an anderer Stelle dringender gebraucht wird). Sie ersetzen es durch Schwefel- und Stickstoffverbindungen (Van Moody et al. 2009).

Die Schwierigkeit in diesem Fall ist, dass sich eine Bekämpfung der Algen langfristig meist nur mit einer aufwendigen Problemanalyse sowie zusätzlichen biologischen Maßnahmen erfolgreich durchführen lässt, und diese Prozeduren benötigen Zeit! Besonders Zeit und Geduld sowie auch ein wenig mehr Einsatz als üblich werden nötig sein, um das Problem aus der Welt zu schaffen. Aus eigener Anschauung kann ich aber sagen, dass es langfristig immer gelingt, die Algen zumindest auf ein verträgliches Maß einzudämmen. Aus diesem Grund habe ich viele Möglichkeiten zusammengetragen, die in der Vergangenheit für eine Schmieralgenplage verantwortlich gemacht werden konnten. Sie können sich anhand der aufgeführten Beispiele auf Spurensuche an Ihrem System begeben. Mit hoher Wahrscheinlichkeit trifft eines der Beispiele auch auf Ihr System zu.

Nitratfilter und Schwefelwasserstoff

Falls Sie schon längere Zeit Korallenriffaquarianer sind und ggf. mit sog. Nitratfiltern arbeiten, untersuchen Sie doch einmal – bevor Sie mit weiteren Maßnahmen beginnen – folgenden Sachverhalt:

In einigen Fällen, die mir bekannt sind, bildeten zur Verminderung des Nitrats eingesetzte externe Denitrifikationsfilter den Auslöser für das Auftreten der Roten Schmieralgen, und zwar nach folgendem Muster: Zuerst wurde durch die Filter der Nitratwert im Becken bis auf null (n. n.) reduziert. Nun kommt es darauf an, ob man mit einer Säule arbeitet, die den Bakterien zwar eine größere Menge Siedlungssubstrat zur Verfügung stellt (Aktivkohle, Sinterglasröhrchen etc.), die Bakterien selbst aber ihre Nahrung aus den natürlichen Abbauprodukten im Becken beziehen. Üblicherweise werden die Bakterien in dieser Säule nicht noch zusätzlich gefüttert und sie reduzieren sich bei sinkendem Nitratgehalt in Ermangelung der Sauerstoffquelle (NO_3) von selbst. Steigt der Nitratwert im Aquarienwasser wieder an, pendelt sich die Bakterienpopulation erfahrungsgemäß dementsprechend ein. Dies funktioniert aber nur in Becken, die mit einer überwiegenden Mehrzahl von Weichkorallen betrieben werden. Diese Korallen produzieren durch ihren Schleim genügend sog. Polyzucker, die die Bakterien zusätzlich effektiv ernähren. Ein zwar empfindliches, aber einigermaßen ausbalanciertes Wechselspiel findet statt.

Allerdings reicht die Ernährung der Bakterien in gut gepflegten Steinkorallenbecken mit sehr geringem Weichkorallenanteil aufgrund niedriger löslicher Kohlenstoffgehalte für ordentliche Denitrifikationsraten oft nicht mehr aus. Mit schwefel-, ethanol- oder essigsäurehaltigen Materialien müssen dann zusätzlich Nährstoffe, in welcher Form auch immer, in das System

Ein wunderschönes Schaubecken verlangt beste Bedingungen.

eingebracht werden, die von den Bakterien allerdings sehr aufwendig aktiviert werden müssen. Aus diesem Grund wird in solchen Becken meist mit Filtern gearbeitet, in denen das Substrat den Bakterien gleichzeitig als Nahrung dient (Schwefelfilter, Zellulosefilter, verschiedene käufliche Denitratoren etc.). Wird in diesen Reaktoren aus Unaufmerksamkeit ein sauerstoffreies (!) Milieu erreicht, kann es passieren, dass sog. Sulfatreduzierer die Oberhand gewinnen und dem Sulfat (H_2SO_4) den Sauerstoff entreißen. Dann produzieren sie giftigen Schwefelwasserstoff (H_2S), der normalerweise nach faulen Eiern riecht! Innerhalb des Reaktors wird nun das Wasser mit dem extrem belastenden H_2S angereichert.
Dadurch, dass das Wasser vom Reaktor nur tropfenweise an einer beliebigen Stelle dem Aquarium zugeführt wird, kann man in der Praxis oft weder etwas riechen noch messen. Das Milieu verschlechtert sich aber zusehends.

Merke: Sollten also im Aquarienwasser keine bedenklichen Nitrat- und Phosphat-Werte nachzuweisen sein, aber solch ein Filter betrieben werden, ist es ratsam, die Wasserdurchflussrate so einzustellen, dass er nicht vollständig ohne Sauerstoff arbeitet oder besser noch, er wird sofort vom System getrennt. Nach dem Entdecken dieser Quelle und einem kräftigen 30 %igen Wasserwechsel kann erfahrungsgemäß mit einem Rückgang der Roten Schmieralgen nach wenigen Wochen gerechnet werden.

Zu wenig Nitrat im Wasser

In der Meerwasseraquaristik wurden in den letzten Jahren mehrere Ansätze zur Vermeidung von Roten Schmieralgen diskutiert. Einer behandelt ein Missverhältnis zwischen den Parametern Phosphat und Nitrat.
Einige Blaualgen mit speziellen Zellen (Heterocysten) sind in der Lage, Stickstoff zu fixieren. Bei der Stickstofffixierung geschieht Folgendes: In einem stickstoffarmen Milieu (wenig Nitrat) wird elementarer Stickstoff fixiert, um ihn für die Synthese von lebensnotwendigen Eiweißen den Bakterien bzw.

Pflanzen zur Verfügung zu stellen. Ohne Stickstoff ist die Synthese von Eiweißen nicht möglich! Pflanzen und somit auch Algen nehmen diesen Stickstoff üblicherweise nur als Ammonium (NH_{4+}) oder Nitrat (NO_{3-}) auf. Ist diese Quelle erschöpft bzw. nicht produktiv genug, können nur solche Organismen weiterwachsen, die den reichlich in der Luft (fast 80 %) oder dem Wasser vorhandenen elementaren Stickstoff (N_2) fixieren können.

Die Schmieralgen der Reinwasserform treten also auch bei minimalsten Stickstoffkonzentrationen auf.

Ein überschneller Nitratabbau findet im Riffaquarium an vielen Stellen statt: Einmal sind es die vielen denitrifizierenden Stellen im Bodengrund und in den lebenden Steinen, aber auch der schnelle Entzug von Verbindungen (die sich später auch als Nitrat im System wiederfinden) durch sehr leistungsstarke Abschäumer sowie ein schneller Verbrauch in externen Nitratfiltern und auch im Kalkreaktor, der übrigens durch seine geringe Wasserzuführung mit einem durch das zugegebene CO_2 (der niedrige pH-Wert stört die Denitrifikationsbakterien nicht) recht sauerstoffarmen Milieu effektiv denitrifiziert.

Eine Bekämpfung der Stickstoff-fixierenden Schmieralgen kann auf mehreren Wegen erfolgen:

1) Den Stickstoff (Nitrat NO_3) im Becken durch eine verstärkte Fütterung erhöhen.

2) Den Stickstoff (Nitrat NO_3) durch eine gezielte Zugabe von Natriumnitrat ($NaNO_3$) erhöhen.

Hierzu löst man 137 Gramm $NaNO_3$ in 1 Liter Osmosewasser. 1 ml dieser Stammlösung erhöhen nun den Nitratgehalt in 100 Liter Meerwasser um 1 mg/l NO_3.

Formel: Aquarienvolumen : 100 x gewünschter Erhöhung mg/l.

Beispiel: In einem 500-Liter-Aquarium soll der NO_3-Gehalt um 4 mg/l erhöht werden:

500 : 100 x 4 = 20

Es werden somit 20 ml der Stammlösung benötigt (siehe auch GLASER 2008 als weiterführende Literatur).

3) Neben der Stickstofferhöhung sollten Sie auch den Stickstoffkreislauf des Aquariums untersuchen und gegebenenfalls Veränderungen vornehmen. Wo könnte im System das Nitrat (NO_3) zu schnell abgebaut werden? Diese Quellen gilt es zu finden und zu beseitigen. Sie können z. B.

- den eingesetzten Zeolith, der ein starker Ammoniumadsorber (= Vorstufe des Nitrats) ist, auf die Hälfte reduzieren,

- den stark arbeitenden Abschäumer in der Leistung mindern,

- überprüfen, mit wie viel Liter Wasserdurchfluss pro Stunde die Technikkammer versorgt wird. Probeweise nur die Hälfte der üblichen Literleistung durch die Kammer laufen lassen,

- den Bodengrund hin und wieder mit einer Art Rechen durchpflügen, damit keine übermäßigen denitrifizierenden Stellen entstehen. Die gleiche Arbeit übernehmen z. B. auch Kammseesterne oder sogenannte irreguläre Seeigel (Sanddollars), die durch ihre rege Grabtätigkeit den Boden gut belüften.

Merke:
In einem älteren Becken können umfangreiche Wasserwechsel das Nitrat stark reduzieren, aber das Phosphat, das im Laufe der Zeit in gewissen Depots gebunden wurde, geht dadurch wieder in Lösung (Old Tank Effect). Dann haben wir wenig Nitrat, aber trotzdem wieder viel Phosphat. Deshalb sollten in diesem Fall Phosphat-Adsorber eingesetzt werden.

• bodenkauende Grundeln einsetzen (vornehmlich solche, die den Sand nicht über die Korallen streuen, z. B. Krabbenaugen-Grundeln (*Signigobius biocellatus*). Besser, weil unempfindlicher, eignet sich die Braunstreifen-Sandgrundel (*Amblygobius phalaena*). Auf keinen Fall Grundeln der Gattung *Valencienna*, denn sie spucken den Sand wahllos im ganzen Becken aus, und meist über die Korallen,

• mit einer kleinen Strömungspumpe die vermulmten Stellen im Dekorationsgestein frei blasen,

• die eingesetzte Langzeitaktivkohle einmal pro Woche in Süßwasser durchwaschen und stark aneinanderreiben, damit die denitrifizierenden Biofilme abgespült werden, oder komplett aus dem System nehmen,

• die mit Bruchstücken von lebenden Steinen überladene Filterkammer ausräumen,

• den Kalkreaktor reinigen. Bereits ein verschlammter Kalkreaktor kann eine Schmieralgenplage provozieren. In einem Fall war er zu 2/3 an der Algenplage schuld. Nachdem er gereinigt war, verschwand der größte Teil von ihnen. Nach dem Absaugen der restlichen Algen war das Problem gelöst.

Einen Königsweg, der für jedes Aquarium gilt, gibt es leider nicht, denn in jedem Becken ist die Ausgangssituation anders.

Schmieralgen durch eine extreme Nährstoffmangelsituation (PO_4/NO_3)

In Aquarien sind Cyanobakterien stets ein Symptom, das vielfältige Ursachen haben kann, oder, anders formuliert, dem verschiedene Diagnosen zugrunde liegen können. Deshalb möchte ich noch einen weiteren Denkansatz anführen, der in den letzten Jahren diskutiert wurde (Kokott pers. Mitt. 2010).

Oben: *Amblygobius phalaena* ist für ein mit empfindlichen Korallen bestücktes Korallenriffaquarium bestens geeignet, denn sie verteilt den Sand nicht über den Korallen. Unten: Grundeln aus der Gattung *Valencienna* sind nicht geeignet. Sie verteilen den Sand ungeniert über den Korallen. Fotos: J. Pfleiderer

Es gibt auch jenen Fall, dass, bezogen auf die verfügbare Besiedlungsfläche, mehr autotrophe Biomasse (Korallen/Zooxanthellen) als heterotrophe Biomasse (Fische, Garnelen, Würmer usw. – also aktive Fresser) vorhanden ist.
In der Regel ist die Korallenbiomasse bei Inbetriebnahme eines Aquariums nicht außergewöhnlich hoch. Vielmehr wird sich mit zunehmender Standzeit der Korallenbewuchs dahingehend entwickeln, dass zu einem bestimmten Zeitpunkt die Nährstoffaufnahme und Nährstoffumwandlung in Korallenbiomasse auf der einen Seite, den Nährstoffeintrag durch die heterotrophe Wasserbelastung (z. B. durch die Fischfütterung) auf der anderen Seite deutlich überwiegt. Vereinfacht ausgedrückt bedeutet das, dass die Korallen mehr Nährstoffe aufnehmen, als von außen über das Futter in das

Aquarium hineinkommen. Das Aquarium kann also mehr Potenzial haben, Nährstoffe zu binden, als ihm tatsächlich zugeführt werden. Das kann zu einer unausgeglichenen Nährstoffbilanz führen, die letztendlich in einer Nährstoffmangelsituation endet. Solche Aquarien werden vom Pfleger häufig als in Ordnung befunden, weil Phosphat (PO_4) kaum nachweisbar und der Nitratwert (NO_3) nur geringfügig nachzuweisen ist. Häufig werden solche Aquarien noch zusätzlich mit Phosphatadsorbern und/oder Zeolithfiltern betrieben, die ihrerseits dazu beitragen, dass extrem geringe Nährstoffverhältnisse herrschen. Sehr oft oder besser gesagt fast immer weisen solche Be-

Ein Cyanobakterium mit filamentösem, leicht gelatinösem Aussehen, ist oft ein Indikator für eine Nährstoffmangelsituation.
Foto: P.-G. Rohleder

cken Korallen auf, die aufgrund ihrer hellen Grundfärbung bei gleichzeitig ausgeprägter Pigmentierung eine etwaige Phosphorlimitierung vermuten lassen. Eine kleinpolypige Steinkorallenart z. B. aus der Gattung *Acropora* oder *Seriatopora* kann unter solchen Bedingungen durch Gewebedegeneration, Gewebeablösung oder Verbrennungserscheinungen im Spitzenbereich reagieren. Oft (nicht immer) gedeiht in diesen Fällen ein Cyanobakterium, das mit einem feinen, filamentösen und locker vernetzten, leicht gelatinösen Erscheinungsbild einen Typ markiert, der sich ausbreitet, wenn einerseits mit diesen Adsorbern gearbeitet wird und andererseits zu viel und zu aggressiv abgeschäumt sowie zu viel mit zu sauberem Frischwasser gewechselt wird. Gerade Wasserwechsel mit aufbereitetem Reinstwasser oder generell niedrigerem Nährstoffgehalt (im Vergleich zum Aquarienwasser) senken den Nährstoffgehalt weiter und verschärfen die bestehende Phosphorlimitierung. In diesen Fällen ist der anorganische Nährstoffhaushalt nicht ausgeglichen.
Bei der Bekämpfung einer Nährstofflimitierung dürfen daher keine praktischen Maßnahmen eingeleitet werden, die anorganische Nährstoffe wie Ammonium, Nitrat oder Phosphat aus dem System entfernen. Dazu zählt auch die Zugabe von Mitteln, wie z. B. aufgeschwemmte Zeolithe, Bentonite oder flüssige Fällungsmittel.

In der Praxis sollten wir versuchen, mit folgenden Maßnahmen gegenzusteuern:

- das Verdunstungswasser komplett durch Kalkwasser ersetzen,

- den Eiweißabschäumer nur in der Dunkelphase einschalten (Belüftung),

- Zeolith und Phosphatadsorber vom System trennen,

- im Moment keinen Wasserwechsel und kein Absaugen der Cyanobakterien durchführen,

- zur akuten Zufuhr von Phosphor wird das Frostfutter zeitweise nicht ausgewaschen.

Alle Maßnahmen tragen insgesamt dazu bei, dass das Aquariensystem mehr Phosphor erhält und behält, wodurch sich die Umgebungsvoraussetzungen für Cyanobakterien der „Reinwasserform“ derart verschlechtern, dass sich normalerweise binnen weniger Wochen die Cyanobakterienpopulation von alleine zurückbilden und die Ko-

rallen und Kalkrotalgen regenerieren können. Kalkwasser ist zur akuten Erhöhung des pH-Wertes seit jeher eine praktische Begleitmaßnahme bei der Behandlung von Algenproblemen jeglicher Art.
Im Falle einer Phosphorlimitierung, wie sie hier vorliegt, ist die Wahrscheinlichkeit gering, dass Kalkwasser bedeutende Mengen an Phosphat ausfällt, weil es schlicht und ergreifend nicht in ausreichender Menge verfügbar ist. Der weitere Behandlungsverlauf erfordert eine kontinuierliche Kontrolle des Nährstoffgehalts, damit rechtzeitig und angemessen der Phosphat- und Nitratgehalt auf ein individuell gesundes Niveau eingestellt werden kann. Dazu dient in erster Linie die Beobachtung des gesamten Aquariensystems und eine regelmäßige Wasseranalytik, um für das jeweilige System die richtigen PO_4- und NO_3-Verhältniswerte zu ermitteln und beizubehalten.
Die genannten Schritte können relativ schnell zum Erfolg führen, weil die meisten phosphorlimitierten Aquarien oft nur einen winzigen Anschub brauchen, um wieder in eine ausgeglichene Nährstoffbilanz zu kommen und dann weiterhin reibungslos funktionieren.

Merke:
Cyanobakterien sind Pionierorganismen, weil sie sich äußerst schnell und effektiv auf wechselnde Umgebungsbedingungen einstellen können. Eine frisch mit einer Bürste blank geputze Oberfläche im Aquarium erfährt eine lokale Neubesiedlung, die zumeist mit Cyanobakterien beginnt.
Eine derartige Maßnahme ist nicht nur unnütz, sondern verstärkt das bestehende Symptom sogar dahingehend, dass der Biofilm als Gegenspieler die Cyanobakterien räumlich zu verdrängen vermag, aber durch das Wegbürsten irreversibel geschädigt und eliminiert wird.

Blauer Filterschwamm

Einmal hatte ich mit einem Cyanobakterienproblem zu kämpfen, das sich trotz guter Wasserwerte (PO_4 0,09 mg/l Mercktest und NO_3 Tetratest mit ca. 6 mg/l) und nach diversen Manipulationen nach unten oder oben einfach nicht lösen ließ.
Erst nachdem ich den kurz vorher neu eingesetzten blauen Filterschwamm 40 x 20 x 5 cm (L x B x H) wieder aus dem System (400 Liter netto) entfernte, gingen die Algen zurück.
Man sollte also solchen Schwämmen gegenüber kritisch sein und diese in der Meerwasseraquaristik nicht oder nur minimalst verwenden. Zum Filtern und Dämmen benutze ich nun sogenanntes Filtervlies (verdichtete Filterwatte). Ebenfalls sehr effektiv, aber im Salzwasser nach meinen Erfahrungen nicht problematisch.

Einige Zeit im Salzwasser lässt einen vormals schön blau gefärbten Schwamm (oben rund) merklich auslaugen. Die ins Wasser abgesetzten Stoffe können ein Schmieralgenwachstum provozieren.

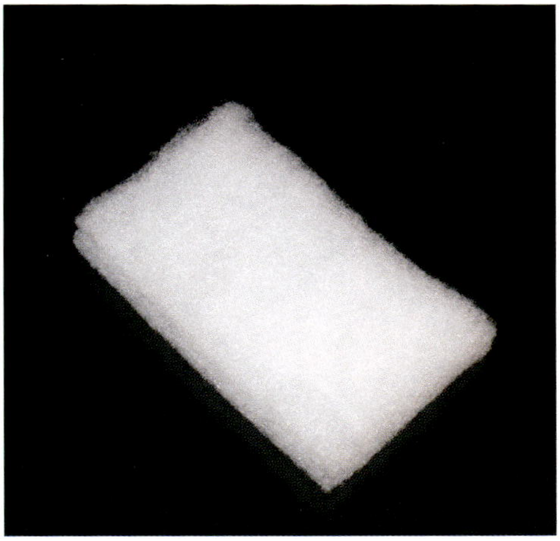

Seither benutze ich nur noch ein Wattevlies.

Allerdings gibt es noch weitere Möglichkeiten, einer Schmieralgenplage langfristig Einhalt zu gebieten.

Ergänzende Maßnahmen zur Vermeidung von Roten Schmieralgen

Die Schieflage der Artenvielfalt

In neuerer Zeit findet bei ernsthaften Meerwasseraquarianern eine Veränderung der Sichtweise auf ihr System Meerwasseraquarium statt. Immer nur einzelne Probleme isoliert zu betrachten, bringt auf die Dauer nur unbefriedigende Resultate. Deshalb wird es immer deutlicher, dass das System Meerwasseraquarium als Ganzes zu sehen ist. Aus diesem Grund muss auch die Möglichkeit in Erwägung gezogen werden, dass das vormals von Schmieralgen freie Meerwasseraquarium hinsichtlich seiner Artenvielfalt in eine Schieflage geraten kann. Der Wissenschaft sind Verschiebungen der Artenvielfalt aus einer ganzen Reihe von ozeanischen Ökosystemen bekannt und alle machen deutlich, dass es Wechselwirkungen zwischen ihren Organismen sind, die den jeweiligen Zustand des Systems aufrechterhalten. Allein die Tatsache, dass diese Erkenntnisse öffentlich diskutiert werden, ist für uns Meerwasseraquarianer schon ein Glücksfall, denn diese Phänomene spielen sich auch in unserem Mini-Ozean ab.

Eine reichhaltige Mikrofauna ist für ein gesundes Aquarium wichtig.

Das Ziel, eine möglichst hohe Artenvielfalt im System Meerwasseraquarium anzustreben, gründet auf der Beobachtung, dass es günstiger ist, wenn mehrere Arten (anstatt nur eine Art) bestimmte Funktionen übernehmen, damit das System (in der Natur das Ökosystem) insgesamt widerstandsfähig bleibt. Auch ist es wichtig, zu verstehen, welche Schlüsselrolle z. B. den Räubern für die Strukturierung ozeanischer Ökosysteme zukommt, und es macht klar, dass die Bestandteile solcher Systeme auf komplizierte und unerwartete Weise miteinander verknüpft sind (Rahmstorf & Richardson 2007). Natürlich kommen nicht alle Untersuchungen über Artenvielfalt und funktionierende Ökosysteme zum gleichen Ergebnis. Dennoch sind mittlerweile so viele durchgeführt worden, dass sich ein generelles Bild abzeichnet, welche Rolle die Biodiversität insgesamt spielt. Er ist also wichtig – der Kampf des Meerwasseraquarianers gegen den schleichenden Artenverlust in seinem Aquarium!

Bereits 1999 hat André Luty beim 5. Internationalen Meerwasser-Symposium in Bochum über die sogenannte „Inseltheorie" referiert (Luty 1999). Auch dort ging es in erster Linie darum, das Aquarium hin und wieder mit neuen Arten zu bevölkern und so einer schleichenden Artenarmut entgegenzuwirken. Wie oben gezeigt, haben auch Blaualgen ihre Feinde, die sie, wenn auch nicht unbedingt gleich auffressen, so doch mit einem chemischen Cocktail beschießen, unter dem sie sich „wegducken" und nicht sonderlich wohlfühlen.

Die Artenarmut bezieht sich in diesem Fall natürlich nicht auf die großen sichtbaren Tiere wie Fische und Korallen etc., sondern auf die Mikrolebewesen, die entweder gleichgroß, etwas größer oder auch kleiner als die Schmieralgen sind. Eine hervorragende Möglichkeit ist hier das zyklische

Einbringen neuer lebender Steine oder von sog. Livesand, also Sand, der dem Meer entnommen und genauso sensibel verschickt wurde wie die lebenden Steine. Beide Komponenten bringen neues, reichhaltiges Leben in das Aquarium, wobei der Sand hinsichtlich seiner größeren Oberfläche und seiner leichteren nachträglichen Integration in ein laufendes System klar im Vorteil ist.
Im Vergleich zu den altbekannten lebenden Steinen verfügt der Livesand beispielsweise hinsichtlich anorganischer Nährstoffe, die in die freie Wassersäule entlassen werden, über eine andere Zusammensetzung von Abbau- und Umsetzprodukten als die Steine. Besonders durch die andersartige Zusammensetzung der Mikroorganismen (mit zum Teil bisher in den Aquarien noch nicht ansässigen Stämmen) entstehen im System Meerwasseraquarium durch lebhafte Remineralisationsprozesse auch neue Mengenzusammensetzungen in den anorganischen Nährstoffen. Zum Zweiten wird sog. „nicht aktiver“ Detrituskohlenstoff in „aktiven“ Zellkohlenstoff überführt, der wiederum als Katalysator für weitere Umsatzprozesse und als Grundlage für mikrobielle Biomasseproduktion und Zellvermehrung dient.
Auch die Rolle der marinen Pilze in benthischen Ökosystemen ist klar definiert. Ihre bedeutendste Aktivität liegt in der Nutzung gelöster organischer Substanzen (organic recycling) und dem Abbau der durch Sedimentation sich am Meeresboden ansammelnden partikulären organischen Substanzen. Besonders Zellulose und ligninhaltige Substrate werden durch sie schnell zerstört. Aber auch andere partikuläre Substrate werden unter dem Einfluss der sie abbauenden marinen Pilze erheblich verändert, und zwar dahingehend, dass eine Anreicherung mit pilzlicher Biomasse stattfindet, sich die Struktur und chemische Zusammensetzung der Substrate ändert und eine Anreicherung mit Zwischenprodukten des Abbaus stattfindet, die wiederum für Organismen wie Bakterien, andere Pilze, Schwämme und verschiedene Meeresorganismen nutzbar sind (Schaumann 1993). Somit ist klar, dass die beiden Komponenten lebende Steine und belebter Sand (Livesand) sich im Kampf gegen die Blaualgen wunderbar ergänzen (Meyer-Reil, L.-A., Köster, M. 1993).

Dieser Krebs ist häufig in der Mikrofauna des Bodens zu finden. Durch seine rege Grabtätigkeit hilft er mit, den Boden zu durchlüften.

Die Artenvielfalt auffrischen

Je größer die Artenvielfalt in einem Riffbecken ist, desto besser werden die genannten Funktionen erfüllt. Einer momentan dominierenden eingeschleppten Mikroalge (Blaualge) wird die Massenvermehrung logischerweise in einem an pflanzlichen und tierischen Kleinlebewesen artenreichen Becken weitaus schwerer gelingen als in einem artenarmen Aquarium. Im artenreichen Becken sind die ökologischen Nischen besetzt und die Wahrscheinlichkeit, dass für die Schmieralgen ein Fressfeind anwesend ist oder aber Konkurrenten vorhanden sind, die sich ihrerseits wieder mit diversen chemischen Kampfstoffen gegen die Algen wehren, ist viel größer als im artenarmen Aquarium. Da sich durch das Einbringen nur wenig neuen Substrats (z. B. Korallenneubesatz) in der Regel nur wenige neue Arten etablieren, andere dafür wieder absterben, ist es besser, wenn man sein Becken häufiger mit kleinen Gaben frischen Materials impft.
Bei lebenden Steinen ist das aus nachvollziehbaren Gründen nicht immer möglich, da sie fest in die Dekoration integriert sind und im Laufe der Zeit einfach zuwachsen.

Aber der Sandboden lässt sich immer ohne größere Probleme austauschen. Meist reichen für ein 500-Liter-Becken schon 4 bis 5 kg jährlich aus.
Bei einer Schmieralgenplage sollten Sie neben der manuellen Entfernung der Beläge ca. ein Viertel bis ein Drittel des Bodengrunds komplett gegen neuen frischen Livesand oder gegen einen Bodengrund aus einem anderen gesunden Meerwasseraquarium austauschen. So kommt eine Vielzahl neuer Bakterien, Einzeller etc. in das Aquarium, die alle ihre segensreiche Arbeit gegen die Schmieralgen aufnehmen. Selbstverständlich können noch zusätzlich unterstützend käufliche Bakterienprodukte zugegeben werden, wenn sie als für Meerwasser geeignet ausgewiesen sind. Nach dem Einbringen des Sandes müssen wir die Organismen darin natürlich auch füttern, und so sollte zumindest in der Anfangszeit darauf geachtet werden, dass bei abgestellter Strömung auch feines Futter den Bodengrund erreicht!

Mit bestimmten höheren Algen gegen Schmieralgen

Aufmerksame Aquarianer beobachten es schon lange: Algen wie z. B. die *Caulerpa*-Arten oder *Chaetomorpha linum* verdrängen nach einer gewissen Zeit die Schmieralgen (und auch Fadenalgen) aus dem Aquarium. Aus diesem Grund gingen viele Hobbyisten dazu über, ein „Refugium" an den Kreislauf des Hauptaquariums anzuschließen. Hierbei handelt es sich um Becken, die eine hohe Dichte dieser Algen aufweisen. Die intuitiven Beobachtungen dieser Aquarianer sind richtig, allerdings wurde über den Grund, warum die niederen Algen mit der Zeit verschwinden, in der Vergangenheit zu einseitig diskutiert. Man vermutet, dass es einzig und allein durch die wasserreinigende Wirkung der Algen zu einer Verbesserung der Situation kommt. Aber überlegen Sie selbst: Circa 2 % der Trockenmasse von Meeresalgen bestehen aus Stickstoff. Bei einem Wassergehalt von 90 % sind das 0,2 %

Allelochemikalien bilden eine wirksame Waffe gegen niedere Algen.
Algen wie z. B. diverse *Caulerpa*-Arten oder *Chaetomorpha linum* geben sie an die Umgebung ab. Wissenschaftler sprechen hier von Allelopathie.

des Algengewichts. 100 Gramm nass geerntete Algen sind eine Menge Material für ein durchschnittliches Meerwasserbecken. Sie bringen ca. 10 g Trockengewicht auf die Waage und haben 200 mg Stickstoff entfernt. Das entspricht etwa einer Menge von 900 mg Nitrat (NO_3). In einem 400-Liter-Becken mit einem Nitratgehalt von 20 mg/l sind immerhin insgesamt 8.000 mg Nitrat enthalten, sodass man sagen kann, dass jeder Liter Wasser durch die Algenernte um ca. 2,25 mg entlastet wurde. Eine schöne unterstützende Sache zwar, aber eigentlich nur ein Tropfen auf den heißen Stein.

Viel wichtiger in diesem Gegenspiel ist die Tatsache, dass Lebewesen Substanzen, sog. Allelochemikalien, bilden, die sie an die Umgebung abgeben und mit deren Hilfe sie eine Wirkung auf andere Lebewesen ausüben. Die Wissenschaft spricht hier von Allelopathie (Whittaker, R. H., Feeny P. P. 1971). Diese Allelopathie findet man hauptsächlich im Pflanzenreich, denn unbewegliche Lebewesen können nicht einfach vor einer Gefahr flüchten, sie müssen andere Mittel einsetzen, um sich zu schützen. In unserem Fall betreiben die höheren Algen einen großen Aufwand, da allelopathische Wirkstoffe nicht einfach Abfallstoffe des Stoffwechsels sind. Für deren Herstellung müssen die Algen Energie aufwenden. Die von den Algen gebildeten allelopathischen Wirkstoffe könnten diese selbst schädigen, deshalb müssen sie sorgfältig gespeichert und transportiert werden. Unter Wasser kann die Allelopathie viele zufällige Nebenwirkungen haben. Die eigentliche Wirkung findet zwischen dem Erzeuger der Wirkstoffe und dem Zielorganismus statt. Die meisten Wirkstoffe sind jedoch wasserlöslich und können daher auch andere Lebewesen im umgebenden Wasser beeinflussen. In einem abgeschlossenen Lebensraum wie dem Aquarium können sie sich anreichern und die allelopathischen Wirkungen verstärken sich mit der Zeit. Höhere Algen müssen sich gegen Aufwuchs von einzelligen Algen wie auch Fadenalgen wehren. So wie man in Seegraswiesen des Mittelmeeres feststellte, dass die Seegräser sich gegen die eingeschleppten *Caulerpa*-Algen durch das vermehrte Ausscheiden von Phenolcarbonsäuren (vor allem Fettsäure) wehrten, findet auch z. B. bei den *Caulerpa*-Algen eine verstärkte Abgabe von allelophatischen Wirkstoffen statt, wenn in ihrem Lebensraum Konkurrenzalgen verstärkt auftauchen (De Villele X., Verlaque M., 1995).

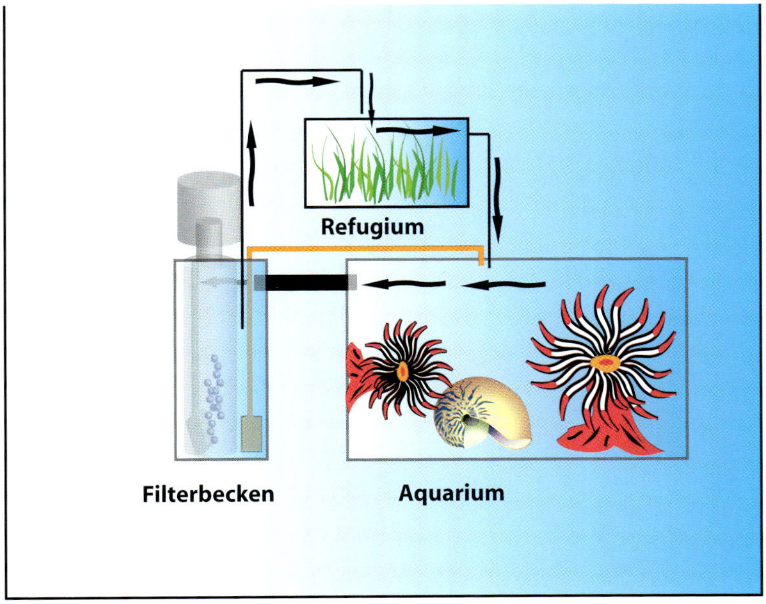

Das Prinzip des Refugiums ist einfach. Ein separates Aquarium mit etwas Bodengrund und bestimmten Algen wird in den Kreislauf des Aquariums geschaltet. Dieses Aquarium sollte aber über mindestens eine Bohrung verfügen. Das Ganze lässt sich übrigens auch mit Plexiglas-Becken (Terrarienbedarf) realisieren. Dort kann man eine Bohrung leicht selbst anbringen. Grafik: R. Latka.

Algenvernichtungsmittel

Ich erinnere mich natürlich daran, wie viel Empörung Artikel in Fachzeitschriften auslösen, wenn diversen Plagegeistern mit chemischen Mitteln der Garaus gemacht werden soll. Oft sind es Aquarianer, die vielleicht noch nie mit einer zähen und langwierigen Schmieralgenplage zu tun hatten, und sie sehen in solchen Mitteln immer das „Jüngste Gericht".
Ich habe mir aber ein umfassendes Informationswerk zur Bekämpfung von Plagegeistern vorgenommen und zu solch einem Werk gehören eben auch diese Mittel, denn ich weiß, dass sie eingesetzt werden. Es wäre scheinheilig, nicht über sie zu sprechen!
Ich halte die Leser meiner Bücher für mündig und umsichtig, mit diesen Mitteln verantwortungsbewusst umzugehen. Es gibt einige Produkte am Markt, von denen man Unterschiedliches hört. Mal haben sie geholfen, mal nicht.

Zwei bekannte und fast überall erhältliche Mittel gegen die Roten Schmieralgen sind Preis Algan (Preis-Aquaristik) und antired (AquaMedic).

Preis Algan

Dieses Produkt der Firma Preis Aquaristik, Bayerfeld, hat sich in der Praxis in vielen Fällen als wirkungsvoll erwiesen. Wenn es genau nach Vorschrift angewendet wird, kann es im Wirbellosen-Aquarium eingesetzt werden. Es ist ein rein pflanzliches Produkt, mild und sollte bei einer ersten Behandlung gegen Rote Schmieralgen eingesetzt werden.
Ein Bestandteil ist ***Arctostaphylos uva-ursi,*** die sog. „Echte Bärentraube", ein Heidekrautgewächs. Die Blätter der Bärentraube enthalten unter anderem Arbutin, Gerbstoffe, Flavone und Glykoside. Insbesondere das Arbutin, aber auch die Gerbstoffe, wirken antibakteriell und somit auch gegen Cyanobakterien. Dann wird noch ***Trigonella foenum-graecum*** als Inhaltsstoff angegeben. Hierbei handelt es sich um ein Kraut, das gemeinüblich als Bockshornklee bezeichnet wird. Auch er wirkt mild antibakteriell. Des weiteren ***Sambucus nigra***, der Schwarze Holunder: normalerweise ein probates Hausmittel gegen Erkältung, Nieren- und Blasenleiden. Als Faktoren dieser Wirkung gelten die in den Früchten enthaltenen Vitamine B und C, Fruchtsäuren, ätherische Öle, die auch in den Blüten enthalten sind, Flavonoide und vor allem das farbgebende Anthocyan. Dieses Antioxidans schützt die Zellmembranen vor Veränderungen durch freie Radikale. Dann noch **Zitronensäure** (wahrscheinlich zur besseren Lösung) und Wasser.

antired AQUA MEDIC

antired von AQUA MEDIC, Bissendorf, vernichtet ebenfalls Rote Schmieralgen im mit niederen Tieren besetzten Meerwasseraquarium. Auch hier sollten die Anwendungsvorschriften peinlichst eingehalten werden. Während der Behandlung darf der Abschäumer nur moderat abschäumen, damit das Mittel eine längere Verweilzeit im Wasser hat und so besser wirken kann.
antired arbeitet mit **Silber** und **Polyvinylpyrrolidon** (PVP), auch Polyvidon oder Povidon genannt, als Hauptwirkstoff. Hier handelt es sich also um ein Kombiprodukt auf Silber-PVP-Basis.

Silber als Algenbekämpfungsstoff ist nichts Neues, denn in früheren Zeiten benutzte man auch Fischheilmittel zur Bekämpfung der „Roten", die auf Silberbasis arbeiteten. Das Mittel bereitete meinen kleinen Garnelen *Thor amboinensis* und *Periclimenes spec.* Probleme. Einen Tag nach der Zugabe verstarb die *Thor*. Die *Periclimenes* nahm ich nach sichtbarem Unwohlsein aus dem Becken. Sie überlebte.

Interessanterweise machte dieses Mittel den übrigen großen Garnelen nichts aus. Alle *Lysmata*-Garnelen und *Stenopus hispidus* zeigten keinerlei Anzeichen von Unwohlsein. Auch die kleinen Gammariden und die überall anzutreffenden Mysis-Garnelen – die nachts durchs Becken flitzen – zeigten keine Reaktion!

Ich denke aber, man ist auf der sicheren Seite, wenn vor der Anwendung von antired die Kleingarnelen aus dem Aquarium genommen werden.

Beim Einsatz dieser Algenvernichtungsmittel ist generell zu beachten, dass während der gesamten Behandlungszeit keine Aktivkohle-, Zeolith-, PO_4- oder UV-Filter betrieben werden dürfen. Weiterhin sollte eine größere Menge Frischwasser (bis zur

Thor amboinensis hat die Zugabe des silberhaltigen Algenmittels nicht überlebt. Man kann annehmen, dass sämtliche kleine Garnelen wie *Urocaridella, Periclimenes, Hippolyte* oder *Gnathophyllum* ebenfalls sterben würden und sollte diese vor der Anwendung aus dem Aquarium nehmen.

Beim Ansetzen von Algenbekämpfungsmitteln immer das möglichst genaue Nettowasservolumen errechnen. Eine Überdosierung muss vermieden werden.

Hälfte des gesamten Aquarienvolumens) angesetzt werden. Man braucht es **vor** und **nach** der Behandlung! Vorher, weil man so viele Algen wie möglich absaugen sollte, damit die durch das Absterben freigesetzten Gifte nicht im Übermaß vorhanden sind.

Besonders das vorherige Absaugen der Algen ist wichtig! Auf einigen Beipackzetteln ist zu lesen, dass man während der Behandlung absaugen soll, sobald sich die Algen vom Boden oder der Dekoration lösen. Das ist meiner Meinung nach zu spät. Dann sind die Gifte der abgestorbenen Algen schon im Wasser.

Nach der Vernichtung der Algen wird das Wasser zwei Tage lang mit einer guten Ak-

tivkohle behandelt. Während dieser beiden Tage sollten Sie die Kohle einmal wechseln.
Sicherheitshalber wird empfohlen, während und bis zu vier Wochen nach der Behandlung jeden zweiten Tag den Ammonium-Ammoniak-Gehalt des Aquarienwassers zu messen. Es ist möglich dass, die angestammter Bakterienpopulation im Aquarium in Mitleidenschaft gezogen wurde und somit die Nitrifikation bereits bei der ersten Stufe stagniert. Das müssen Sie mitbekommen, denn dann dürfen die Fische nur sehr sparsam gefüttert werden. Zur Vorsicht gebe ich hier noch eine Tabelle bei, aus der ersichtlich wird, ab welcher Konzentration (je nach Wirkstoff) die Nitrifikationsbakterien geschädigt werden sollen. Die Tabelle gilt generell für künstliches Meerwasser!
Nachdem das Wasser mit einer guten Aktivkohle gereinigt wurde, können wir sicher sein, dass die Chemikalie daraus verschwunden ist und wir nun beginnen können, das Aquarium erneut mit Bakterien zu impfen. Gebrauchtes, eingefahrenes Filtermaterial aus gesunden Meerwasserbecken oder auch ein gutes Bakterienpräparat sollten jetzt zur Anwendung kommen.
Leider hat es sich in der Praxis gezeigt, dass es auch Rote Schmieralgenbestände gibt, die sich von den im Fachhandel zu beziehenden Algenmitteln nicht oder nur wenig beeindrucken lassen. Warum das so ist, weiß ich nicht – es ist aber so. Nun ist die Not groß und es stellt sich die Frage: Mit der Meerwasseraquaristik aufhören oder weitermachen?

Einfluss verschiedener Medikamente auf die Nitrifikation nach Spotte (1992)

Inhaltsstoff	**Konzentration mg/l**	**Populationsschädigend?**	**Quelle**
Chloramphenicol	13,3	Ja – deutlich vermindert	Bower & Turner (1982)
Kupfersulfat	1,2	Ja – deutlich vermindert	dto.
Gentamycinsulfat	5,3	Ja – weniger als 25% verm.	dto.
Methylenblau	8	Ja – deutlich vermindert	dto.
Neomycinsulfat	66,7	Ja – deutlich vermindert	dto.
Nifurpirinol	0,1	Ja – weniger als 25% verm.	dto.
Quinacrinehydrochlorid	12	Ja – weniger als 25% verm.	dto.

Tabelle 4. Schädlicher Einfluss gewisser Stoffe auf Bakterien.

Wer an diesem Punkt angekommen ist, wird wahrscheinlich froh sein, wenn ich nun eine Behandlungsmaßnahme dokumentiere, die, sobald sie in den Fachmedien erwähnt wird, sofort für helle Aufregung, mahnende Worte und erhobene Zeigefinger sorgt. Der „Teufel", von dem ich rede, heißt Chloramphenicol.
Schon Peter Wilkens – der leider viel zu früh verstorbene Altmeister der Meeresaquaristik – wusste in diesen Fällen keinen anderen Rat als den Einsatz dieses Mittels.

Was ist Chloramphenicol?

Chloramphenicol ist ein Antibiotikum und wurde aus *Streptomyces venezuelae* isoliert. Heute wird es aber hauptsächlich synthetisch hergestellt. Es wirkt auf viele grampositive und gramnegative Bakterien tödlich. Chloramphenicol hemmt die Polysom-Bildung und die Proteinsynthese durch Bindung an bakterielle Ribosomen.
Sie sollten auf jeden Fall einen Tierarzt konsultieren und mit diesem zusammen die notwendige Dosis erarbeiten. Normalerweise wird es in einer Dosis von 1 Gramm pro 100 Liter Aquarienwasser eingesetzt. In jedem Liter Aquarienwasser sollten also ungefähr 10 mg vorliegen.
Lassen Sie sich vom Tierarzt eine Dosis errechnen, die für mindestens **drei** Anwendungen ausreicht!

Tagebuch einer Bekämpfungsaktion

Ich weiß, dass es jedem biologisch interessierten Menschen ein Graus ist, solche Mittel einzusetzen, und empfehle Ihnen auch, zuerst alle zuvor beschriebenen Maßnahmen durchzuführen, und erst dann, wenn wirklich keine Besserung festzustellen ist, mit der nun im Folgenden beschriebenen Behandlung zu beginnen.

1. Zuerst habe ich die sichtbaren Algenbeläge auf dem Bodengrund und der Dekoration gründlich abgesaugt. Ich benutzte hierzu einen mit Watte bepackten Topffilter, da dieser die Algen zuverlässig zurückhält aber das abgesaugte und gereinigte Wasser im Becken verbleibt. Bei dieser Methode wird nicht viel Meerwasser verschwendet und sie ist die einzige, die man auch für größere Becken anwenden kann, denn sie entbindet von der sehr arbeitsintensiven Aufgabe, mehrere hundert Liter Wasser anzumischen und zu wechseln.

2. Alle Adsorberfilter wie Aktivkohle, Zeolith und auch der Phosphatfilter wurden vom System entfernt. Da es wahrscheinlich ist, dass sich auch in diesen Filtern Schmieralgensporen befinden, sollten sie komplett verworfen werden.

3. Nun habe ich zuerst die Nettowassermenge des Systems ermittelt und dann das Mittel nach Vorschrift angesetzt.
1 Gramm auf 100 Liter. Unser 400-Liter-Aquarium benötigte somit 4 Gramm.

4. Am nächsten Tag habe ich mit einem wattebepackten Topffilter noch einmal den Bodengrund durchlüftet, damit alle Stellen mit ausreichend Frischwasser versorgt werden. So wird ausgeschlossen, dass sich vereinzelt Algen in geschützte Zonen zurückziehen können, die von unserem Algenmittel aufgrund der fehlenden Durchströmung ggf. nicht erreicht werden.

Alle Zutaten für unseren „Staubsauger": Topffilter (*ohne Motor, weil dieser zu schwach war*), Schläuche, Watte und eine stärkere Treiberpumpe (Eheim 600 l/h).

Frische Watte vor dem Einsatz immer gründlich unter warmem Wasser ausspülen (siehe Schaumbildung am Abfluss).

Die Treiberpumpe wird so installiert, dass das Wasser durch den Topffilter gezogen wird. Je stärker diese Pumpe ist, umso effektiver ist die Saugleistung des Systems.

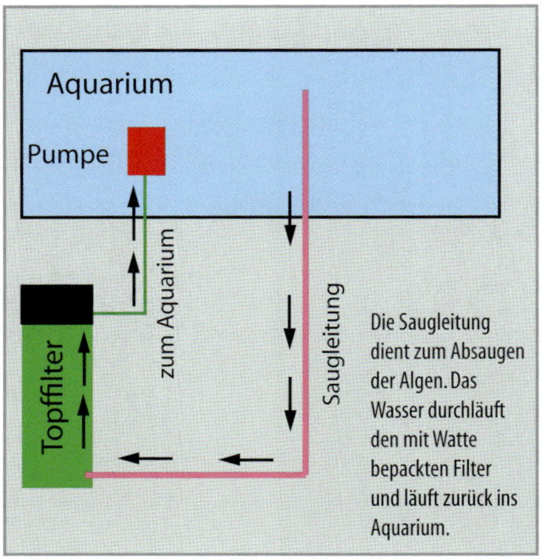

Bild 1: Absaugen der Dekoration.

Bild 2: Durchlüften des Bodengrunds mit einer Mulmglocke.

Nach dem Entfernen der Mulmglocke habe ich mit dem Schlauch die gesamte Dekora-

Die Waage zeigt 1 Gramm Chloramphenicol-Pulver. Das reicht für 100 Liter Aquarienwasser.

Das Mittel in Süß- oder Meerwasser auflösen.

tion, so gut es eben ging, von den Schmieralgen befreit. Nun erst hatte ich ein gutes Gefühl, weil nicht mehr allzu viele Schmieralgen im Aquariensystem waren.

5. Jetzt erfolgte die erste Zugabe des Algenmittels. **Mittwoch**, 11.30 Uhr.
Kurz danach bemerkte ich, dass der Abschäumer in sehr kurzer Zeit schon eine be-

trächtliche Brühe abgeschäumt hatte. Hier konnte es sich nur um das Chloramphenicol handeln. Somit stellte ich den Abschäumer ab, weil ich wollte, dass das Mittel im Aquarium bleibt und nicht im Abschäumer landet. Da ich die Algen fast komplett aus dem Becken gesaugt hatte, war ich auch zuversichtlich, dass keine Vergiftung durch absterbende Algenteile zu erwarten war. Der Abschäumer wurde nochmals entleert und gereinigt. Danach blieb er ausgeschaltet.

Tag 2 (Donnerstag) nach der Zugabe

Die Algen verlieren langsam ihre rote Farbe. Es ist fast keine Algenassimilation mehr zu erkennen.

Tag 3 (Freitag) nach der Zugabe

Die Algen halten sich grünbraun auf der Oberfläche des Sandbodens. Dort werden

Der Abschäumer würde zu viel des Mittels aus dem System schaffen. Darum habe ich ihn abgestellt.

sie noch einmal abgesaugt. Der Wasserverlust beträgt 60 Liter. Diese werden ersetzt und für 60 Liter Chloramphenicol nachdosiert (0,6 g).

Tag 4 (Samstag) nach der Zugabe

Sogar die *Trochus*-Schnecken fressen nun die umgefärbten Algen. Aber verschwunden sind sie noch nicht. Ich setze zusätzlich einen mit Watte bepackten Schnellfilter ein, der die im Wasser schwebenden Algenfetzen ausfiltert.

Die Algen haben ihre rote Farbe verloren. Sie sind jetzt grünbraun.

Tag 6 (Montag) nach Zugabe

Da am Montag die Schmieralgen noch nicht vernichtet waren, gab ich noch einmal 250 mg/100 l Chloramphenicol zu. Weder die Korallen noch die übrigen niederen Tiere (Schnecken, Garnelen, Seeigel) zeigten Beeinträchtigungen. Vereinzelt litten einige

Die Schnecke frisst an den Algen.

Schwämme. Meine einzige Sorge galt den Doktorfischen. Hier hatte ich Bedenken, ob ggf. durch die doppelte Dosierung ihre

Mit Watte bepackter Schnellfilter, der die Algenfetzen aus dem Wasser filtern soll.

Darmflora beeinträchtigt würde. Allerdings fraßen sie ungehindert weiter und zeigten kein Unwohlsein. Ich konnte nicht beobachten, dass sie in den Wochen danach abmagerten.

Tag 7 (Dienstag)

Die geschwächten Algen wurden von der Dekoration und dem Bodengrund abgesaugt.

Tag 8 (Mittwoch)

Immer noch zeigten die Algen Bewegungsaktivität. Wurde der Boden umgewälzt, waren bereits 2 bis 3 Stunden später schon wieder die ersten grünen Beläge auf der Oberfläche zu sehen.

Tag 9 (Donnerstag)

Den Algen ging offensichtlich so langsam die „Luft“ aus. Fächelte ich über den Bodengrund, lösten sie sich leicht ab und verdrifteten ins freie Wasser. Jetzt sollten sie nochmals mit dem Staubsaugerfilter und einer Mulmglocke abgesaugt werden.

Zwischendurch kontrollierte ich immer den Ammonium-Ammoniak-Wert, um zu überprüfen, ob diese Werte noch im akzeptablen Bereich lagen. Bei einer angepassten 1-mal täglichen Fütterung (nur so viel füttern, wie auf einmal von den Fischen gefressen wird) war dieser Wert zu keinem Zeitpunkt der Behandlung im kritischen Bereich. Ich

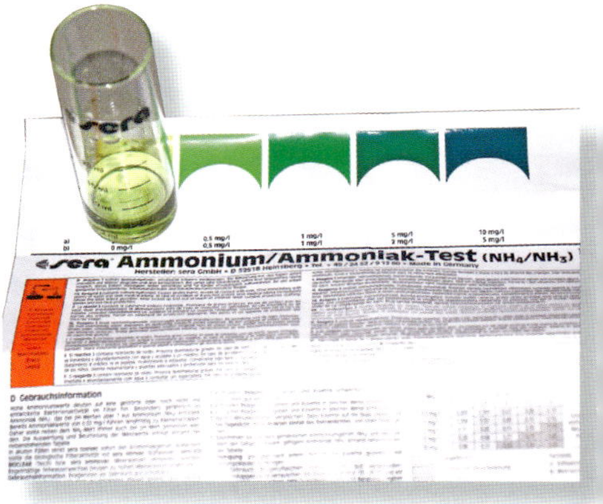

Mit dem sera NH_4-Test konnte ich auch nach der zweimaligen Anwendung von Chloramphenicol keine messbare Schädigung der Bakterienfauna beobachten.

kann also die Angaben in der von Spotte erstellten Tabelle (Seite 68) nicht uneingeschränkt bestätigen.

Wenn man überlegt, wie viele Diskussionen und Warnungen in der Vergangenheit über die Chloramphenicol-Methode (vermutlich größtenteils vom „grünen Tisch“ aus) geführt wurden, so kann zumindest ich nur den Kopf schütteln. Kein einziger Fisch, kein Krebs, keine Garnele und kein Seeigel zeigte während der gesamten Behandlung irgendeine Auffälligkeit. Auch die Nitrifikationsbakterien werden allem Anschein nach, zumindest bei der von mir eingesetzten Menge Chloramphenicol, nicht komplett beschädigt. Die Kleintierfauna wie Copepoden, Gammarus und kleine Mysis hopsen in der Nacht quicklebendig im Aquarium umher. Kleine Schlangensterne, die im Boden ansässigen Leimruten etc., alle waren in Ordnung.

Tag 10 (Freitag)

Die Algen wurden immer schwächer. Zartes Grünalgenwachstum wurde sichtbar.

So ließ ich noch 5 Tage verstreichen. Danach wurde der Abschäumer wieder in Betrieb gesetzt. Allerdings betreibe ich ihn nicht mehr so wie vor der Anwendung, sondern er wurde schwächer eingestellt, damit das Wasser etwas nährstoffreicher blieb. Dann setzte ich den Kalkreaktor wieder in Gang, machte aber in den folgenden drei bis vier Wochen noch keinen Wasserwechsel.

Man sollte aber nicht meinen, dass nach der Behandlung sofort wieder alles im Lot ist. Der alte Bodengrund wurde während der Behandlung nach und nach entfernt. Trotzdem bildeten sich danach noch längere Zeit schmierige Algen (aber keine Roten Schmieralgen) auf der Bodenscheibe. Diese wurden immer wieder abgesaugt.

Schmutzwasser des durchgespülten Bodengrunds. Nach der Behandlung habe ich ihn komplett aus dem Becken entfernt.

Vier Wochen vor der Behandlung wurde frischer Bodengrund mit Bakterien versetzt und reifte insgesamt 6 Wochen lang.

Oben: Das Becken nach der Behandlung und vor dem neuerlichen Einrichten. Vertrauenerweckend sieht das Ganze zwar noch nicht aus, aber die „Roten" sind bekämpft.

Rechts: Die geplanten neuen lebenden Steine sollen die Bakterienpopulation im Aquarium weiter auffrischen. Neuzugänge von lebenden Steinen werden bei mir aber (und erst recht nach den Recherchen für dieses Buch) nur noch ins Becken gebracht, wenn sie mindestens zwei Wochen separat gehalten und beobachtet wurden. Viele Plagegeister können auf und in ihnen vorhanden sein.

Unten: Neu aufgebaut, mit frischem Bodengrund und einigen neuen lebenden Steinen versehen, kann alles nur noch besser werden.

Woher bekomme ich Chloramphenicol? (Stand Juni 2010)

Gehen Sie auf jeden Fall zu einem Tierarzt und besprechen Sie mit ihm die Situation.
Für unsere Zwecke ist heute nur das Medikament

Septicol Kapseln 250 mg
Packung zu 100 Kapseln
Breitspektrum-Antibioticum für
Hund und Katze
G. Streuli & Co. Pharma AG
Uznach Schweiz
Swissmedic Nr. 42`827

relevant. Viele andere Chloramphenicol-haltige Medikamente sind Augensalben. Diese haben für uns keinen Wert.
Dosiert wird 1 Gramm auf 100 Liter Aquarienwasser (netto).

Mycosidol der niederländischen Firma Colombo BV Dorpsweg 11 NL-3257 LB Ooltgensplaat. E-Mail: info@colombo.nl (Stand 2010)

In diesem Fall war nun die sehr hartnäckige Schmieralgenplage bekämpft.
Diese Algen werden nach solch einer Behandlung aber bald wiederkommen, wenn die Art und Weise, wie das Aquariensystem betrieben wurde, nicht von Grund auf neu überdacht wird. Die im Vorfeld genannten Empfehlungen und Tipps helfen dabei!

Colombo Mycosidol gegen Rote Schmieralgen

Eine Alternative zu den vorgenannten, meist überall erhältlichen Mitteln stellt das Präparat „Mycosidol“ von Colombo, einer niederländischen Firma, dar.
Im Internet liefen viele hitzige Diskussionen über die Inhaltsstoffe von Mycosidol. Es ging um die Frage, ob das Präparat überhaupt frei verkauft werden darf, wenn es ggf. Antibiotika enthält. Wird es als Biozid vertrieben, müssen die Inhaltsstoffe angegeben werden. Wenn es Antibiotika enthält, darf es nur über den Tierarzt bezogen werden!
Eine von mir Mitte 2010 gestellte Rückfrage an den Hersteller/Vertreiber ergab, dass Mycosidol keine Antibiotika enthält, sondern auf der Basis eines sog. Antimycotikums arbeitet. Antimycotika werden medizinisch als Antibiotika mit hemmender oder abtötender Wirkung auf Pilze definiert. Aber ein antimycotisches Präparat enthält nicht zwangsläufig Antibiotika. Nun dachte ich mir: Vielleicht hat hier ein „Tüftler“ tatsächlich etwas Sinnvolles entwickelt?
Engagierte Aquarianer forschten allerdings weiter und so kam Ende 2010 (kurz vor Drucklegung dieses Buches) leider doch zutage, dass es sich bei Mycosidol ebenfalls um Chloramphenicol handelt. Ein unabhängiges Labor hatte das bestätigt. Nun hatte ich aber schon mit Mycosidol gearbeitet und die Auswirkungen dokumentiert, weshalb ich sie hier der Vollständigkeit halber aufführen möchte.

Generell war der Behandlungsverlauf wesentlich „weicher“ als mit jenem Chloramphenicol, das ich in meinem vorgenannten Experiment einsetzte, und das mir Anfang 2002 von einem Tierarzt verschrieben wurde. Zuerst einmal löste sich Mycosidol im Wasser sehr gut auf. Während und nach der Behandlung konnte ich nicht feststellen, dass Schwämme negativ reagierten, dass sich Scheibenanemonen zusammenzogen oder, dass nach der Behandlung die Fadenalgen stärker wuchsen. Der Übergang von der Behandlung zur Normalität war ohne etwaige Vorkommnisse. Ich vermute, dass Chloramphenicol heute, bezüglich der Zusammensetzung oder Rezeptur, ausgereifter ist als früher.

Bis Frühjahr 2010 lag der alten Packung von Mycosidol keine Gebrauchsanleitung bei, aber mit Einführung der neuen Umverpackung ca. ab April/Mai 2010 hat sich das geändert, und nun ist eine sehr ausführliche Gebrauchsanweisung beigepackt.

Da es einige positive Aussagen in diversen Internetforen gab und auch mir bekannte Aquarianer von diesem Mittel überzeugt waren, überlegte ich, ob ich den Einsatz wagen sollte, und, um nicht nur Vermutungen äußern zu können, habe ich das Ganze ausprobiert.

Das von mir behandelte Riffbecken hat mit den Abmessungen 80 x 35 x 35 cm ein Bruttovolumen von 98 Litern. Die Dekoration bestand aus wenig Lochgestein, einigen lebenden Steinen sowie Korallensand mit einer Schichtdicke von etwa 2 cm.

Die Beleuchtung setzte sich aus zwei T5-Lampen à 39 Watt 15000 K zusammen. Im Becken selbst waren 2 Strömungspumpen angebracht, wobei eine davon mit einer Schnellfilterpatrone mit Wattevlies versehen war. Diese zwei Pumpen leisteten in Summe eine 15-fache Wasserumwälzung pro Stunde. Ein Abschäumer war nicht vorhanden.

Die Netto-Wassermenge ermittelte ich folgendermaßen:

Messung von Scheibeninnenseite (Scheibenstärke 6 mm) zu Scheibeninnenseite 78,8 x 33,8 x 33,8 cm	90,0 Liter
Messung Circavolumen des Bodengrundes innen 78,8 x 33,8 x 2 cm	5,3 Liter
Dekorationsvolumen (geschätzt)	10,0 Liter
Summe Wasservolumen netto	**74,7 Liter**

Dieses Becken hatte zuvor eine problemlose Standzeit von etwa 4 Jahren. Besetzt war es mit verschiedenen Hornkorallen, Scheibenanemonen, diversen klein- und großpolypigen Steinkorallen, zwei kleinen *Tridacna*-Muscheln, *Zoanthus*-Krustenanemonen, zwei Garnelen (*Lysmata wurdemani*), mehreren kleinbleibenden Grundeln, diversen Schnecken, kleinen Kalkröhrenwürmern und zwei kleinen Seeigeln (*Mespilia globulus*). Weiterhin waren noch Schwämme und kleine Mysis-Garnelen in diesem Aquarium anwesend.

Nachfolgende Wasserwerte wurden gemessen: Nitrat (NO_3) < 5 mg/l, Phosphat (PO_4) n. n., Alkalinität (= Karbonathärte) 6 und eine Dichte von 1,0235 kg/l. Das sind Werte, die man in vielen Becken, die mit Roten Schmieralgen überzogen sind, findet. Zuerst wurden die Schmieralgen, so gut es ging, abgesaugt. Hier sollte man unbedingt genauso vorgehen, wie im vorherigen Kapitel, beschrieben! Das dadurch fehlende Wasser

Links Mycosidol in der alten Umverpackung ohne Gebrauchsanleitung.
Rechts die neue Verpackung mit ausführlicher Gebrauchsanleitung (Stand Juni 2010).
info@colombo.nl

entnahm ich aus einem anderen Aquarium und füllte es bis zum ursprünglichen Volumen wieder auf.
Ich dosierte auf die errechneten 75 Liter Nettowasservolumen 3 Kapseln, die ich in 1 Liter Meerwasser auflöste. Nach mehrmaligem Umrühren gab ich die „milchige Flüssigkeit" in das Becken.
Selbst nach mehreren Stunden zeigte keine Koralle ein sichtbares Unwohlsein, keine der Schnecken war geschädigt und alle Fische verhielten sich normal. Auch die beiden Seeigel und die Garnelen blieben vital und waren nach Tagen immer noch wohlauf.
Bei Abschäumeraquarien ist es vorteilhaft, wenn man den Eiweißabschäumer in den ersten 3 bis 4 Tagen nach der Behandlung sehr trocken einstellt, damit nicht zu viel des Mittels abgeschäumt wird.
Nach zwei Tagen gab ich nochmals einen halben Kapselinhalt ins Becken und am dritten Tag den Rest der Kapsel.
Als Faustregel kann man sich merken, dass am zweiten Tag nach der erstmaligen Zugabe nochmals 1/5 der Anfangsmenge zugegeben wird. Erkennt man, dass dies nicht ausreicht, kann ohne Weiteres am dritten Tag nochmals 1/5 der Anfangsmenge zugegeben werden.
Ab dem dritten Tag lösten sich die Cyanobakterien von der Dekoration und den überwachsenen Tierstöcken. Schäden an den Tieren konnte ich nicht feststellen.

Achtung:
Da es sich bei Chloramphenicol um ein Antibiotikum handelt, darf das behandelte Meerwasser auf keinen Fall in den Ausguss gegeben werden. Die Abbaubakterien in den Kläranlagen würden sonst geschädigt! Nachdem die „Roten" verschwunden sind, muss das Wasser 2 bis 3 Tage mit einer guten Aktivkohle gereinigt werden, damit sämtliche Medikamentenrückstände aus dem Wasser entfernt wurden. Erst **danach** darf man einen Wasserwechsel durchführen. Die nun mit Antibiotikum kontaminierte Aktivkohle muss als „Sondermüll" über das Schadstoffmobil etc. entsorgt werden.

Während der gesamten Behandlungszeit habe ich zweimal täglich den Ammonium-Ammoniak-Gehalt gemessen, der aber nie in den kritischen Bereich kam. Gefüttert wurde in dieser Zeit gezielt und sparsam.
Am sechsten Tag nach Behandlungsbeginn habe ich über 50 Gramm Aktivkohle gefiltert, aber keinen Teilwasserwechsel vorgenommen. Die Kohlefilterung beendete ich nach zwei Tagen.
Auch diese Kohle muss als Sondermüll entsorgt werden.
Anschließend gab ich den Inhalt einer Ampulle Bakterien ins Becken, da ich davon ausgehe, dass durch das Mittel die Bakterienfauna ggf. leicht geschädigt wurde.
In den nächsten drei Wochen fütterte ich sparsam, um die Bakterien nicht überzustrapazieren.
Als Ergebnis kann ich mitteilen, dass das Mittel sehr gut angeschlagen hat und die Roten Schmieralgen auch nach Monaten nicht mehr erschienen.
Absolut wichtig ist meiner Meinung nach, dass dieses Medikament (wie eigentlich all die in diesem Kapitel behandelten Mittel) wirklich nur auf die Nettowassermenge eingesetzt wird. Nur so ist es für die Tiere verträglich. Ob es Konstellationen im Aquarium geben kann (Wasserwerte, Wasserzusammensetzung, Osmosewasser, Leitungswasser, Verwendung von gewissen Mittelchen und Lösungen etc.), die einen ungünstigeren Verlauf der Behandlung provozieren können, liegt außerhalb meines Wissens. Deshalb rate ich dringend, während der Behandlung die mitgepflegten Tiere genau zu beobachten.

Um die Bakterienfauna zu stärken, gebe ich nach einer chemischen Behandlung immer ein bis zwei Ampullen Bakterien in das Aquarium.

Fressfeinde und Helfer

Wenn auch viele Tiere die Schmieralgen kaum oder nur ungern anrühren, so ist es doch möglich, mittels einiger Helfer diesen Algen das Leben zu erschweren. Kleine Einsiedlerkrebse der Gattung *Calcinus* oder auch *Clibanarius* sollten mit einer Individuendichte von 5 bis 10 Tieren pro Quadratmeter eingeplant werden. Sie zupfen andauernd am Substrat und behindern so die Schmieralgen, sich in Ruhe anzusiedeln. Auch Gehäuseschnecken der Gattungen *Trochus* und *Tectus*, die im Fachhandel immer mal wieder angetroffen werden, haben sich als Prophylaxe bewährt. Öfter schon konnte ich beobachten, wie diese Schmieralgen gefressen haben. Auch sie sollte man mit ca. 15 Schnecken pro Quadratmeter Grundfläche einplanen. Die Schmieralgen auf dem Bodengrund dürfen ebenfalls keine Ruhe finden. Der Bodengrund wird von einer Reihe von Tieren effektiv umgewälzt und gereinigt. In erster Linie gehören hierzu die Kammseesterne der Gattung *Astropecten* oder *Archaster* (1 Tier pro m^2), dann die im Bodengrund lebenden Irregulären Seeigel wie die Gattung *Dendraster*, *Clypeaster*, *Maretia*, *Lovenia* und *Brissus* (max. 2 Tiere pro m^2, wenn zusätzlich Kammseesterne eingesetzt werden, nur jeweils 1 Tier pro m^2). Leider sind diese Tiere nicht bunt und ihre Wichtigkeit für das Korallenriffaquarium wird zur Zeit noch unterschätzt! Aus diesem Grund findet man sie nur bei engagierten Fachhändlern.

Auch Seegurken reinigen den Bodengrund, wenn er nicht aus sehr grobem Korallenbruch besteht. Die Schwarze Seegurke (*Holothuria atra*) und die sog. Essbare Seegurke (*Holothuria edulis*) sind recht fleißige Mitbewohner. Man sollte sich aber bewusst sein, dass bei einer mechanischen Verletzung dieser Seegurken der Fischbestand getötet werden könnte. Niederen Tieren machen diese Gifte der Seegurken, die durch

Einsiedlerkrebse, Seegurken und Schnecken zählen zu den dauerhaften „Störenfrieden" von Algen.

Verletzungen ausgeschieden werden, in der Regel nichts aus.
Wenn Sie feinen Bodengrund benutzen, können auch sehr effektiv bodenkauende Grundeln eingesetzt werden. Bewährt haben sich hier die Krabbenaugen-Sandgrundeln (*Signigobius biocellatus*) und die Braunstreifen-Sandgrundeln (*Amblygobius phalaena*). Diese Grundeln spucken im Gegensatz zu den meisten anderen Grundelgattungen den Sand nicht wahllos über die Korallen, sondern sie laden ihn an der Stelle ab, an der sie ihn aufgenommen haben.
Zum Schluss möchte ich anmerken, dass ich einen gehörigen Respekt vor einer richtig hartnäckigen Schmieralgenplage habe. Diese Plagegeister zählen mit Sicherheit zum Schlimmsten, was einem Meerwasseraquarianer widerfahren kann. Die Plage ist durch langsame Veränderungen am System in den Griff zu bekommen. Man braucht nur eben sehr viel Geduld.

Durch diese Tiere werden die Schmieralgen so belästigt, dass sie schlecht Fuß fassen können.
Rechts: Krabbenaugengrundel (hier beim Graben), links ein Kammseeestern (*Archaster sp.*) und unten die Braunstreifen-Sandgrundel *A. phalaena*.

Auf einen Blick
Rote Schmieralgen

Schmutzwasservariante: Dunkelrote oder (je nach Beleuchtung) dunkelgrüne, braune oder schwarze, filzige Beläge in dicken Schichten (2). Dekorationsmaterialien und Korallen sowie höhere Algen werden befallen, geschädigt und erstickt.
Reinwasservariante: Leicht filamentöse, gelatineartig erscheinende Algen von rötlicher Färbung (1).

Meist durch abiotische Faktoren provoziert. Hohe Belastung mit Nährstoffen (**Schmutzwasserform**). Fehler im Nährstoffmengenverhältnis (**Reinwasserform**).
Abgabe schädlicher Stoffe (z. B. Blauer Filterschwamm im Meerwasser)!

Schmutzwasserform:

- Phosphat und Nitrat messen (hohe Werte wie PO_4 > 1,0 und NO_3 > 50 mg/l müssen unbedingt gesenkt werden. Empfohlene Richtwerte: PO_4 >/= 0,1 mg/l und NO_3 $</=$ 10 mg/l).
- Wasser auf Durchsichtigkeit prüfen. Sobald es einen gelben Farbstich aufweist, mit Aktivkohle reinigen.
- Überbesatz an Fischen vermeiden.
- Abschäumerleistung verbessern und gegebenenfalls Abschäumer so einstellen, dass er dünnflüssiger abschäumt.
- Phosphatfilter einsetzen.
- Häufigen Wasserwechsel durchführen (10 % des Nettowasservolumens wöchentlich).
- Biologisch arbeitende Filtersysteme langsam verkleinern (monatlich um 1/3) und dann aus dem System entfernen. Sie produzieren zu viel Nitrat.
- Verdunstungswasser generell durch Kalkwasser ersetzen.

Reinwasserform:

<u>Allgemeine Maßnahmen:</u>

- Denitrifikationsfilter auf Schwefelwasserstoffbildung hin untersuchen (Faule-Eier-Geruch). Falls ja, Durchfluss erhöhen, damit sich kein Schwefelwasserstoff mehr bilden kann.
- Eventuell ist der Abschäumer überdimensioniert. Nicht auf volle Leistung stellen und probeweise drosseln.
- Verbackenen Bodengrund mit der Hand, einem Stab oder einem Kunststoffrechen auflockern. So werden überschüssige denitrifizierende Zonen abgebaut. 14-tägig wiederholen.
- Bodenbearbeitende Tiere einsetzen. Irreguläre Seeigel (2 Tiere pro m^2 Bodenfläche), Kammseesterne (nur 1 Tier pro m^2 Bodenfläche). Sehr effektiv sind bodenkauende Grundeln. Hier aber nur solche Gattungen einsetzen, die den Sand nicht über den Korallen verbreiten. Geeignet sind z. B. Braunstreifen-Sandgrundeln *Amblygobius phalaena,* die sich im Gegensatz zu den Krabbenaugengrundeln leichter ernähren lassen.
- Eingesetzte Langzeitaktivkohle schrittweise (1/4 pro Woche) auf insgesamt 1/4 der ursprünglichen Ausgangsmenge reduzieren.
- Kalkreaktor auf Verunreinigungen prüfen. Falls er schon längere Zeit in Betrieb ist und sich viel Mulm in ihm befindet, auf jeden Fall reinigen.

Kalkwasser gegen alle Arten von Algenplagen

Vielleicht können Sie es schon nicht mehr hören, aber die häufige Aufforderung, unbedingt eine gesättigte Calciumhydroxidlösung $CaOH_2$ (Kalkwasser) zu verwenden, um das Verdunstungswasser zu ergänzen, hat sich in der Vergangenheit als zwar unspektakuläre, aber sehr effektive Methode entpuppt, um ein verstärktes Algenwachstum zu unterbinden. Höchstwahrscheinlich werden durch den sehr hohen pH-Wert einige essentielle Algennährstoffe gebunden und ausgefällt.
Calciumhydroxid löst sich nur schlecht in Wasser. Nur 1,7 Gramm lösen sich in einem Liter. Man gibt es deshalb im Überschuss zu und belässt einen etwas größeren Bodensatz im Kalkwassergefäß. Ich verwende 40 g auf 5 Liter Osmosewasser. Alle 4 Tage wird der Bodensatz verworfen und neues Kalkwasser angesetzt.
Der Bodensatz sollte nicht restlos verbraucht werden, denn in ihm sammeln sich mit der Zeit Schwermetalle, die als Verunreinigung des Calciumpulvers vorhanden sein können. Die Zugabe des Kalkwassers erfolgt in der gleichen Technikkammer, in der der Abschäumer steht. Ich gebe es tropfenweise über einen Luftschlauch mit Regelhahn zu.

Schadensbild

Ursache

Maßnahme

- Im System einen Algenfilter (Refugium mit *Caulerpa*-Algen oder der Drahtalge *Chaetomorpha linum*) einbringen.
- Falls möglich, einige alte lebende Steine durch neues, einwandfreies Material austauschen.
- Eventuell Bodengrund zu 1/3 absaugen und gegen neuen lebenden Sand austauschen.
- Eventuell einmal die HQI-Strahler und die Leuchtstoffröhren eines anderen Herstellers verwenden. Manchmal provoziert ein bestimmtes Lichtspektrum Schmieralgen.

<u>Maßnahmen bei Nährstoffunterversorgung (PO_4 und NO_3 kaum vorhanden):</u>

- Das Verdunstungswasser komplett durch Kalkwasser ersetzen.
- Den Eiweißabschäumer nur in der Dunkelphase einschalten (Belüftung).
- Zeolith und Phosphatadsorber vom System trennen.
- Im Moment keinen Wasserwechsel und kein Absaugen der Cyanobakterien durchführen.
- Zur akuten Zufuhr von Phosphor wird das Frostfutter zeitweise nicht ausgewaschen.
- Nitratwert moderat erhöhen (mehr füttern oder Natriumnitrat zugeben).

<u>Chemische Behandlung</u>

Mycosidol oder Septicol. Beide enthalten Chloramphenicol und dürfen nicht frei verkauft werden! Tierarzt konsultieren.
Nach der Behandlung mit diesen beiden Mitteln die Antibiotika mit Aktivkohle aus dem Wasser holen. Erst danach einen Wasserwechsel durchführen. Das verworfene Wasser darf nicht mit Antibiotika verunreinigt sein, sonst schädigt es die Abbaubakterien in den Kläranlagen. Die kontaminierte Kohle bitte als Sondermüll entsorgen!

Eine Feueranemone (*Anemonia cf. manjano*), die ich aus der Starklichtzone eines Riffaquariums isoliert habe. Nur mit einer blauen Leuchtstofflampe und einem Halogenspot beleuchtet, konnte ich eine Farbenpracht erzeugen, die es in sich hatte.

Kapitel 2
Anemonen

Glasrose (*Aipthasia spec.*).

Blasen-Anemonen der Art *Entacmaea quadricolor* in einem Schaubecken.

2 Welche Anemonen sind Plagegeister?

Natürlich sind Symbiose-Anemonen, die günstigstenfalls mit Anemonenfischen zusammen gepflegt werden, jedem Meerwasseraquarianer bekannt. Wunderschöne Tiergesellschaften lassen sich mit ihnen gestalten, wie das obige Foto beweist. In diesem Aquarium dominiert die gut haltbare rote Farbform der Blasen-Anemone *Entacmaea quadricolor*.

Diese Anemonen meine ich allerdings nicht, wenn es im Folgenden um Anemonen geht, sondern ich widme mich den klassischen Plagegeistern, also jenen kleinwüchsigen Anemonen, die aufgrund ihrer hohen Reproduktionsrate und ihrer sehr starken Nesselkraft schnell das ganze Becken dominieren und die Restgesellschaft im Laufe der Zeit verdrängen und abtöten.

Die Rede ist von Feueranemonen, Glasrosen, Meerblumen (*Thalassianthus aster*) Krustenanemonen und (eingeschränkt) von Scheibenanemonen. Sie sollten in einem Korallenriffbecken möglichst nicht Fuß fassen, denn früher oder später werden sie in der Überzahl sein und den Kampf gegen den Aquarianer gewinnen.

Dennoch sind auch sie hübsch anzusehen, wie ich auf den Seiten 82 und 83 beweise. In Artenbecken oder (im Fall der Scheibenanemonen) in wohl abgestimmten Tiergesellschaften sind sie ganz hervorragend zu pflegen und zu beobachten.

Massen von Feueranemonen (*Anemonia cf. manjano*) können schnell ganze Korallenbestände vernichten.

Dieser Ablegerstein wurde mir von einem Aquarianer angeboten. Für Einsteiger bedeutet das von vornherein eine Katastrophe, da auf ihm schon einige Exemplare der Feueranemonen siedeln! Somit Augen auf beim Ablegerkauf.

2.1 Feueranemonen (*Anemonia cf. manjano*)

Die wissenschaftliche Bezeichnung geht auf einen Vorschlag des verstorbenen Anthozoen-Spezialisten J. C. den Hartog zurück. Unter Aquarianern wird die Art „Feueranemone“ genannt. Sie kann sich im Riffaquarium wie ein Buschfeuer ausbreiten. Gemäß den Hartog lautet der zweite Namensteil korrekt manjano (aus dem Swahili = „gelb“; gelbliche Färbung der Curcuma-Wurzel)! Das „cf.“ (confer, lat. = „vergleiche“) steht für die gewisse Unsicherheit. Die Gattungsbezeichnung setzte den Hartog in Anführungszeichen, da er aufgrund abweichender anatomischer Merkmale die Richtigkeit der systematischen Stellung dieser Aktinie zu den Anemonia stark bezweifelte.

Die Feueranemone besitzt auf ganzer Tentakellänge große, leicht ansprechende Nesselkapseln in ganz außergewöhnlich hoher Zahl. Die verbreitete Annahme, sie ernähre sich nur symbiotisch, betreibe also keinen Beutefang, ist falsch. Sie ist sogar fähig, große Beutetiere zu überwältigen und rasch zu verdauen.

Im Versuch wurde eine an Warmwasser gewöhnte, vier Zentimeter lange Sandgarnele (*Crangon crangon*) von einer gleich großen Feueranemone trotz starker Gegenwehr festgehalten, innerhalb von fünf Minuten verschlungen und in wenigen Stunden verdaut. Feueranemonen wachsen in Aquarien, in denen sie viele Futterpartikel abbekommen, noch schneller als sonst!

Auch die Glasrose besitzt in ihren Tentakeln viele Nesselkapseln mit ziemlich hoher Giftwirkung. Im Gegensatz zur Feueranemone hat sie außerdem Acontien (lange, fädige Anhängsel der inneren Magenwandausstülpungen (Mesenterien)). Die Acontien der *Aiptasia* besitzen sehr große Nesselkapseln und aggressive Verdauungszellen und werden zur Verteidigung durch den Mund und durch Poren der Körperwand hinausgeschleudert. Sie sind eine hochwirksame Waffe: Gerät die Glasrose mit einem anderen wehrhaften Nesseltier in Berührung, zieht sie sich ruckartig zurück und stößt dabei ihre Acontien aus. Die klebrigen Fäden verfangen sich in den gegnerischen Tentakeln und reißen durch deren Abwehrbewegungen von der Glasrose ab. Die mit Cilien ausgestatteten Acontien winden sich zwischen den Tentakeln des Gegners noch lange hin und her, wodurch es zu einer massenhaften Entladung eigener und gegnerischer Nesselkapseln kommt, wovon jedoch die zurückgezogene Glasrose wenig abbekommt.

Bringt man aber **Glasrosen** mit **Feueranemonen** in Kontakt, so ziehen die Glasrosen trotzdem immer den Kürzeren! Obwohl die Acontien eine starke gewebeauflösende Wirkung haben, zeigt sich die Feueranemone davon wenig beeindruckt. Stattdessen streckt sie ihre Tentakel der Glasrose offensiv entgegen und „bombardiert" diese förmlich mit ihren offenbar noch wirksameren Nesselkapseln.

Feueranemonen vermehren sich nach bisherigen Beobachtungen im Aquarium ausschließlich ungeschlechtlich.

Da nur Längsteilung, aber keine Lazeration stattfindet, gibt es im Gegensatz zur Glasrose keine millimeterkleinen Feueranemonen, was bei der mechanischen Beseitigung ein Vorteil ist.

Die Endgröße der Feueranemonen kann je nach Standortbedingungen stark variieren. Mit steigender Lichtintensität nimmt ihre Körpergröße ab. Gleichzeitig nehmen ihre Teilungsrate und ihre Populationsdichte zu. Unter starker Beleuchtung bilden dicht stehende Feueranemonen gelegentlich Pseudokolonien, indem sich viele der Individuen nicht mehr am Substrat, sondern an Nachbarindividuen festheften. Mithilfe ihrer Zooxanthellen betreibt die Feueranemone derart effizient Fotosynthese, dass sie sich auch in Korallenzuchtbecken, in denen nicht gefüttert wird, rasch ausbreiten kann.

Bild 1: Eine neu hinzugesetzte *A. cf. manjano* wird zu Beginn von den Glasrosen vernesselt (Pfeil).

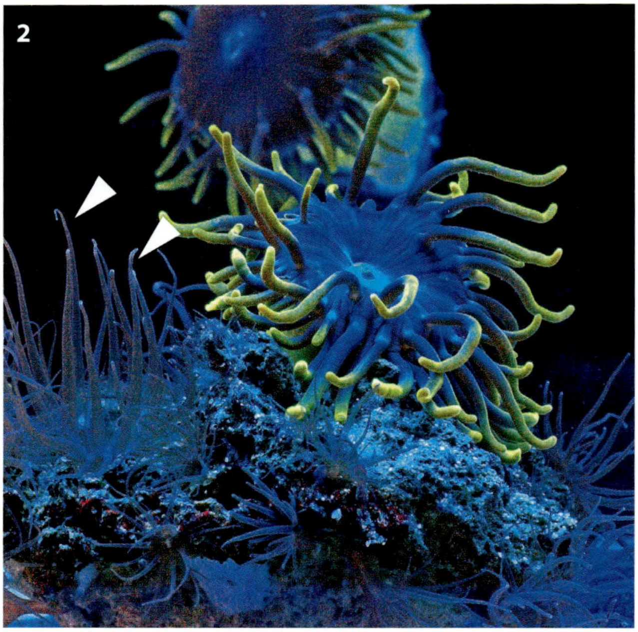

Bild 2: Nach einiger Zeit hat die „Manjano" bereits den Fels der Glasrosen besetzt. Scheinbar hat sie dazugelernt, denn nun verteidigt sie sich ihrerseits. Noch sind die Tentakel der Glasrose lang und wehren sich (Pfeile).

Bild 3: Die Feueranemone „bearbeitet“ nun die Glasrose so, dass deren Tentakel immer kürzer und stumpfer werden (Pfeile). Ein Zeichen, dass sie gegen die Feueranemone langfristig keine Chance hat.

Schadensbild

Nachdem die Feueranemonen die meisten freien Substratflächen im Riffbecken eingenommen haben, beginnt erfahrungsgemäß der massive Angriff auf Korallen. Kleinpolypige und ästige Steinkorallenarten, insbesondere *Acropora*- und *Pocillopora*-Arten, haben dem wenig entgegenzusetzen. Die großen Altkolonien werden in der Regel zuerst im Bereich der Basis befallen, dort, wo alte Astkorallen durch Aufwuchs sowie durch Licht- und Strömungsmangel geschwächt oder bereits abgestorben sind. Dank der extrem hohen Zooxanthellen-Population ist die Feueranemone in der Lage, Schwachlicht maximal auszunutzen und noch bei sehr geringer Lichtmenge zu wachsen und sich zu vermehren. Ihre bemerkenswerte Genügsamkeit in Sachen Licht und Strömung verschafft ihr bei der Eroberung eines „Miniriffs“ zweifellos große Vorteile. Im abgeschatteten unteren und inneren Astgeflecht großer Korallenstöcke ist sie schwer zu entdecken und schlecht zu entfernen.

Ihr maximales Wachstum und ihre höchste Aggressivität zeigen Feueranemonen in der Starklichtzone. Aus diesem Bereich werden sämtliche Steinkorallen (auch wehrhafte Arten wie *Euphyllia spp.*, *Hydnophora exesa* und Faviiden sowie die meisten Octokorallen) verdrängt. Zähen Widerstand leistet die schnellwüchsige und stark nesselnde Blattkoralle, *Echinopora lamellosa*. Bei ihr halten sich Neuwachstum und Gewebeschädigung ungefähr die Waage. Auch tischförmige *Acropora*-Arten halten sich an besonders hellen und strömungsintensiven Standorten einigermaßen. Eine Strömungsgeschwindigkeit zwischen 30 und 60 Zentimetern pro Sekunde scheint den „Manjanos“ nicht zu behagen.

Im starken Licht, nahe der Wasserlinie, teilen sich die Feueranemonen sehr schnell (etwa alle drei Wochen) und bilden hier einen Tentakelkranzdurchmesser, der nur noch ca. 1 cm erreicht. So bilden sich die erwähnten Pseudokolonien mit bis zu 100 Individuen pro 10 x 10 cm! Diese Zwerge leuchten grünlich und stehen so dicht gedrängt, dass sie Grünen Krustenanemonen ähneln. Vornehmlich von diesen Kolonien lösen sich ununterbrochen einzelne Tiere ab, um sich anschließend durch das Becken treiben zu lassen.

Dichte Ansammlung von *Anemonia cf. manjano*.

Mit dieser „Schwärmer-Strategie" gelingt es der Feueranemone, letztendlich alle Bereiche des Aquariums zu erobern. Der Tathergang ist einfach: Eine umhertreibende Feueranemone verfängt sich in den Ästen einer völlig intakten *Acropora*, wird durch die ausgestoßenen, stark bewaffneten Mesenterialfilamente der Korallenpolypen getötet, bleibt aber faulend am Korallenast haften und hinterlässt eine Stelle entblößten Korallenskeletts. Der Vorgang wiederholt sich allerdings laufend, und so ist es nur eine Frage der Zeit, bis es einem der „Schwärmer" gelingt, hier zu siedeln.

Maßnahmen

Mechanische Hilfsmittel

Eigentlich lassen sich Feueranemonen vom Substrat besser entfernen als Glasrosen, da sie nur schwach haften, nicht in Vertiefungen siedeln, selten zerreißen und als nicht lazerierende Aktinien auch nicht so regenerativ sind. Kleine Gewebereste sterben in der Regel ab, und das ist ein riesiger Vorteil, wenn man die Anemone mechanisch aus dem Becken entfernen möchte.

Einmal kann man mit dem Fingernagel den Fuß der Anemone lösen. Das geht eigentlich auch auf grobporösem Gestein recht gut. Es empfiehlt sich, während des „Abknubbelns" die Strömung auszuschalten, damit die gelöste Anemone nicht abdriftet und an Plätze verfrachtet wird, die man nicht mehr erreichen kann.

Unter Verwendung einer Pinzette geht man folgendermaßen vor: Man packt die Anemone mit schräg angesetzter Pinzette in der Nähe ihres Fußes und reißt sie mit einem einzigen kräftigen Ruck vom Substrat. Gelingt das nicht beim ersten Mal, weil man z. B. zu zaghaft gewesen oder mit der Pinzette abgerutscht ist, muss man sich beeilen; denn sind erst die Hautmuskeln angespannt, ist das Tier nur noch schwer abzulösen.

Mit einer normalen Pinzette rutscht man allerdings häufig ab, was die Arbeit sehr erschwert. Mit einer sog. chirurgischen Pinzette (siehe Kasten) kommt man aber sehr gut voran. Diese Pinzette erweist sich als echte Hilfe. Mit ihr ist es dem Trainierten möglich, Feueranemonen an leicht zugäng-

Was ist eine chirurgische Pinzette?

Eine chirurgische Pinzette ist eine Sonderform der Pinzette, bei der die Greifbacken ineinandergreifende Zähne besitzen. Der Vorteil dieser Konstruktion ist, dass erfasste Gewebeteile sehr gut fixiert sind und ein stärkerer Zug ausgeübt werden kann, ohne dass die Pinzette sehr fest zusammengedrückt werden muss, was eine Gewebsquetschung verhindert.

In der einfachsten Form besitzen chirurgische Pinzetten drei Zähne (1:2), zwei auf einer Seite, der dritte greift von der anderen zwischen diese. Dann gibt es noch Sonderformen, z. B. mit 2:3 Zähnen, die sich für unsere Zwecke sehr gut eignen. Chirurgische Pinzetten werden in verschiedenen Längen hergestellt und können gerade oder mit einer abgewinkelten Spitze ausgeführt sein.

lichen Stellen im Sekundentakt zu ernten! Das Abschütteln der „Geernteten“ von der Pinzette erfolgt am besten in einem mit Süßwasser gefüllten Eimer. Mit dieser Pinzette ist es in Heimaquarien üblicher Größe möglich, einen Feueranemonen-Befall vollständig loszuwerden! Auch zum Beseitigen von Krustenanemonen und fädigen Algen eignet sich diese Pinzette besser als eine gewöhnliche. Für Glasrosen ist sie allerdings ungeeignet.

Bild 1: Spritzen der *Anemonia cf. manjano* mit Salzsäure.

Bild 2: Sofortige starke Kontraktion mit anschließendem Lösen vom Substrat. Nun kann die Anemone aus dem Aquarium entfernt werden.

Bild 3: Hier wird die *Anemonia cf. manjano* mit Joes Juice „gefüttert“. Sie nimmt es komplett auf.

Bild 4: Nach starker Kontraktion stirbt die Anemone.

Chemische Hilfsmittel

Als chemische Hilfsmittel bewähren sich bei diesen Anemonen im Prinzip die gleichen Produkte und Anwendungen wie bei der Glasrosenvernichtung. Die einfachste und billigste Methode ist das Abspritzen mit ca. 24 %iger Salzsäure, die in jedem Baumarkt erhältlich ist. Man verwendet für jede Anemone ca. 0,5 ml Säure, die unverdünnt direkt in die Anemone gespritzt wird. Dann zurücklehnen und das Schauspiel „genießen“! Die *Anemonia cf. manjano* löst sich langsam auf. Falls man ohnehin Probleme mit dem pH-Wert hat, würde ich empfehlen, diesen während der Behandlung zu überprüfen. Unter pH 7,7 sollte er im Meerwasserbecken nicht fallen. Kurzzeitig kann ein abgerutschter pH-Wert mit Kalkwasser wieder angehoben werden. Mehr als fünf Anemonen pro Tag würde ich in einem 500 Liter fassenden Aquarium nicht abtöten. Während der Behandlung muss der Abschäumer mit größter Leistung betrieben werden, damit die Produkte der abgetöteten Anemonen schnellstmöglich aus dem Wasser kommen.

Etwas sanfter verläuft die Behandlung mit Mitteln wie **Aiptasia-X**, **Joes Juice** oder **DELETRIX**, die alle, falls sie der ansässige Fachhändler nicht vorrätig hat, leicht über das Internet zu beziehen sind. Diese Produkte werden von den Anemonen im ersten Moment nicht als „gefährlich“ eingestuft und sogar aktiv gefressen. Erst nachdem sie sich in der Anemone befinden, beginnen

Der Seegras-Feilenfisch *Acreichthys tomentosus* gilt zur Zeit als die beste Maßnahme gegen Feueranemonen und Glasrosen. Allerdings muss, wie bei allen potenziellen Fressfeinden, damit gerechnet werden, dass es Exemplare gibt, die sich nicht an die Wünsche des Aquarianers halten und die Anemonen verschmähen. Foto: J. Pfleiderer

diese Mittel zu wirken. Innerhalb kürzester Zeit lösen sich die Anemonen auf.

Ein Vorteil gegenüber der Salzsäurebehandlung ist, dass man keine Auswirkungen auf den pH-Wert hat und dass Korallen oder andere Tiere, die in unmittelbarer Nachbarschaft sitzen, nicht belästigt werden, selbst dann nicht, wenn sie von den Chemikalien geringe Mengen abbekommen. Lädt man aber z. B. eine komplette Dosis über einigen großpolypigen Korallen ab oder wird die ganze Dosis in diese hineingetrieben (deshalb während der Behandlung immer die Strömung abstellen), so schädigen diese Mittel auch andere Korallen.

Fressfeinde

Der Seegras-Feilenfisch *Acreichthys tomentosus* kann das Manjano-Problem lösen. Wenn man die Aussagen in der Literatur auswertet, haben Aquarianer bei der Vernichtung dieser Plagegeister mit diesem Fisch mehr Erfolg als Misserfolg gehabt. Gerade Feilenfische sind in der Wissenschaft schon länger bekannt dafür, dass ihnen gewisse Korallentoxine nichts anhaben (Mebs 1989). So ernährt sich z. B. der Feilenfisch *Alutera scripta* von *Palytoa*-Krustenanemonen und akkumuliert deren Gift in seinen Eingeweiden.

Helfen kann auch der Netz-Falterfisch *Chaetodon xanthurus*. Allerdings ist er kein einfacher Pflegling und für Riffaquarien unter 500 Liter Volumen schlecht geeignet. Zudem frisst er auch andere Blumentiere. Frische und Finck empfehlen zwar, ihn großzügig zu füttern, dies hält ihn aber nicht davon ab, hin und wieder auch an anderen Blumentieren zu „lutschen". Mindestens genau so gut (oder riskant) ist der Rotmeer-Falterfisch *Chaetodon semilarvatus*. Über ihn gibt es genau wie über all die anderen Fressfeinde positive und negative Erfahrungen bei der Vernichtung dieser Anemonen.

Allerhand andere „Fressfeinde" wurden von Aquarianern noch ins Spiel gebracht, verschwanden aber immer mehr oder weniger schnell wieder in der Versenkung. Zum Beispiel die von Sprung und Delbeek (1998) erwähnte Seeanemonen-fressende Nacktschnecke *Spurilla neapolitana*. Sie lebt im Mittelmeer, ernährt sich von Wachsrosen und Glasrosen, ist aber wahrscheinlich schon aus Temperaturgründen ungeeignet und bei uns so gut wie nie zu bekommen.

Auch der Rotmeer-Falterfisch (*Chaetodon semilarvatus*) kann Feueranemonen fressen. Eine hundertprozentige Sicherheit gibt es allerdings nicht. Foto: J. Pfleiderer

Spurilla neapolitana wird von Delbeek und Sprung empfohlen. Foto: H. Kirchhauser

Auf einen Blick
Feueranemonen

Schadensbild

Nachdem die Feueranemonen die meisten freien Substratflächen im Riffbecken eingenommen haben, beginnt ein massiver Angriff auf Korallen. Kleinpolypige und ästige Steinkorallenarten, insbesondere *Acropora-* und *Pocillopora-*Arten, haben dem wenig entgegenzusetzen.
Die Kolonien werden zuerst im Bereich der Basis befallen, da dort alte Astkorallen häufig durch Aufwuchs sowie Licht- und Strömungsmangel geschwächt oder bereits abgestorben sind.
Die Anemonen driften auch nachts durch das freie Wasser, um sich an geeigneten Stellen niederzulassen.

Ursache

Meist unbeabsichtigt eingeschleppt durch Kauf oder Tausch von Korallen, lebenden Steinen etc. aus schon infizierten Aquarien.

Maßnahme

Vor dem Einsetzen: Substrat unbedingt auf Feueranemonen absuchen. Sobald Sie fündig werden, die Anemone entfernen.

Bereits in größerer Zahl im Becken: Anemoen mit einer chirurgischen Pinzette manuell entfernen. Schlecht erreichbare Tiere entweder mit der Salzsäurespritzung oder mit den vorgestellten chemischen Mitteln wie Aiptasia-X, Joes Juice oder DELETRIX eliminieren (Achtung: bei Salzsäureanwendung den pH-Wert beobachten).

Fressfeinde zusetzen: Auf jeden Fall zuerst mit dem Seegras-Feilenfisch *Acreichthys tomentosus* beginnen. Er ist erfahrungsgemäß von allen bekannten Fressfeinden derjenige, der am meisten Erfolg verspricht. In dieser Zeit die Fische nur gezielt füttern, sodass der Seegras-Feilenfisch nichts oder nur sehr wenig Futter abbekommt. Dann ist er hungrig und sucht förmlich nach den Anemonen.

2.2 Glasrosen (Aiptasien)

Die Glasrose *Aiptasia spp.* kann – einmal in das Aquarium eingeschleppt – nach einer gewissen Zeit fast alle anderen sesshaften Wirbellosen verdrängen, wenn sie sich zur Plage entwickelt. Ein Nesseltier, das ein solches Zerstörungspotenzial aufweist, muss offensichtlich drei Eigenschaften besitzen:

- eine starke Vermehrungsrate,
- eine hohe Unempfindlichkeit gegenüber den Giften der Nesseltier-Konkurrenz,
- es muss selbst über hocheffiziente Gifte verfügen.

Bei den in Meeresaquarien anzutreffenden Glasrosen handelt es sich (im Gegensatz zur Anfangszeit der Meeresaquaristik) nicht mehr ausschließlich um die Mittelmeerform *Aiptasia diaphana*, die auch im Nordostatlantik und mittlerweile durch Einwanderung im Roten Meer vorkommt, sondern hier finden wir auch Glasrosen, die mit tropischem Lebendgestein eingeschleppt werden. In der Literatur werden viele Artnamen genannt, aber die Systematik dieser Tiere ist außerordentlich schwer, sodass ein Nichtfachmann keine Artbestimmung vornehmen kann.

Die Mittelmeerglasrose *Aiptasia diaphana* z. B. ist getrenntgeschlechtlich, gibt Eier ab, vermehrt sich aber hauptsächlich ungeschlechtlich, durch Lazeration (Abtrennung von Gewebestücken der Fußscheibe). Im Aquarium vermehrt sich *A. diaphana* wie fast alle übrigen Glasrosen meist ausschließlich durch Lazeration. Eine Abgabe von Eiern wurde meines Wissens noch nicht beobachtet, wohl aber das Ausstoßen etwa zwei Millimeter großer Jungtiere. Die Glasrosen besitzen symbiotische Algen und bevorzugen im Aquarium helle Standorte. Diese Verhaltensweise beobachtete ich

Eine Massenvermehrung von Glasrosen kann erheblichen Schaden im Aquarium anrichten.

auch an einer karibischen Glasrosenart, die aus dem Urlaub selbst mitgebracht wurde. Wahrscheinlich gilt sie für alle Glasrosen, die man im Aquarium findet.
Glasrosen können in hell beleuchteten Riffaquarien ihren Energiebedarf weitgehend über die abgegebenen Assimilationsprodukte der Zooxanthellen decken, aber im Gegensatz zu Korallen und Symbioseanemonen sind sie auf ihre Zooxanthellen nicht unbedingt angewiesen. Bei einem ausreichenden Angebot an tierischer Nahrung können sie sich auch unter Schwachlicht (Filterkammer) explosionsartig ausbreiten (zum Beispiel auch in einem dunklen Spezialaquarium für *Tubastrea*-Korallen oder in *Dendronephthya*- und farbigen Hornkorallen-Becken). Unter solchen Bedingungen bleiben sie meist etwas kleiner, teilen sich aber dementsprechend schneller.

Schadensbild

An verschiedenen Stellen der Dekoration sind ca. 2 bis 5 Zentimeter lange Tentakel zu sehen, die aus dem Gestein herauszuwachsen scheinen. Am Fuß von Steinkorallen wachsende Glasrosen vernesseln diesen, sodass er weiß wird und abstirbt. Ganze Flächen in der Dekoration werden von unterschiedlich großen Glasrosen förmlich überzogen. Hin und wieder bemerkt man eine Garnele, die beim Überwandern der Dekoration einen kräftigen und erschreckten „Hopser" macht. Auch hier könnte eine Glasrose die Ursache sein.

Maßnahmen

Nach meinen Beobachtungen benötigen die meisten Glasrosen einen etwas höheren Nitrat- und Phosphatgehalt als z. B. Steinkorallen. Gelingt es, durch gute Wasserpflege den Nitratgehalt im Wasser auf einen Wert unter 3 mg/l NO_3 und den Phosphatgehalt unter 0,1 mg/l PO_4 zu senken, so beginnen die Glasrosen zu bleichen und zu kümmern. Erfahrungsgemäß geben sie dann Ruhe und

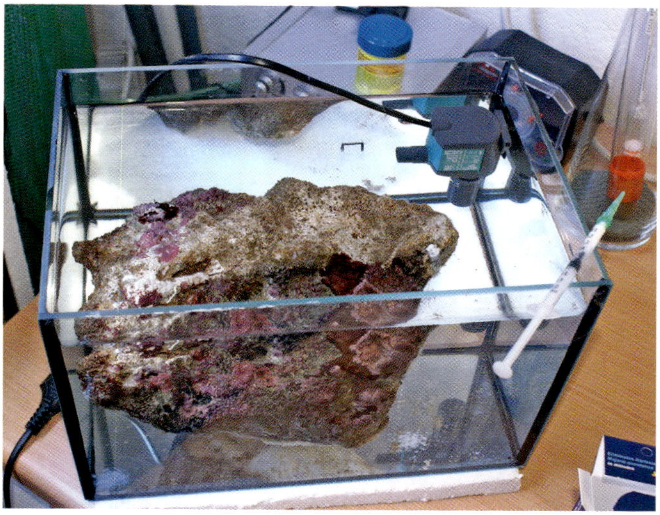

Es ist sinnvoll, beim nachträglichen Kauf einzelner lebender Steine aus Händleranlagen jeden Stein in einem separaten Aquarium mehrere Tage lang, auf Glasrosen zu inspizieren.

entwickeln sich nicht zur Plage. Enorm angekurbelt wird dagegen ihre Ausbreitung durch eine indirekte Verabreichung von Feinfutter, insbesondere von *Artemia*-Nauplien. Heute wissen wir, dass die meisten zooxanthellaten Blumentiere im Riffaquarium auch ohne Zufütterung gut gedeihen, und deshalb sollten wir bei der Anwesenheit von Glasrosen auf eine ungezielte Futtergabe verzichten. Dies gilt erst recht bei einer schon bestehenden Glasrosenplage. Wegen ihrer extremen Vermehrungsfähigkeit und ihrer äußerst mühsamen Beseitigung gibt es keine sinnvollere Methode, Glasrosen zu bekämpfen, als die Vorbeugung.
Die Vorbeugung fängt schon beim Kauf der lebenden Steine an, denn diese für unser Meerwasseraquarium so wichtige biologische Komponente ist heutzutage auch leider der größte Überbringer von Glasrosen. Bei vielen meiner Einkaufstouren konnte ich feststellen, dass es sich bei den Aufbewahrungsbecken für lebende Steine vielfach um erbärmliche Müllhalden handelte, in denen so ziemlich alles aufbewahrt wurde, was nicht oder nur schwer verkäuflich war. Selbst kontaminierte Steine aus aufgelösten Kundenaquarien waren hier zu finden!
So muss man sich nicht wundern, wenn all die „netten" Lebewesen, die wir nicht haben möchten, durch sie in unsere Becken gelangen. Schon lange bin ich der Auffassung,

dass immer <u>zwei</u> Aufbewahrungsbecken für lebende Steine, die vollständig voneinander getrennt sein müssen, zum Standardeinrichtungsrepertoire eines jeden Fachhändlers gehören sollten. Nach einem kompletten Abverkauf der lebenden Steine ist ein Becken vollständig zu entleeren und ein bis zwei Tage mit Süßwasser zu füllen, um alle Plagegeister, die sich irgendwo angeheftet haben, abzutöten. Jeder verantwortungsbewusste Forellenzüchter legt einen Zuchtteich zuerst einmal trocken, bevor die neuen Jungforellen einziehen.

Bei einer Neueinrichtung ist es deshalb besser, sich die gewünschte Menge lebender Steine direkt importieren zu lassen (natürlich muss die Menge für den Fachhändler lohnenswert sein). Sobald die vollständig verschlossene Styroporbox beim Händler eingetroffen ist, holt man sie ab. Das will organisiert sein, aber man hat in diesen Fällen fast nie Probleme mit Glasrosen!

Dann gibt es noch eine einfache Grundregel: „Entferne sofort die erste Glasrose, die du entdeckst – und sei sie auch noch so klein"!

Für den Leidgeprüften mag diese Regel wie selbstverständlich klingen. Von vielen Aquarianern wird sie aber leider zu Beginn sträflich missachtet!

Bevor ich den meiner Meinung nach sinnvollen chronologischen Ablauf einer Glasrosenbekämpfung aufzeige, nehme ich zuerst Bezug auf die mechanischen sowie chemischen Einzelmaßnahmen und die biologischen Helfer (Fressfeinde), die uns Aquarianern zur Verfügung stehen.

Mechanische Beseitigung

Eine mechanische Beseitigung von Glasrosen ist aus mehreren Gründen schwierig. Oftmals sitzen einige Exemplare an unzugänglichen Stellen in der Dekoration; werden sie nicht entdeckt und beseitigt, wird die Plage nie erlöschen. Außerdem verankert *Aiptasia* ihre Fußscheibe bevorzugt in Substratvertiefungen, sodass es häufig misslingt, die leicht zerreißenden Tiere wirklich restlos zu entfernen. Oft liest man, dass sich aus allen noch so winzigen Gewebeteilchen, die beim Abschaben zurückbleiben, neue Glasrosen bilden. Ich habe das einmal im Versuch überprüft. Es wurde jeweils eine Glasrose in viele kleine Einzelteile geteilt. In drei Versuchen entwickelte sich ausnahmlos immer nur aus dem größten Geweberest eine komplette Glasrose. Die restlichen Gewebeteilchen starben ab.

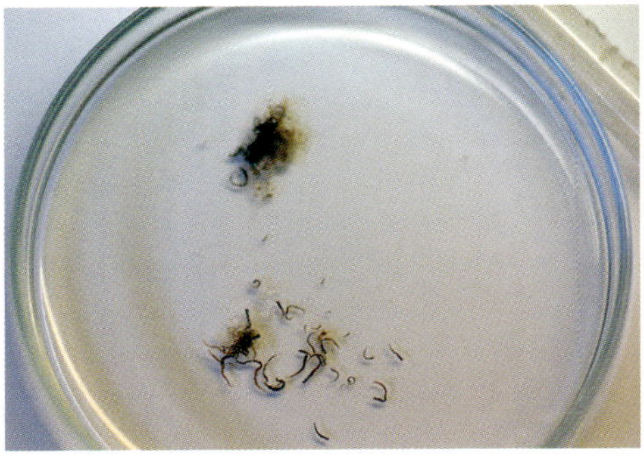

Mit einem Skalpell wurde die Glasrose in viele Teile zerschnitten.

Die Gewebeteile kamen in einen gut beleuchteten und beströmten, mit feiner Gaze abgedichteten Ablaichkasten.

Nur aus dem größten Geweberest entstand eine neue Glasrose.

Dieser Versuch soll eigentlich nur verdeutlichen, dass bei einer mechanischen Zerstörung nicht unendlich viele neue Glasrosen entstehen.
Bei der mühsamen Arbeit, Glasrosen mit einem Obstmesser, einem Schraubenzieher oder Ähnlichem vom Untergrund abzuschaben, hat man es bei weichem Kalkgestein (Tuff, Lebendgestein) etwas leichter, denn hier können die Aktinien komplett aus dem Gestein herausgeschnitten werden.
Als wirkungsvoll hat sich in diesen Fällen auch das bereits im Kapitel 1.3 Kugelalgen vorgestellte Saugrohr mit gezähnter Spitze erwiesen. Wie es einzusetzen ist, sehen Sie dort.

Chemische Beseitigung

Bereits zu Beginn empfehle ich, die lebenden Steine nicht schon in ihrer endgültigen Position im Aquarium aufzuschichten, sondern sie erst einmal so unterzubringen, dass sie so gut wie möglich komplett zu kontrollieren sind. Dann sollte ca. eine Woche gewartet werden, denn nach dieser Zeit haben sich die Glasrosen so weit eingelebt, dass sie nun schon die Köpfe aus dem Gestein herausstrecken. Jetzt kann der Aquarianer sie eventuell finden. Das Becken sollte während der Licht- und während der Dunkelphase kontrolliert werden. Entdeckt man ein Exemplar, wendet man die Injektionsmethode an (bei Salzsäure pH-Wert überwachen).
Von den vielen bekannten Hausmitteln haben sich eine stark übersättigte (bereits zähflüssige) Calciumhydroxid-Lösung sowie 10- bis 30-prozentige Salzsäure (Vorsicht!) am besten bewährt. Gilt es, viele Glasrosen auf einmal zu vernichten, so ist die kombinierte Anwendung beider Methoden zu empfehlen, da sich so die pH-Wert-senkende Wirkung der Salzsäure und die pH-Wert-erhöhende Wirkung des Kalkwassers ausgleichen.
Um beim Calciumhydroxid ein Verstopfen zu verhindern, benutze man eine relativ dicke Injektionsnadel. Durch kurzes Erhitzen in der Mikrowelle wird die übersättigte

1

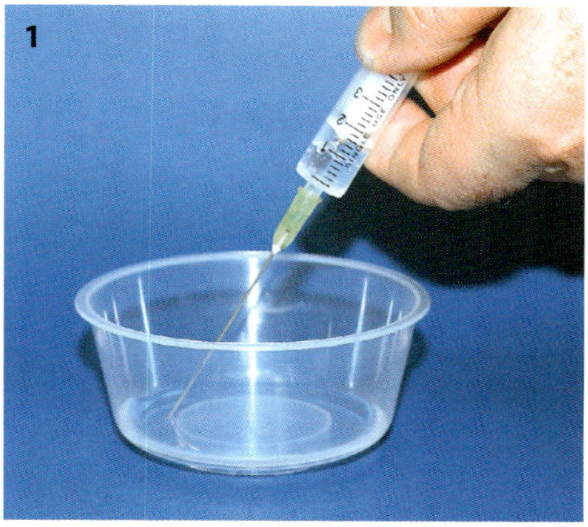

2

3

Aufziehen der Salzsäure in eine Spritze (1). Danach wird zielgenau in die Mundöffnung der Glasrose gespritzt (2). Wenige Minuten nach der Impfung ist die Glasrose verendet (3). Pro Glasrose reichen 0,25 ml 27 %ige Salzsäure aus.

Säuresturz durch Salzsäure?

Bei vier bekämpften Glasrosen (= 1 ml Salzsäure) sinkt der pH-Wert in einem 380-Liter-Aquarium um 0,05 Einheiten. Das bedeutet in der Praxis: von pH 8,2 auf pH 8,15.

Dicke Spritzenkanülen bekommt man z. B. durch den Kauf von Red Sea´s Aiptasia-X.

Lösung homogener (besser injizierbar) und noch wirksamer. Jede Glasrose wird nun sorgfältig „abgespritzt".

Wer nicht an Salzsäure herankommt oder wem diese Methode zu riskant ist, der kann auch Essigessenz verwenden. Mit ihr lassen sich die Glasrosen ebenfalls gut bekämpfen. Eine 5-ml-Spritze mit Essigessenz gefüllt und mit einer dünnen Nadel ausgestattet reicht aus, um ca. 5 Glasrosen effektiv zu beseitigen. Ich empfehle, egal mit welcher Methode gearbeitet wird, nicht mehr als 15 mittelgroße Glasrosen pro Tag zu bekämpfen. Das Aquariensystem hat so genug Zeit, einmal die freigesetzten Substanzen zu verarbeiten und zum anderen das abgestorbene organische Material zu verkraften.

Mittel im Stil von Joes Juice

Wirkungsvoll sind auch die bereits im Kapitel 2.1 Feueranemonen zitierten Mittel Aiptasia-X, Joes Juice oder DELETRIX. Diese Produkte werden von den Anemonen im ersten Moment nicht als „gefährlich" erkannt und aufgenommen. Erst, nachdem sie sich in der Anemone befinden, beginnen sie zu wirken. Innerhalb kürzester Zeit lö-

Joes Juice wird auf die Anemone gegeben. In der ersten Sekunde hat man den Eindruck, die Glasrose frisst es ...

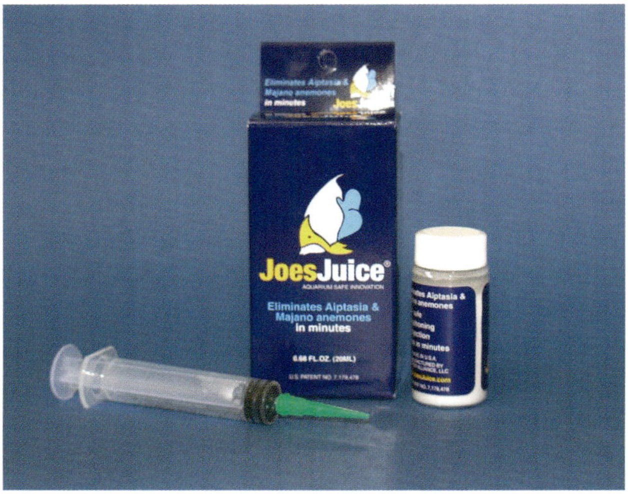

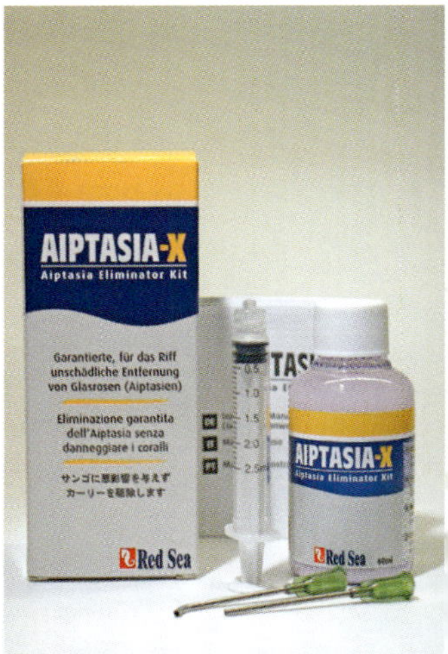

Joes Juice und AIPTASIA-X sollen hier stellvertretend für alle identisch arbeitenden Produkte stehen.

… dann allerdings reagiert sie heftig.

Nach einem kurzen Todeskampf löst sich die Anemone auf.

sen sich die Anemonen auf. Korallen oder andere Tiere, die in unmittelbarer Nachbarschaft sitzen, werden nicht belästigt, selbst dann nicht, wenn sie von den Chemikalien geringe Mengen abbekommen. Arbeitet man allerdings hektisch und verpasst z. B. einer nebensitzenden großpolypigen Steinkoralle etc. eine volle Dosierung, wird auch diese zugrunde gehen. Hier hilft dann nur sofortiges Absaugen oder Abfächeln des Materials.

Bei der Anwendung von Produkten wie Joes Juice, DELETRIX oder Aiptasia-X muss unbedingt vorsichtig gearbeitet werden. Ganz wichtig ist es, die Strömung abzustellen, damit keine größeren Mengen auf benachbarte Korallen driften. Zur Verdeutlichung simulierte ich eine solche Drift, indem ich die komplette Menge auf eine *Euphyllia*-Steinkoralle gab. Nach heftiger Kontraktion war die Koralle Stunden später zerstört.

Fressfeinde

Fische

Der erste bekannt gewordene Glasrosenfresser war Kleins Falterfisch (*Chaetodon kleini*), doch erwies sich schon bald der Orangebinden-Pinzettfisch (*Chelmon rostratus*) als zuverlässiger und wirkungsvoller. Allerdings sind beide (vor allem der Pinzettfisch), anspruchsvolle Fische, die sich für Aquarien unter 500 Liter Inhalt kaum eignen. Junge Orangebinden-Pinzettfische fressen häufig noch keine oder nur sehr kleine *Aiptasien*. Beide Fische, besonders der *Chelmon* vergreifen sich häufig auch an anderen Blumentieren, Röhrenwürmern und *Tridacna*-Muscheln.

Chaetodon kleini war in früheren Zeiten die erste Wahl, wenn es um die Vernichtung von Glasrosen ging. Foto: K. Velling

Die gleichen Probleme treten auch bei der Pflege eines Seegras-Feilenfisches *Acreichthys tomentosus* auf. Er ist ein äußerst zuverlässiger Glasrosenfresser. Ihm ist es egal, wie klein oder groß die *Aiptasien* sind. Alle werden verputzt! Dieser Fisch ist am effektivsten, wenn er gleich zu Beginn mit den lebenden Steinen ins Aquarium gesetzt wird. So haben Sie die Gewähr, dass er alle für ihn zugänglichen Stellen von den Glasrosen befreit. Dreht man dann nach ein bis zwei Wochen alle Steine einmal um, so kommt er auch an bisher unerreichbare Stellen. Günstig wäre es, wenn man den Fisch nun wieder abgeben könnte, denn in einem

Heutzutage wird *Chelmon rostratus* als Glasrosenvernichter bevorzugt, obwohl es kein einfach zu pflegender Fisch ist. Allerdings ist er nicht immer zuverlässig. Foto: J. Pfleiderer

Korallenriffaquarium das mit Anemonen, Weichkorallen, Röhrenwürmern und großpolypigen Steinkorallen besetzt werden soll, ist er nicht zu pflegen. Hier würde er sich in kürzester Zeit an diesen Tieren vergreifen.

Garnelen

Diese Nachteile besitzen die mittlerweile regelmäßig angebotenen Putzergarnelen *Lysmata wurdemanni* und *L. rathbunae* nicht. Beide fressen Glasrosen und behelligen keine anderen Beckeninsassen. Da sie sich sehr ähneln, werden sie fast immer miteinander verwechselt. Bei den in Zoofachgeschäften angebotenen Tieren handelt es sich heute etwa zur Hälfte um Nachzuchten, und zwar überwiegend von der leichter aufzuziehenden Art *L. rathbunae*, die allerdings meistens unter dem Namen *L. wurdemanni* angeboten wird. Zur Glasrosenbekämpfung in kleinen Aquarien sind die Garnelen sicher empfehlenswerter als die vorgestellten Fische. Setzt man beispielsweise fünf Exemplare in ein 200-Liter-Aquarium mit einem noch nicht allzu starken Befall (große Glasrosen möglichst vorher entfernen, denn diese werden gemäß meinen Beobachtungen kaum angerührt), dann hat man mit ihnen meist Erfolg. Für große Becken sind sie zumindest zur Vorbeugung geeignet. Wenig Interesse an Glasrosen zeigen die Garnelen, wenn im Aquarium häufig so große Futtermengen liegen bleiben, dass sie ausreichend gesättigt sind. Dann haben sie es nicht mehr nötig, sich um die stark nesselnden Glasrosen zu bemühen, und deshalb muss während einer Plage gezielt gefüttert werden.

Schnecken

Ganz anders verhält es sich mit den Schnecken, die vor einigen Jahren besonders von nordamerikanischen Aquarianern empfohlen wurden. Die ausschließlich Glasrosen-fressende Nacktschnecke ***Aeolidiella stephanieae*** (Valdes, 2005) (= ehemals *Berghia verrucicornis)* lässt sich leider nur in der Theorie gegen Glasrosen einsetzen.

Lysmata wurdemanni ist nach meinen Erfahrungen nicht immer hundertprozentig zuverlässig. Wird sie nur sparsam gefüttert, ist sie am effektivsten. Foto: H. Kirchhauser.

Aeolidiella stephanieae eignet sich unter Laborbedingungen sehr gut als Glasrosenvertilger. In der rauen Umgebung eines Riffaquariums jedoch wird sie selbst schnell gefressen.

Ich möchte einmal schildern, was ich in der Praxis erlebt habe.
Zuerst habe ich mir eine stattliche Zahl von ihnen gezüchtet, um überhaupt experimentieren zu können. Gab ich einige in ein Aquarium mit kleinen Lippfischen (Kanarien-Lippfisch, Sechsstreifen-Lippfisch), dauerte es exakt 20 Sekunden, bis diese die Schnecken gefunden und verspeist hatten. Das Gleiche fand mit Leierfischen statt. Hier wurden die Schnecken allerdings nur totgebissen.
In einem separaten Becken ohne weitere Tiere wurden unter Glasrosen-freundlichen Bedingungen drei mittelgroße Glasrosen eingebracht und hin und wieder gefüttert. Nach ca. drei Wochen strotzten sie vor Vitalität. Jetzt wurden drei mittelgroße *Aeolidiella*-Schnecken eingesetzt. Diese Schnecken benötigten eineinhalb Wochen, bis sie diese drei Glasrosen vernichtet hatten. So wird es niemals gelingen, die Glasrosen auszurotten.
Bedenkt man nun noch den Preis von ca. 20 Euro pro Schnecke (Stand 2008), so ist das Geld für ein gemeinsames Candle-Light-Dinner mit der Partnerin besser angelegt. Darauf haben Sie mein Wort. Theorie und Praxis gehen in der Meerwasseraquaristik eben oft auseinander.

Schema eines Angriffs

Noch hat die Glasrose die Schnecke nicht bemerkt (Bild 1). Sobald sie aber registriert (Bilder 2+3), dass eine *Aeolidiella*-Schnecke in ihrer Nähe ist, wendet sie ihre Tentakel gegen die Schnecke, die sich davon allerdings nicht beeindrucken lässt (Bilder 4+5).
Eine Schnecke der hier abgebildeten Größenordnung, benötigt mehr als eine Woche, bis sie eine mittelgroße Glasrose vollständig aufgefressen hat. Lässt sie vorher von ihr ab, entwickelt sich die „Rose" wieder zum kompletten Tier.

5

Kann man Glasrosen überhaupt ausrotten?

Amerikanische Aquarianer (besonders die Anhänger von *Aeolidiella stephanieae* [*Berghia*]-Schnecken) diskutieren schon seit Ende der 1990er Jahre über die Vermehrungsstrategien von Glasrosen (Berghia.net).

Im Aquarium ist demnach eine sexuelle Vermehrung möglich, die von mir aber noch nie beobachtet wurde.

Weiterhin vermehren sich Glasrosen asexuell durch Abschnürung von Gewebeteilen hauptsächlich an der Basis (Fuß), die, falls Licht, Sauerstoffgehalt und Strömung in diesem Bereich nicht optimal sind, in der Umgebung der Rose eine Art flächendeckenden Film bilden. Diese Gewebeteile sind im Riffbecken auf dem meist groben und gut strukturierten Gestein nicht zu erkennen, denn zuerst einmal handelt es sich um unförmige Zellklumpen. Diese können auch lange Zeit so bleiben, bis dann das Muttertier zerstört wird und so günstigere Bedingungen für die Zellklumpen entstehen, die sich dann schnell zu fertigen Anemonen entwickeln. So diskutieren es die Amerikaner und so habe ich es in Experimenten ebenfalls beobachtet.

Im Riffaquarium sieht man am Fuße der Glasrose zuerst einmal gar nichts, aber …

… in einer speziellen Umgebung wird das vorher Unsichtbare sichtbar. Um den Fuß der Glasrose befinden sich jede Menge Zellklumpen, die nur auf einen Auslöser warten, um zu wachsen.

Zum Dritten gibt es noch ein Ausstoßen von fertig entwickelten Klonen. Diese Vermehrung habe ich ebenfalls bei Versuchen beobachtet. Hier produzierte eine Glasrose die am 02.03.2010 in ein separates Glasbecken ohne weitere Dekoration verbracht wurde, bereits über Nacht junge, fix und fertige Minirosen.

Bemerkenswert war dabei, dass das alleinige Umsetzen von einem vormals schlechten Platz (unbeleuchtete Filterkammer) in eine lebensfreundlichere Umgebung (Aquarium mit Beleuchtung) für eine Vermehrung ausreichte.

Dies ist wahrscheinlich für die Rose das Zeichen, dass sich nun Nachwuchs lohnt. Im eingefahrenen Aquarium kann dies z. B. auch der Übergang einer Zeit **ohne** zusätzliche Korallenfütterung hin zu einer Zeit **mit** zusätzlicher Korallenfütterung bedeuten. Auch dann wird sich die Glasrose vermehren.

Einen Tag alte, fix und fertige Minirosen.

Wir sehen also: Von schlechten Bedingungen hin zu guten Voraussetzungen findet eine Vermehrung statt.

Schlecht => ***Gut*** = Vermehrung

Nun gibt es natürlich auch den umgekehrten Weg! Getreu dem Motto „Man legt zum Schluß noch schnell ein Ei, dann war das Leben flugs vorbei!“

Zum Beispiel entwickelten sich Glasrosen die optimale Bedingungen vorfanden, zu großen Exemplaren und legten in der bisherigen Lebensspanne keinen „Wert" auf Nachwuchs. Nun allerdings ändern sich im Becken die Bedingungen, sei es Sauerstoffmangel, schlechtere Lichtverhältnisse, Belästigung durch Fressfeinde oder Aquarianer. Dann findet während bzw. nach der Beschädigung eine Freisetzung von Larven, Keimzellen etc. statt.

Ich schließe daraus, dass somit von guten Bedingungen hin zu schlechteren Voraussetzungen ebenfalls eine Vermehrung stattfindet.

Gut => ***Schlecht*** = Vermehrung

In einigen Experimenten, in denen ich die Vermehrung in völlig sterilen Glasbecken ohne weitere Einrichtungsgegenstände beobachtete, erkannte ich, dass die Jung-Glasrosen am häufigsten im Abstand von nur wenigen Millimetern bis maximal 2 Zentimetern um das adulte Tier siedeln. Bei starker Strömung im Becken ist davon auszugehen, dass die Jungen verdriften, allerdings wachsen die meisten Glasrosen nicht in der vollen Strömung und es kann davon ausgegangen werden, dass man in der näheren Umgebung (vom Fuß aus in einem Radius von ca. 1 bis 2 cm) der Rose ebenfalls viele kleine Glasrosen findet.

In meinen Experimenten wurden die jungen Glasrosen in einem Radius von max. 2 cm um das Muttertier angesiedelt.

Wir müssen also neben dem Muttertier gleichzeitig noch die nähere Umgebung in die Behandlung mit einbeziehen, um diese Jung-Glasrosen, so gut es geht, zu zerstören. Größtenteils können wir hier nur „auf Verdacht" operieren, denn, wie oben gezeigt, erkennen wir auf dem porösen Gestein eines eingerichteten Meerwasserbeckens die Nachwuchsstadien nicht.
Diese Zerstörung geschieht entweder mit den Mitteln Joes Juice oder Aiptasia-X. Alternativ kann man sie auch mit der Calciumhydroxidpaste abdecken. Diese wird wie folgt hergestellt:

Rezepte

Calciumlösung
Mischen Sie einen Teelöffel Calciumhydroxid mit dem dreifachen Volumen Leitungswasser (5 ml Calciumhydroxid : 15 ml Wasser). Alles gut durchrühren. Anschließend diese Mischung 1 Minute unbewegt stehen lassen. Dann werden die oberen zwei Drittel Calcium mit einer Spritze aufgezogen (am besten durch die Kanüle der Spritze, die natürlich ausreichend dick sein muss) und in die Glasrose gestochen (bei „Manjanos" ebenso verfahren).

Calciumpaste
Kleine Polypen können mit einer sog. Calciumpaste auch einfach abgedeckt werden, bis sie „verbrennen"! Hierzu wird die obige Lösung etwa 8 Sekunden in der Mikrowelle erhitzt. Dadurch entsteht eine zähe Paste, mit der infizierte Bereiche gut abgedeckt werden können.

Mit den käuflichen Produkten Joes Juice oder Aiptasia-X funktioniert das aber genau so gut, falls Sie keine Mikrowelle besitzen.

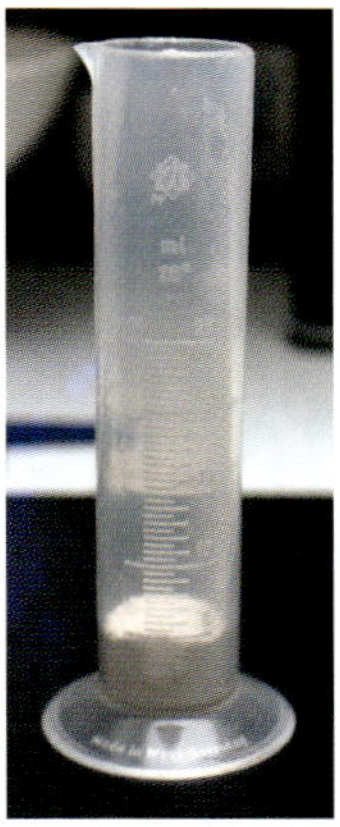

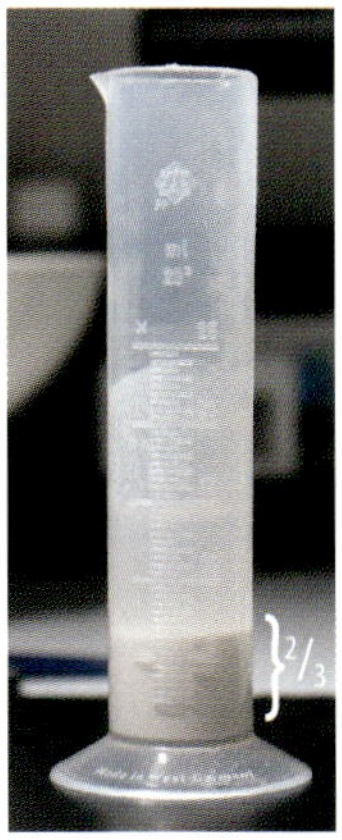

Die Kalkmilch besteht aus einer verdickten Lösung aus Calciumhydroxid (Kalkwasser). Calciumpulver in ein schmales, hohes Gefäß geben und Wasser im Verhältnis 1:3 zugeben. Die oberen zwei Drittel des Calciums werden in eine Spritze aufgezogen.

Botenstoffe als Vermehrungsinformation?

Weiterhin wäre es möglich, dass eine beschädigte Glasrose Botenstoffe ins freie Wasser entlässt, um dadurch Artgenossen zu warnen, die dann eine verstärkte Vermehrung einleiten. Auch das diskutieren die Amerikaner bereits seit einigen Jahren.
Ob aber eine solche Strategie eines kleinen Organismus (wie es die Glasrose nun einmal ist), der im gesunden Korallenriff nur selten zu finden ist, in Anbetracht der gewaltigen Wassermassen überhaupt Sinn macht, kann ich nicht beurteilen – aber ganz auszuschließen ist es nicht.
Im Aquarium könnte das allerdings anders aussehen. Das Wasservolumen ist klein, die Tierdichte hoch. Um hier Erfahrungen zu sammeln, habe ich diesen Fall in einem weiteren Laborexperiment nachgestellt.
Dort wurde das Filterkammerexemplar als Indikatororganismus eingesetzt. Gleichzeitig kamen in einem mit feiner Gaze abgedichteten Kasten zwei Glasrosen zum Einsatz, die täglich mehrmals mit einer Nadel leicht beschädigt wurden. Dies sollte die andauernde Belästigung durch einen Fressfeind simulieren. Ein Wasserstrahl wurde durch den Gazekasten geleitet, der dann die gesamte Menge an eventuell abgeschiedenen Botenstoffen in das freie Wasser einleiten würde. Abdriftende Eier oder Jungrosen konnten dabei nicht aus dem Gazekasten herausgeschwemmt werden. Ich beobachtete nun über zwei Wochen, ob das immerwährende Beschädigen der beiden Glasrosen im Kasten einen Einfluss auf das Freiwasserexemplar hatte. Beeindruckend war hier, dass das mehrmals tägliche „Stechen“ (das morgens stattfand) die Glasrosen nicht daran hinderte, abends wieder voll geöffnet im Kasten zu stehen.
Über viele Tage erkannte ich beim Beobachtungsexemplar keine Reaktion und auch keine vermehrte Abschnürungsrate. In der zweiten Woche zerschnitt ich ein Kastenexemplar. Eine halbe Stunde nach der Zerstörung beobachtete ich aber immer noch keine Reaktion am Beobachtungsexemplar. Auch in dieser kompletten zweiten Woche konnte ich keine verstärkte Vermehrungsrate der Indikatorglasrose beobachten. Die Vermehrungsrate war ähnlich hoch wie in der Zeit ohne zusätzlich zerstörte Aiptasien.

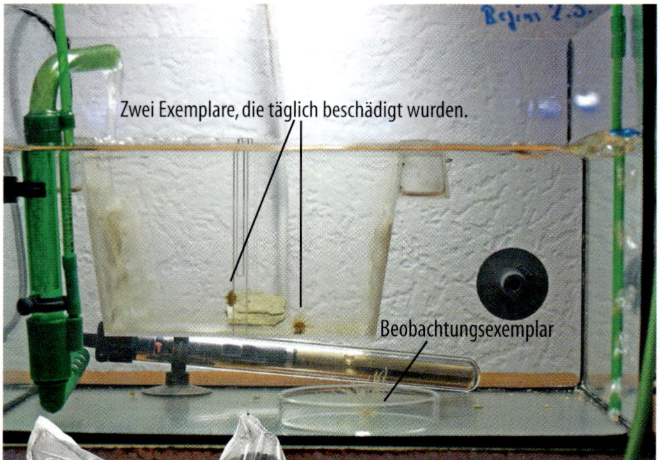

Obwohl das Experiment keine erhöhte Vermehrungsrate zeigte, nehme ich bei einer Glasrosenvernichtungsaktion Ozonisator und Aktivkohle zu Hilfe, um eventuelle chemische Signale von vornherein zu zerstören.

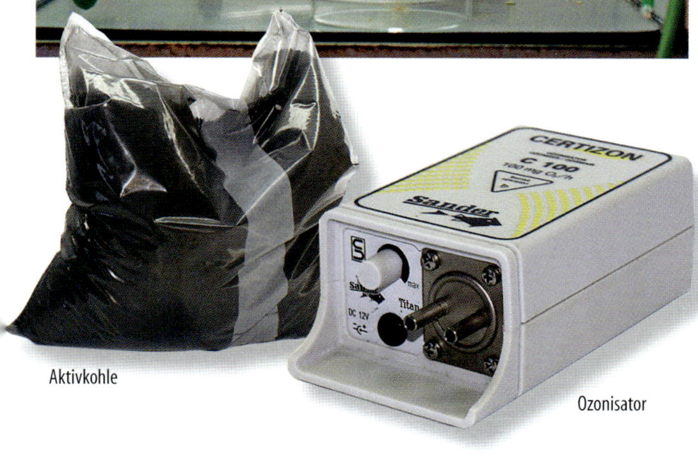

Aktivkohle

Ozonisator

Fazit

Bleibt man am „Ball“ und bekämpft die Glasrosen immer und immer wieder, kann man sie soweit dezimieren, dass sie die Korallen nicht allzu sehr belästigen. Das funktioniert in überschaubaren Riffbecken gut. In großen, unübersichtlichen Becken leider kaum. Füttert man dann noch regelmäßig mit Staubfutter oder kleinstem Planktonfutter, wird man die Glasrosen erfahrungsgemäß nie mehr los. Zu stark partizipieren sie an diesem Futter und danken es mit einer enormen Vermehrungsrate!

Auf einen Blick
Glasrosen

Momentan gibt es zumindest diese beiden unterschiedlichen Glasrosen-Arten. Hierbei ist festzustellen, dass das rechts abgebildete Exemplar wesentlich vermehrungsfreudiger ist als die links gezeigte Glasrose.

Schadensbild

In der Dekoration sind durchsichtige (glasige) Tentakel zu sehen, die aus dem Gestein herauszuwachsen scheinen. Korallen werden von diesen Tentakeln vernesselt. Ganze Flächen in der Dekoration werden von unterschiedlich großen, durchsichtigen Kleinanemonen überzogen. Garnelen machen hin und wieder in der Dekoration einen kurzen erschreckten Sprung.

Ursache

Glasrosen (*Aiptasia spp*).

Maßnahme

Kein Planktonfutter (z. B. Feinfutter wie *Artemia*-Nauplien etc.) mehr ins Aquarium geben. Fische und niedere Tiere nur noch gezielt füttern, sodass relativ wenig Futter im Freiwasser treibt.
Befindet sich eine überschaubare Menge an Glasrosen im Becken, so ist mit dem präparierten, gezähnten Saugschlauchrohr aus PVC (siehe Kap. 1.3 Kugelalgen) eine manuelle Beseitigung möglich.
Mit diversen chemischen Mitteln wie Aiptasia-X, DELETRIX oder Joes Juice, die alle im Fachhandel erhältlich sind, ist eine Bekämpfung relativ sicher.
Die Glasrosen können aber auch mit Salzsäure oder sogar Essigessenz vernichtet werden, wenn pro „Rose" ca. 0,25 ml bzw. 1 ml dieser Substanzen direkt in die Anemone gespritzt werden. Hierbei ist auf den pH-Wert des Aquariums zu achten. Gegebenenfalls den pH-Wert mit etwas Calciumhydroxid (Kalkwasser) wieder anheben. **Ein pH-Wert von 7,7 darf nicht unterschritten werden!**
Bei beiden Behandlungsmethoden muss die Umgebung des Glasrosenfußes ebenfalls behandelt werden. Dort sollte im Radius von ca. 2 cm (je mehr, je besser) um den Fuß herum ein Teppich aus Joes Juice, Aiptasia-X oder Calciumhydroxidpaste (für die man aber unbedingt eine Mikrowelle benötigt) gelegt werden, damit sämtliche Zellklumpen absterben. Wird das nicht getan, ist mit einer Massenvermehrung zu rechnen.

Bei einer stärkeren Plage Fische wie *Chelmon rostratus* oder *Chaetodon kleini* sowie (als sehr effektiven Glasrosenfresser) den Seegras-Feilenfisch (*Acreichthys tomentosus*), einsetzen. Achtung hier können teilweise Übergriffe auf andere niedere Tiere erfolgen. Zusätzlich noch die glasrosenfressenden Garnelen *Lysmata wurdemanni* oder *L. rathbunae* mit in das Becken geben.

ROSENKRIEG

1

2

1. Filterkammer auf Glasrosen überprüfen.

2. Glasrosenfresser einsetzen (in das Aquarium selbst *L. wurdemanni,* in die Filterkammer* 3 bis 4 Tanzgarnelen *Rhynchocinetes durbanensis*)**.**

3. 50 Gramm Aktivkohle pro 100 Liter Aquarienwasser einbringen (ggf. Botenstoffe siehe S. 104).

4. Falls vorhanden, Ozonisator einschalten 50 mg/h (siehe Botenstoffe).

5. Abschäumer auf volle Leistung stellen.

*Die Tanzgarnelen verbleiben in der Filterkammer, um diese dauerhaft frei von Glasrosen zu halten. Die Kammer muss dann natürlich schwach beleuchtet werden, und die Garnelen müssen gefüttert werden.

10

2 Tage abwarten

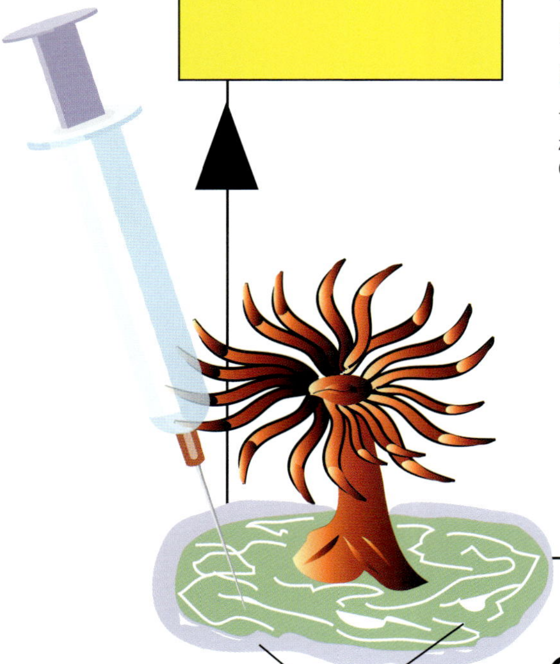

Paste aus Joes Juice, Aiptasia-X oder Calciumhydroxid mind. 1 bis 2 cm um den Fuß herumlegen.

9

Empfohlene Vorgehensweise bei der Vernichtung von Glasrosen (im Uhrzeigersinn):

3

4

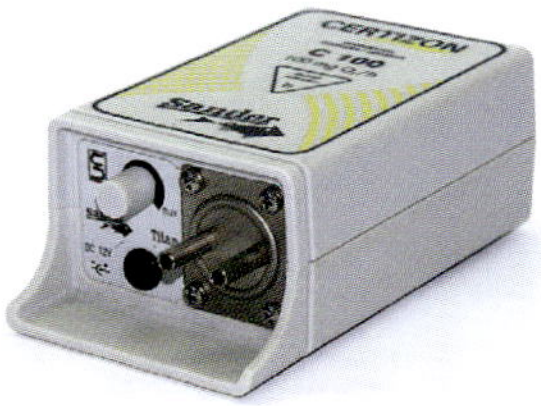

6. Alles einen Tag laufen lassen.

7. Zuerst Glasrosen im Filter absaugen.

8. Dann Glasrosen im Becken abtöten.

9. Zusätzlich einen Teppich, entweder mit Kalkpaste, Joes Juice oder Aiptasia-X, in einem Radius von 2 cm um den Fuß der Glasrose legen.

10. Zwei Tage warten. Dann die Kohle aus dem Kreislauf nehmen und den Ozonisator abschalten sowie den Abschäumer wieder auf normale Leistung regeln.

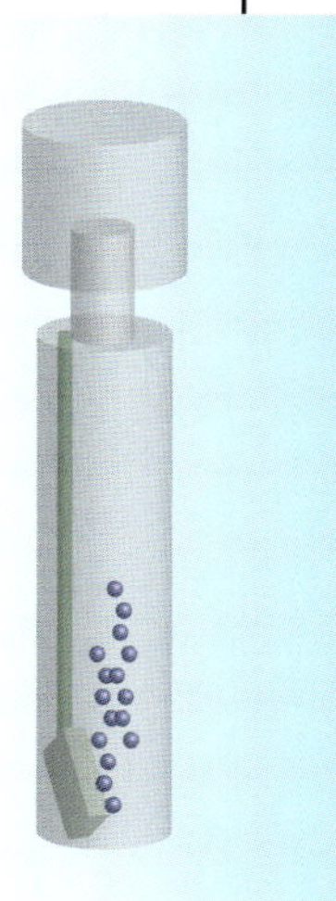

5

1 Tag abwarten

6

7

2.3 Die Stern-Meerblume (*Thalassianthus aster*)

Zwanzig Jahre lang kam ich um diesen immer noch recht selten anzutreffenden Gast herum, bis ich ihn bei einem Besuch eines Zoofachgeschäftes entdeckte. Dort saß diese ca. 5 cm im Durchmesser große Anemone, die zur Familie Thalassianthidae gehört, beinahe auf jedem Substrat. Egal, ob es sich um Weichkorallen, Steinkorallen oder Anemonen handelte, *Thalassianthus aster* saß munter in unmittelbarer Nachbarschaft auf dem gleichen Stein.

Als ich den Händler darauf ansprach, hatte ich den Eindruck, dass er nicht wusste, was er da als „Beipack“ verkauft.

Damit wir uns nicht falsch verstehen: *Thalassianthus aster* ist eine wunderschöne kleine Anemone, die, separat gepflegt, z. B. in einem Nano-Becken, durchaus attraktiv ist und zudem noch mit Partnergarnelen wie *Periclimenes spp.* gepflegt werden kann, aber in einem Stein- und Weichkorallenaquarium hat sie besser nichts zu suchen.

Meiner Meinung nach ist es weniger die Nesselfähigkeit, die mal stärker oder schwächer ausgeprägt sein kann, als vielmehr die hohe Vermehrungsrate, die bei zusagenden Bedingungen über Nacht einsetzt.

Die Stern-Meerblume kann monatelang ohne Vermehrung in unmittelbarer Nachbarschaft zu Korallen sitzen, aber wenn z. B. plötzlich mit feinem Staubfutter gefüttert wird oder die Strömung so verändert wurde, dass nun viel Frostfutter direkt in die Anemone treibt, dann kann eine massive Vermehrung einsetzen.

In einigen Versuchen habe ich das ausprobiert und eine Anemone gefüttert, die andere, die in einem vom Experimentierbecken abgetrennten Abschnitt saß, jedoch nie. Die Vermehrungsrate der gefütterten Meerblume war 5 bis 6-mal so hoch wie die der ungefütterten Anemone. Schaut man hier zu lange zu, ist bald das gesamte Becken bevölkert und es gelingt nur mit Mühe, die Anemonen wieder komplett herauszubekommen.

Bei einer starken Vermehrung greife ich zu den schon in den Kapiteln über Glasrosen (*Aiptasia*) Kap. 2.2 und Feueranemonen (*A. cf. manjano*) Kap. 2.1 beschriebenen Mitteln Aiptasia-X oder Joes Juice. Sie haben sich ausgezeichnet bewährt und im Falle dieser Anemonen müssen wir auch keine Angst haben, dass nach einer Bekämpfung kleine Gewebeteile, die bereits abgeschnürt wurden und in unmittelbarer Nachbarschaft der Anemonen „schlafen", später einmal gefährlich werden. Nach meinen Beobachtungen gibt es solche „Schläfer" nicht. Bei der Behandlung ist es wichtig, die Strömung abzustellen. So können Sie auch Stern-Meerblumen behandeln, die sich zwischen den Zweigen von Steinkorallen niedergelassen haben.

Schadensbild

An verschiedenen Stellen der Dekoration sind buschige, einmal mehr, einmal weniger farbige Tentakel zu sehen. Zweigähnlich aufgebaute Tentakel wechseln sich mit hellgrünen „Knubbeln" ab.

Maßnahmen

Auch hier gilt die Regel: Die erste Stern-Meerblume, die entdeckt wird, sofort entfernen. Vermutet man noch mehr Exemplare im Becken, muss man die Fütterung mit feinen Trocken- und Frostfuttersorten einstellen und die Fische bzw. Garnelen nur noch gezielt füttern, und zwar so, dass alles auf einmal gefressen wird.

Mechanische Beseitigung
Eine mechanische Beseitigung erfolgt mit der chirurgischen Pinzette.

Chemische Beseitigung
Wirkungsvoll sind die bereits genannten Mittel Aiptasia-X, Joes Juice oder DELETRIX. Korallen oder andere Tiere, die in unmittelbarer Nachbarschaft sitzen, werden durch sie nicht belästigt, selbst dann nicht, wenn sie von den Chemikalien eine geringe Menge abbekommen.

Fressfeinde

Eigentlich nur der Seegras-Feilenfisch *Acreichthys tomentosus*, der aber nicht immer Appetit auf diese Anemonen hat. Bei mir hat die Garnele *Lysmata wurdemanni* regelmäßig versagt!

An den zweigähnlich aufgebauten Tentakeln und den hellgrünen „Knubbeln" ist die Stern-Meerblume *Thalassianthus aster* gut zu erkennen.

Auf einen Blick
Stern-Meerblumen

Anemonen mit buschigen Tentakeln überziehen großflächig die Dekoration. In weiten Teilen werden andere Korallen bedrängt oder massiv zurückgedrängt.	**Schadensbild**
Hervorragende Wachstumsbedingungen für *Thalassianthus aster*. Fütterung mit feinen Futtersorten, die den Anemonen zugutekommen.	**Ursache**
Kein Staubfutter ins Becken geben. Die Anemonen mit Joes Juice, Aiptasia-X oder ähnlichen Mitteln behandeln. Als Fressfeind kommt nur der Seegras-Feilenfisch *Acreichthys tomentosus* in Frage.	**Maßnahme**

Durch *Protopalythoa*-Krustenanemonen entstanden in der Vergangenheit einige lebensbedrohliche Situationen. Man sollte im Umgang mit ihnen vorsichtig sein.
Kl. Foto: D. Stüber

2.3 Krustenanemonen

Lassen Sie mich hier in geraffter Form die Erfahrungen von Rolf Hebbinghaus (2007), dem bekannten Betreuer des großen Korallenriffbeckens im Aquazoo-Löbbecke Museum Düsseldorf, wiedergeben. Er schreibt: „Bis Anfang 1996 erfreuten wir uns an der Schönheit und Wüchsigkeit der Grünen Krustenanemone (*Zoanthus cf. sociatus*), von der bereits seit einigen Jahren mehrere Kolonien in unserem 18.000 Liter fassenden Korallenriffbecken lebten. Dann jedoch begann ihre Vermehrung enorm zuzunehmen, und indem sich nun häufig einzelne Polypen abschnürten und mit der Strömung davontragen ließen, entstanden überall im Becken ständig neue Kolonien. Das stark beschleunigte Wachstum war vermutlich eine Folge des gestiegenen Phosphatgehaltes im Wasser.

Mit der Injektionsmethode ließ sich *Zoanthus cf. sociatus* nicht bekämpfen. Fressfeinde fanden wir auch keine. Ein Jahr später war abzusehen, dass wir in dem 15 Meter langen, fast eineinhalb Meter hohen, aber stellenweise nur 50 cm tiefen Korallenbecken es wohl niemals schaffen würden, mit unseren Pinzetten und Messern der unzähligen Polypen, die sich quadratmeterweise ausgebreitet hatten, Herr zu werden. Da wir mit den Händen nicht bis zum Boden kamen und auch die Kunststoff-Greifarme bei diesen glitschigen und fest haftenden Polypen versagten, war es unmöglich, Krustenanemonen von den unteren Teilen der Dekoration zu entfernen. Als absolut fataler Fehler erwies sich jetzt, dass man beim Bau des Beckens die Dekorationssteine sowohl miteinander als auch mit der Beckenrückwand bombenfest verklebt hatte! In der Folgezeit wurden von den Grünen Krustenanemonen viele Stein-, Weich- und Hornkorallenkolonien im Wachstum eingeholt, überwuchert und erstickt. Zuletzt waren in dem Becken die meisten Korallen mehr oder weniger

Zoanthus-Krustenanemonen bedrängen massiv eine *Sinularia*-Weichkoralle. Foto: H. Kirchhauser

stark „infiziert“ und mehr als ein Drittel der Korallenarten ausgestorben. Zumindest die Steinkorallen schienen sich dauerhaft nur an für sie optimalen Standorten behaupten zu können. Alle Korallen in dem Becken, auch die Kolonien, die noch keinen direkten Kontakt mit den Krustenanemonen hatten, besaßen nicht mehr ihre ursprüngliche Vitalität und Wüchsigkeit und wurden häufiger als früher von RTN (*Porpostoma notatum* siehe Kap. 4) befallen. Offensichtlich hatte sich das gesamte Beckenmilieu zu Gunsten der Krustenanemonen verändert“.

Warum ist diese Krustenanemone so stark? SCHMIDT (1972) machte zur Toxizität mediterraner Seeanemonen eine interessante Beobachtung: Arten mit stark brennenden Nesselkapseln unterliegen (!) oft Arten mit weniger brennenden Nesselkapseln.

Die Annahme, dass es sich bei Cnidarier-Arten, deren Nesselkapseln aufgrund ihrer Größe oder ihres Baus die menschliche Hornhaut nicht durchschlagen, grundsätzlich um die weniger giftigen Arten handelt, ist falsch. Nach eigenen Beobachtungen besitzen Seeanemonen und Steinkorallen, die sich im Aquarium sehr aggressiv verhalten, in aller Regel viele Nesselkapseln, wogegen die Größe der Nesselkapseln häufig nur im Mittelfeld rangiert. Außerdem lässt sich mikroskopisch feststellen, dass sich die Nesselkapseln einiger Nesseltiere durch entsprechende Reizung relativ leicht, die anderer Arten dagegen nur sehr schwer zur Explosion bringen lassen.

Ein solch zurückhaltender Waffengebrauch kann auch für eine stark bewaffnete Art sinnvoll sein, beispielsweise, wenn sie in ihrem Lebensraum regelmäßig in enger Nachbarschaft mit anderen wehrhaften Nesseltieren vorkommt. Im Aquarium aber, wo Nesseltierarten aus verschiedenen Lebensräumen aufeinandertreffen, könnte diese „Zurückhaltung“ bewirken, dass eine stark bewaffnete Art einer schwächer bewaffneten, jedoch offensiveren Art unterliegt. In Riffaquarien lässt sich folgende Konstellation öfter beobachten: A besiegt B, B besiegt C und C besiegt wiederum A (HEBBINGHAUS, R. 2004). *Zoanthus cf. sociatus* besitzt eine überraschend geringe Zahl an Nesselkapseln, die zudem sehr klein sind und träge reagieren! Wie schafft es dann diese Krustenanemone, so viele andere Nesseltiere zu dominieren? Einmal ist sie schnellwüchsig und zum Zweiten unempfindlich gegen die Nesselgifte der Konkurrenz.

Auch die dritte Anforderung wird erfüllt, denn die Polypen von *Z. cf. sociatus* verfügen über wirkungsvolle Gifte im Hautschleim und insbesondere in ihrer Körperflüssigkeit. Die milchige Flüssigkeit tritt aus, sobald die Polypen verletzt werden. Bei der mechanischen Entfernung ist es unvermeidlich, dass viele Polypen zerrissen werden. Das ist aus zwei Gründen problematisch. Zum einen regenerieren sich die am Substrat verbliebenen Polypenstümpfe rasch zu neuen Polypen. Zum anderen können durch die

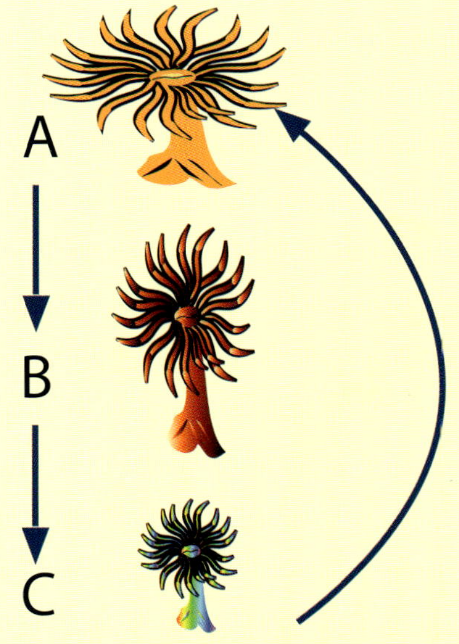

Häufig ist zu beobachten, dass unter den Nesseltieren ein Tier A die Konkurrenz B vernesselt. Diese (B) vernesselt ihrerseits wieder Konkurrent C. Obwohl es auf den ersten Blick so ausschaut, als ob C der Verlierer wäre, kann sich dieser aber wiederum gegen A durchsetzen.

austretende Körperflüssigkeit der Polypen benachbarte Steinkorallen massiv geschädigt werden! Am empfindlichsten reagieren *Acropora*-Arten, die übrigens auch als Erste von den Krustenanemonen befallen werden. In einem mit Steinkorallen besetzten Aquarium lässt sich daher ohne Risiko nur eine relativ kleine Polypenmenge pro Tag beseitigen.

Es gibt Riffaquarien, in denen Weich- und Steinkorallen mit *Z. cf. sociatus* ohne größere Beeinträchtigung zusammenleben, aber eben auch Becken mit einer ganz ähnlichen Entwicklung wie oben beschrieben. Wie es scheint, gibt es mit dieser Krustenanemonenart in gut konzipierten und mit Korallen rallenstöcke, wodurch sich für die Korallen lebenswichtige Faktoren (Licht, Strömung, Gasaustausch) verschlechtern. Diesem Prozess kann man durch gezieltes Auslichten der Korallenstöcke entgegenwirken. „Licht und Luft“ müssen in die Krone, wie man z. B. beim gewerblichen Obstbaumschnitt schon lange weiß.

Die Hauptursache scheint jedoch im Phosphat-Anstieg zu liegen, der für manche alt eingerichteten Riffaquarien so typisch ist. Nach meinen Erfahrungen gedeihen die meisten Steinkorallen am gesündesten bei Phosphatwerten zwischen ungefähr 0,02 und 0,04 mg/l. Durch einen erhöhten Phosphatgehalt im Wasser verringert

Hier nimmt das Unglück seinen Lauf. Tausende von *Zoanthus*-Krustenanemonen auf der Hintergrunddekoration des Aquariums. Früher oder später muss es ausgeräumt werden.

dicht besetzten Riffaquarien während der ersten Jahre kaum Probleme. Die Korallen gedeihen zunächst optimal und die Krustenanemonen wachsen nur langsam und nur über unbesiedelte Flächen. Das Risiko, dass diese Koexistenz zugunsten der Krustenanemonen aus dem Gleichgewicht gerät, scheint jedoch von Jahr zu Jahr zu steigen.

Eine der Ursachen dafür liegt mit Sicherheit in der Alterung (Bohrorganismen, Aufwuchs) und Größenzunahme der Ko-

sich die Kalkabscheidung der Korallen und ihr Skelett verliert an Stabilität, wohingegen das Wachstum der Bohralgen, der frei lebenden Algen und anscheinend auch der Grünen Krustenanemonen beschleunigt wird. Beim Neuaufbau eines Meerwasseraquariums hat man es bereits in der Hand: Hält man den Phosphatgehalt des Wassers dauerhaft niedrig, ist die Gefahr von Phosphatablagerungen gering. Allerdings wird Phosphat, das mit dem Futter in das Aqua-

rium eingetragen wird, niemals vollständig in Biomasse umgesetzt. Daher reichert es sich schnell an, wenn keine Maßnahmen getroffen werden, es zu entfernen.
Die erste Maßnahme ist der Abschäumer. Er kann einen Teil des gelösten organischen Phosphats (DOP) entfernen und dabei auch etwas partikuläres organisches und anorganisches Phosphat mitreißen. Gelöstes anorganisches Phosphat (DIP = PO_4) kann er nur in geringen Mengen entfernen. Die Bedeutung des Kalkwassers bei der Phosphatentfernung wird allerdings überschätzt. Warum es nicht so effektiv ist wie häufig angenommen, liegt daran, dass ein Großteil des Phosphats an gefälltes Magnesiumhydroxid gebunden ist, das sich im Aquarium schnell auflöst und das Phosphat wieder freigibt. Fällungsmittel können sehr effektiv sein, egal ob auf Eisen-, Calcium- oder anderer Basis. Aber auch wenn man dabei einen Schnellfilter einsetzt, wird bei dieser Methode ein erheblicher Teil des Phosphats nicht entfernt, sondern lagert sich irgendwo im Aquarium ab und wartet darauf, dass es durch Bakterien- oder Algentätigkeit wieder mobilisiert wird.
Die einzig wirklich sinnvolle Methode ist die Verwendung von Phosphatadsorbern. Dabei stehen Adsorber auf Eisen- und auf Aluminiumbasis zur Auswahl, die beide nach dem gleichen Prinzip arbeiten. Sie bieten eine große Oxidoberfläche, auf der sich Phosphat sehr leicht anlagert. Haben sie ihre Arbeit getan, werden sie dem Aquarium entnommen und damit das gesamte adsorbierte Phosphat entfernt. Phosphatadsorber adsorbieren nicht nur Phosphat. Auch Silicate werden adsorbiert, ebenso wie Gelbstoffe und andere organische Substanzen. Da Riffaquarien zwar hauptsächlich wegen ihrer immensen Organismenvielfalt faszinieren, ist es natürlich nicht immer einfach, auf bestimmte Lebewesen zu verzichten. Aber ich rate von den Krustenanemonen für diesen Beckentyp ab. Nach den gemachten Erfahrungen halte ich es für zu riskant, diese Spezies mit Steinkorallen zu vergesellschaften. Bei der Neubesetzung eines Riffaquariums würde ich auf Krustenanemonen komplett verzichten. Das mag übervorsichtig klingen. Tatsache ist aber, dass sich auch über andere Krustenanemonenarten die Negativmitteilungen mehren. Unter ihnen befinden sich sogar Arten, deren Gifte auch für die Gesundheit des Pflegers eine echte Gefahr darstellen (Stüber 2007).

Schadensbild

Krustenanemonen überziehen großflächig Teile der Dekoration und bringen die in ihrer Nähe angesiedelten sessilen Tiere in starke Bedrängnis. Viele von ihnen sterben ab oder lösen sich vom Substrat und treiben im Becken umher. Beim Hantieren im Aquarium oder auch in der näheren Umge-

bung wird es dem Riffaquarianer aus unerklärlichen Gründen plötzlich übel. Verstärkt treten diese Symptome auf, wenn ein Stein mit Krustenanemonen aus dem Aquarium genommen und abgebürstet wurde.

Maßnahmen

Mechanische Entfernung

Die wohl beste Maßnahme überhaupt ist es, von Anfang an keine Krustenanemonen im Becken anzusiedeln. Wurden sie aber unbemerkt durch lebende Steine ins Becken gebracht, so sollte man sie weder abbürsten noch abzupfen etc. Am besten ist es, wenn der komplett befallene Stein ausgebaut und verworfen wird. Sowohl das Überbrühen mit kochendem Wasser als auch das Abbürsten unter fließendem Leitungswasser hat den Nachteil, dass sämtliche Biologie auf und teilweise in dem Stein abgetötet wird. So können wir ihn auch gleich gegen einen frischen lebenden Stein austauschen, zumal das erwiesenermaßen unserer Gesundheit besser bekommt. Wird nämlich nicht regelmäßig an den Krustenanemonen „herumoperiert", besteht kein Anlass für diese, verstärkt Abwehrstoffe zu produzieren. Stüber (2007) beobachtete zum Beispiel an einer grau-braunen *Protopalythoa spec.* mit hohem Vermehrungspotenzial, dass beim erstmaligen Auslichten der Tiere keine Probleme entstanden. Die dann aber in zunehmendem Maße vorgenommene Auslichtung hatte wahrscheinlich den gleichen Effekt wie der starke Verfolgungsdruck durch Fressfeinde im Riff. Das Giftpotenzial wurde analog zum Selektionsdruck erhöht. Im Prinzip haben wir hier den gleichen Ablauf wie schon bei den Algen mit ihren allelopathischen Abwehrsubstanzen beschrieben. Mebs (1989) beschreibt in seinem Buch „Gifte im Riff", dass Krustenanemonen der Ordnung *Zoantharia* und hier besonders die Gattung *Palythoa* Gifte enthalten, die zu den giftigsten Naturstoffen überhaupt zählen. Dieses Gift schädigt Zellmembranen mit dem Ergebnis einer Hämolyse. Werden sie also angegriffen, reagieren sie immer aggressiver. Beim Menschen kann das gesundheitliche Probleme auslösen, wenn er die Krustenanemonen manuell aus dem Becken entfernen möchte. Bei Stüber waren es grippeähnliche Infekte, die zuerst nicht zu erklären waren. Die Symptome waren plötzlich auftretendes hohes Fieber, begleitet von starkem Schüttelfrost. Das Ganze hielt in der Regel 24 Stunden an und war dann ebenso schnell wieder verschwunden.

Protopalythoa-Krustenanemonen stellen generell eine Gefahr für den Aquarianer dar. Vernünftige Menschen sollten auf die Pflege dieser Tiere verzichten. Foto: D. Stüber

Bild 1 zeigt die richtige Methode. Die Krustenanemonen werden **unter** Wasser abgebürstet.

Bild 2 demonstriert wie man es auf keinen Fall machen sollte: Abschrubben unter fließendem Wasser. Hier können sich Aerosole in der Raumluft verbreiten und über die Atemwege das Nervensystem schädigen.

1

2

Es hat sich im Lauf der Jahre herausgestellt, dass empfindlichere Menschen, die hin und wieder etwas Übelkeit aufgrund von Manipulationen an Krustenanemonen verspürten, scheinbar eine Art Giftdepot in ihrem Körper aufbauen. Erst nach vielen Jahren kann dieses Depot dann plötzlich förmlich überlaufen. Ein Meerwasseraquarianer ist mir persönlich bekannt, bei dem sich dieses „Spiel" fast bis zum Tode hochschaukelte. Letztendlich lag dieser Aquarianer mehrere Monate im künstlichen Koma und verdankte sein Leben nur einem sehr engagierten Arzt, der sich intensiv mit der Materie Krustenanemonen auseinandersetzte und so Hilfe einleiten konnte. Nach dieser Tortur musste selbstverständlich auf den Unterhalt eines Meerwasserbeckens mit jeglichen Arten von Krustenanemonen verzichtet werden.

Wenn man nicht zu viele Polypen auf einmal (max. 20 bis 30 Stück/Woche) entfernt, passiert nichts. Wichtig ist, dass die Polypen nur unter Wasser entfernt werden (auf keinen Fall extern unter fließendem Wasser)! So lassen sich gesundheitliche Probleme einigermaßen vermeiden. Tatsache ist: Wenn man hier untätig bleibt, ist das Becken binnen kurzer Zeit nicht mehr zu retten. Die Krustenanemonen verbreiten sich im ganzen Aquarium, ähnlich der *Anemonia cf. manjano* oder den Glasrosen. Ist dieser Fall einmal eingetreten, dann hilft nur ein radikaler Eingriff, der einem Neuanfang gleichkommt.

Chemische Bekämpfung

Wer sich aus Versehen einige wenige Krustenanemonen in sein Aquarium eingeschleppt hat, sollte versuchen, sie mit den gleichen Mitteln wie die Glasrosen oder die *Anemonia cf. manjano* zu bekämpfen. Auch Joes Juice etc. wirkt effektiv, lohnt aber nur bei kleinen Beständen. Es wird auf die Mundscheibe der Krustenanemonen gegeben und innerhalb weniger Stunden gehen diese dann zugrunde.

Fressfeinde

Die Erfahrungen zahlreicher Pfleger zeigen, dass die Krustenanemonen mit den verschiedensten Fressfeinden wie *Heliacus*-Schnecken (*Heliacus areola*), Argusfischen, Silberflossenblättern, Fledermaus- und Falterfischen oder Kaiserfischen wie *Pomacanthus navarchus* und *P. imperator* nicht zu bekämpfen sind. Es gibt natürlich auch hier Ausnahmen von dieser Regel.

Ein mir bekannter Aquarianer kennt einen Fall, in dem der Kaiserfisch *Pomacanthus imperator* mit diesen Krustenanemonen innerhalb einer Woche komplett aufgeräumt hat. Diese Erfolge setzten meist ein, wenn der Fressfeind, in diesem Fall der Kaiserfisch, zum ersten Mal in das Aquarium gesetzt wird und die Krustenanemonen noch keine Abwehrstrategien einleiten konnten.

Mit den Krustenanemonen-fressenden Schnecken (*Heliacus areola*) ist das so eine Sache: Eine einzelne Schnecke wird mit einer Massenvermehrung der Krustenanemonen nicht fertig. Kaum ist die eine Anemone aufgefressen, wächst eine neue nach.

Der Feilenfisch *Alutera scripta* ernährt sich in der Natur hauptsächlich von *Palytoa*-Krustenanemonen, die ja bekanntermaßen eines der stärksten Gifte der Welt beherbergen. Er kann aber nur die letzte Möglichkeit darstellen, denn er wird auch mit allen anderen Korallen, die weiches Gewebe besitzen, nicht zimperlich umgehen.

Nur eine stattliche Anzahl *Heliacus*-Schnecken kann eine Krustenanemonenplage wirkungsvoll bekämpfen. Foto: J. Pfleiderer

Auf einen Blick
Krustenanemonen

Schadensbild	Krustenanemonen überziehen großflächig die Dekoration. In weiten Teilen werden andere sesshafte niedere Tiere bedrängt oder massiv zurückgedrängt.
Ursache	Hervorragende Wachstumsbedingungen für die Krustenanemonen. Die Gründe sind vielschichtig und kaum komplett zu erfassen.
Maßnahme	Kein Planktonfutter ins Becken geben. Falls es sich um wenige Krustenanemonen handelt, können diese mit Salzsäure, Kalkwassermilch (gesättigte Calciumhydroxidlösung) oder Joes Juice etc. „abgespritzt" werden oder man kann es mit den genannten Fressfeinden probieren. Allerdings gibt es keine Gewähr, dass jedes Tier mit der gleichen Begeisterung die Plagegeister frisst. Bei einer Massenvermehrung muss man die Dekorationsteile, auf denen die Krustenanemonen sitzen, aus dem Aquarium nehmen und komplett entsorgen. Kleinere lebende Steine sollte man nur in einem Eimer, der mit Salzwasser aus dem Aquarium befüllt wurde, abbürsten. Das darf aber nur gemacht werden, wenn sich der Stein komplett unter Wasser befindet. Man muss vermeiden, dass es einen feinen Wassersprühstaub (Aerosol) gibt, der in die Atemwege eindringen könnte. Hier besteht ggf. Lebensgefahr!

2.5 Scheibenanemonen

Besonders für Steinkorallenbestände stellen Scheibenanemonen, wenn sie in Massen wachsen, eine Gefahr dar. Im Korallenriff ist Siedlungssubstrat sehr begehrt. Um ihr Siedlungssubstrat zu verteidigen, haben Scheibenanemonen zwei Strategien entwickelt:

- sie bilden ein enormes Vermehrungs- und Wachstumspotenzial aus,
- sie entwickeln ein starkes Nesselgift.

Allerdings nesseln nicht alle Scheibenanemonen gleich stark, es gibt artspezifische Unterschiede. Daher kann man die Scheibenanemonen grob in drei Kategorien einteilen:

- Arten mit hohem Wachstumspotenzial (zahlreiche *Discosoma*-Arten),
- stark nesselnde Arten (alle *Ricordea*- und *Rhodactis*-Arten),
- Arten, die stark nesseln und sich auch stark vermehren (einige *Discosoma*-Arten und *Ricordea yuma*).

Schadensbild

Durch die sog. „Fußscheibenlazeration", bei der sich Gewebefragmente von der Fußscheibe des Muttertiers ablösen, findet man immer einige bis zahlreiche abgespaltene Individuen in unmittelbarer Nachbarschaft des Muttertiers. Ausgehend von einem einzigen Individuum können Scheibenanemonen daher zu großen Kolonien heranwachsen. Dabei überwuchern sie freies Substrat und verdrängen viele empfindliche Wirbellose. Auf diese Art und Weise werden auch empfindliche Hornkorallen und kleinpolypige Steinkorallen verdrängt. Selbst die zuvor aufgeführten Krustenanemonen können durch die Scheibenanemonen abgetötet werden, weil diese die Krustenanemonen einfach überwachsen und vom Licht fernhalten. Aber man sollte natürlich nicht mit einer Plage die andere Plage ausmerzen. Dieser Schuss geht früher oder später nach hinten los.

Einen stark einnehmenden Charakter entwickeln die wunderschönen blauen *Discosoma*-Arten z. B. im Steinkorallenaquarium. Geht es ihnen gut, entstehen überall im Becken kleine Kolonien, die sich vornehmlich an den Füßen der Steinkorallen ansiedeln. Auch diese Anemonen können sich aufpumpen und mit der Strömung durchs Aquarium segeln. Sie können so jeden Platz in der Dekoration besiedeln. Häufig landen sie auch mitten in einer Steinkorallenkolonie und da es hier immer einige kleinere, abgestorbene Flecken gibt, ist es ein Leichtes für sie, dort zu siedeln. Haben sie erst einmal Fuß gefasst, werden sie größer und begraben das Steinkorallengewebe unter sich. Dieses stirbt dann aufgrund von Lichtmangel ab. Abgestorbenes Steinkorallengewebe gibt durch das ungeschützte Skelett nun den Weg frei für Sekundärbesiedler wie Fadenalgen und trägt auch zur verstärkten Etablierung von Bohralgen bei. Die Massenvermehrung von Scheibenanemonen in Steinkorallenkolonien bringt diese mit der Zeit zum Absterben. Diese Plage ist in ihrem Endstadium mindestens so problematisch wie Glasrosen oder Krustenanemonen!

Die Taktik der Vernesselung wenden meist Scheibenanemonen mit verlängerten Tentakeln an. Zum Beispiel einige *Ricordea*-Arten. Im Gegensatz zum Verdrängen durch Überwachsen geht das Abtöten des angegriffenen Gegners durch das Nesselgift recht schnell und schubweise vor sich. Die Scheibenanemonen wachsen an den Konkurrenten heran und zerstören dann sein Gewebe, das sie mit ihren Tentakeln und dem Nesselgift erreichen. Dieser Vorgang der Zerstörung er-

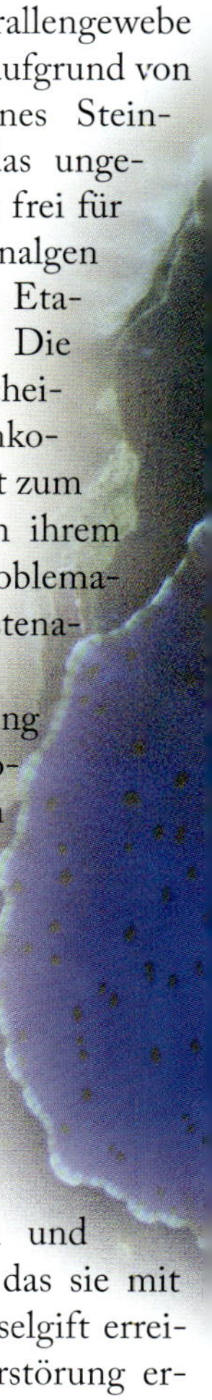

Scheibenanemonen können sich mitten in einer Steinkorallenkolonie festsetzen, wenn an den Steinkorallen vereinzelt gewebefreie Stellen vorhanden sind.

Die Scheibenanemone nesselt so stark, dass das Gewebe der Steinkoralle immer mehr schwindet.

Bilder von oben nach unten: Die Scheibenanemone wird mit Salzsäure geimpft. Der korrekte Stich geht bis in den Fußteil der Anemone (Zeichnung). Nach wenigen Minuten kann man die Scheibenanemone mit einer Pinzette lösen und von der Unterlage ziehen. Hier muss man aufpassen, dass kein Gewebeteil zurückbleibt, denn dieses kann sich wieder zu einer neuen Anemone entwickeln.

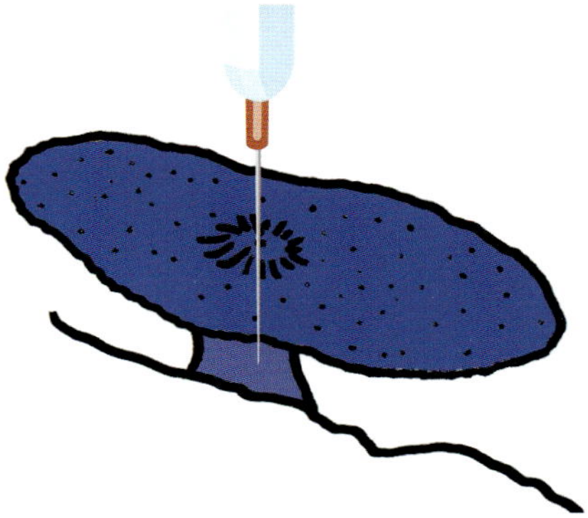

folgt millimeterweise in Abhängigkeit von der Wachstumsgeschwindigkeit. Diese wird unter anderem auch durch einen höheren Phosphatwert im Aquarium beschleunigt. Der Konkurrent wird nach und nach zurückgedrängt.

Maßnahmen

Eine gemeinsame Pflege von Scheibenanemonen und Steinkorallen ist so lange kein Problem, wie man in der Lage ist, die Scheibenanemonen an ihrem angestammten Platz zu halten. Doch ist dies bei schnell wachsenden Arten in gut geführten Riffaquarien gar nicht so leicht. Zwar kann man die Scheibenanemonen mit einem scharfen Messer vom Substrat abschaben oder durch Injektion mit Salzsäure abtöten, jedoch eignen sich solche Methoden praktisch nur für die Beseitigung einer begrenzten Anzahl. Gelingt es zudem nicht, die Scheibenanemone vollständig zu zerstören, entstehen aufgrund des sehr guten Regenerationsvermögens aus kleinsten Resten neue Anemonen. Die Salzsäureaktion sollten Sie mit einem Teilwasserwechsel verbinden. Durch die Injektion wird die Scheibenanemone geschwächt, sodass sie 10 bis 20 Minuten nach der Behandlung mit einem Schlauch komplett abgesaugt werden kann. 3 ml Salzsäure reichen für die Behandlung von ca. 12 mittelgroßen Scheibenanemonen vollständig aus. Heben Sie ggf. nach der Behandlung den pH-Wert wieder mit Kalkwasser an.

Viele Aquarianer gehen erfahrungsgemäß beim Abspritzen solcher Plagegeister zu oberflächlich vor. Die Scheibenanemone muss auch tatsächlich so gestochen werden, dass sich die Salzsäure im Körperinnern ausbreitet. Oft geht der Stich daneben und es wird der Hauptanteil der Säure in die Dekoration gespritzt. Nach einem vorschriftsmäßig gesetzten Stich geht die Anemone normalerweise auch zuverlässig ein.

Mittel wie Joes Juice haben bei diesen Plagegeistern keinen Einfluss: Wie die Abbildungen zeigen, reagiert die Scheibenanemone

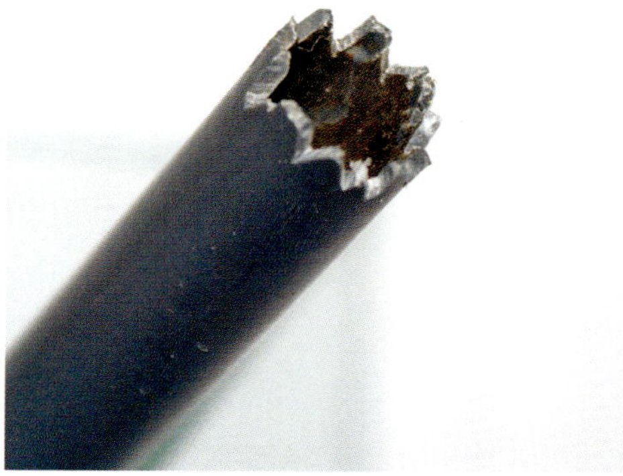

Auch im Fall der Scheibenanemonen empfiehlt sich das präparierte PVC-Saugrohr. Mit ihm lassen sich die Scheibenanemonen gut vom Substrat lösen und absaugen.

noch nicht einmal. Auch Kalkwasser ist in der Praxis nicht so effektiv wie Salzsäure.

Fressfeinde

Im Kampf gegen die „Scheiben“ sind wirkliche Fressfeinde rar. Es ist tatsächlich so, dass der Seegras-Feilenfisch *Acreichthys tomentosus* diese Scheibenanemonen manchmal mit Begeisterung frisst, aber ein anderes Mal eben nicht. Auch Garnelen wie die Tanzgarnele (*Rhynchocinetes durbanensis*) sind im Riffaquarium kritisch. Manche Exemplare vergreifen sich an den Scheibenanemonen und an vielen weichen Korallenarten bis hin zu den großpolypigen Steinkorallen. Ein Einsetzen von Fressfeinden, nur wegen der Scheibenanemonen, kann ich daher nicht empfehlen.

Mittel auf der Basis von Joes Juice haben kurzzeitig keine Auswirkungen auf die blauen Scheibenanemonen.

Auf einen Blick
Scheibenanemonen

Schadensbild	Scheibenanemonen überziehen großflächig die Dekoration. Besonders empfindliche Steinkorallen werden vernesselt und massiv zurückgedrängt.
Ursache	Gute Wachstumsbedingungen für Scheibenanemonen.
Maßnahme	Gegebenenfalls die Wasserwerte nährstoffärmer gestalten. Nitrat und Phosphat sollten nur sehr gering vorliegen (NO_3 < 5mg/l und PO_4 0,06 mg/l). Bei diesen Werten wachsen allerdings die blauen Scheibenanemonen trotzdem weiter – aber langsamer. Eine chemische Bekämpfung ist die sicherste Maßnahme. Salzsäure (ca. 0,25 ml pro Anemone) ist die beste Methode. Sie ist sicherer als das Abspritzen mit gesättigter Calciumhydroxidlösung (Kalkwassermilch). Wurde richtig getroffen, lässt sich die Scheibenanemone nach max. 10 Minuten vom Substrat lösen und absaugen.

2.6 Sämtliche Korallen können wuchern

Hydroidpolypen, diverse Korallen wie *Xenia, Anthelia*, Keniabäumchen, *Erythropodium,* aber natürlich auch stark wuchernde *Acropora*- oder *Seriatopora*-Korallen (sie seien beispielhaft genannt) haben unter gewissen Gegebenheiten natürlich das gleiche Ausbreitungspotenzial wie die zuvor beschriebenen Organismen.
Hier kann man nur raten, die starke Ausbreitung diverser Tiere kritisch zu beobachten, am besten sofort einzugreifen und auf keinen Fall lange zu warten. Oft ist Bequemlichkeit an allem schuld und es wird immer noch nichts unternommen, obwohl die betreffenden Organismen an allen erdenklichen Stellen im Riffaquarium auftauchen. Das kann mit dem Überhandnehmen von Unkraut im Garten verglichen werden. Ist es zu viel, bleibt nur das manuelle Jäten. Fressfeinde, die gezielt nur das eine oder andere Kraut bekämpfen, gibt es nicht, und viele von ihnen sind in der praktischen Anwendung höchst unzuverlässig.
Gravierende Probleme mit sich übermäßig ausbreitenden Organismen hatten einige mir bekannte Aquarianer und ich in unserer bisherigen Laufbahn kaum. Wir machen mehrere Faktoren dafür verantwortlich:

Im Hintergrund findet eine Massenvermehrung von *Acrossota amboinensis* statt.

- Alle zwei Wochen eine Aktivkohlereinigung zur Vernichtung von Nesselgiften und eventuellen Botenstoffen, die ein Wuchern auslösen könnten, und/oder

- falls vorhanden, wöchentliche 24-stündige Ozonbehandlung zur regelmäßigen Vernichtung von Gelbstoffen, organischen Verbindungen und Botenstoffen.

- Fein abgestimmte Spurenelementezugabe mit max. einem Drittel der vom Hersteller empfohlenen Dosis.

- Bei monatlichen Wasserwechseln setzen wir eine Woche mit Spurenelementen aus, da durch das neue Salz genug ins Becken kommen. Bei wöchentlichem Wasserwechsel keine zusätzliche Spurenelementezugabe.

- Eine Iodzugabe nicht als Kaliumiodid und nicht noch zusätzlich zu Spurenelementen, die ohnehin schon Iod enthalten. Zugabe nur als PVP-Iod (Betaisodona), das gepuffert ist und eine Überdosierung fast unmöglich macht. Maximal 1 Tropfen auf 100 Liter Wasser netto pro Woche.

Massenvermehrung tropischer gelber Krustenanemonen.

Xenia- und *Anthelia-*Arten können im Aquarium alles überwuchern.

Diese sog. Enzmann-*Acropora* bereitete durch ihr aggressives Wachstum massive Probleme. Sie wurde komplett aus dem Becken entfernt.

Pachyclavularia violacea ist ebenfalls ein Kandidat, der zum Wuchern neigt.

Gewebeschaden einer Spitzporenkoralle (*Oxypora spec.*), verursacht durch einen Borstenwurm. Foto: H. Kirchhauser

Kapitel 3
Borstenwürmer

Dieser Borstenwurm ist im Meerwasseraquarium recht häufig anzutreffen. Er ist völlig ungefährlich und tritt nur als Plage auf, wenn der Aquarianer zu viel füttert und sich die Würmer dadurch sehr stark vermehren.

3 Frei lebende Borstenwürmer

Der enorme Artenreichtum innerhalb der Klasse der Borstenwürmer kommt in der großen Zahl von Familien zum Ausdruck. In unserem Fall ist es aber nur wichtig, zu wissen, dass sich diese in zwei Ordnungen einteilen lassen: die Errantia, das sind die frei beweglichen Borstenwürmer und die sesshaften Sedentaria (z. B. Röhrenwürmer), die in Wohnröhren leben.

An einer Massenentwicklung bis hin zur Plage mit diesen kleinbleibenden Borstenwürmern ist meinen Erfahrungen zufolge in den meisten Fällen der Aquarianer selbst schuld. Dafür gibt es eine einfache Erklärung: Unter den Borstenwürmern dieser Ordnung findet man fleischfressende Arten, Allesfresser, aber auch reine Pflanzenfresser. In der Natur wie auch im Aquarium finden sich viele von ihnen im Bodengrund und in lebenden Steinen. Hier haben sie die segensreiche Aufgabe, diese Lebensräume einmal von überzähligem Futter zu befreien, und zum Zweiten die Biofilmschichten, die in porösen Materialien (z. B. lebenden Steinen) die Poren und Kapillaren verstopfen, freizuhalten. Durch ihre Grabtätigkeiten helfen sie mit, die diversen Zonen des Bodens zu belüften und ihn durch ihre Ausscheidungsprodukte mit Nährstoffen anzureichern, die die übrige Bodencrew dann weiterverwerten kann.

Die kleinen Borstenwurmarten sind die Gesundheitspolizei im Meerwasseraquarium Bild 1: Hier frisst ein Borstenwurm (*Linopherus spec.*) eine verendete Garnele der Gattung *Thor*.

Bild 2 zeigt den *Linopherus*-Borstenwurm, wie er nachts Algen und tierischen Aufwuchs abweidet.

Der bevorzugte Lebensraum der Borstenwürmer ist die Sandzone. Die Larve in Bild 3 (kleines Foto) wird von allen *Synchiropus*-Arten und von den meisten Lippfischen aktiv gesucht und gefressen.

1

3

2

Eine ungenügende Anzahl von Restevertilgern (Garnelen, Schlangensterne, Seegurken, Schnecken, Mandarinfische, bodengrabende Grundeln, bodenlebende Seesterne etc.) oder extrem hohe Futtergaben führen logischerweise dazu, dass zu viele Futterrückstände in der Dekoration oder am Boden liegen bleiben und von den übrigen Aquarieninsassen nicht verwertet werden. Für das „Biotop" Aquarium bleibt so nur der Ausweg, mit den bereits vorhandenen Bewohnern eine Art Gesundheitspolizei zu mobilisieren. Flohkrebse, Asseln und eben auch Borstenwürmer sind normalerweise immer vorhanden. Sie können sich dann in Massen vermehren.
Die teilweise im Lebendgestein oder im Bodengrund lebenden kleinen Borstenwürmer, die in der Regel bis max. 5 cm lang werden, sind normalerweise nicht gefährlich. Kommen sie in extremen Mengen vor, sodass sie schon aus rein optischen Gründen lästig werden, kann man sie auf vielerlei Weise dezimieren.

Schadensbild
(bei kleinen Borstenwurm-Arten)

Es wird eine starke Zunahme der frei beweglichen Borstenwürmer im Aquarium beobachtet. In manchen Ecken wimmelt es nur so von ihnen. Besonders nachts liegen sie teilweise übereinandergestapelt auf dem Bodengrund.

Maßnahmen

Manuelle Entfernung
Einmal ist es möglich, einen Teil des Bodengrunds abzusaugen und gegen neuen auszutauschen. Wenn er mit Borstenwürmern verseucht ist, entledigt man sich so schon einer größeren Menge von ihnen. Werden im Anschluss daran die Fische gezielt gefüttert, sodass das meiste Futter komplett aufgefressen wird, verringert sich die Borstenwurmpopulation im Laufe der nächsten Monate.

Massenvermehrung von Borstenwürmern. Foto: H. Kirchhauser

Entfernen mittels Borstenwurmfalle

Wer seinen Tierbesatz nicht erhöhen möchte, kann sich eine Borstenwurmfalle bauen. Alles, was man dazu benötigt, gibt es beim Fachhändler. Sie brauchen folgende Materialien:

- ein 15 cm langes grünes Kunststoffrohr (25er Durchmesser – z. B. Fa. Hobby),

- 2 PVC-Endkappen oder Plastiksektkorken,

- 1 Ansaugkorb (z. B. EHEIM, der aber stramm im Rohr sitzen sollte).

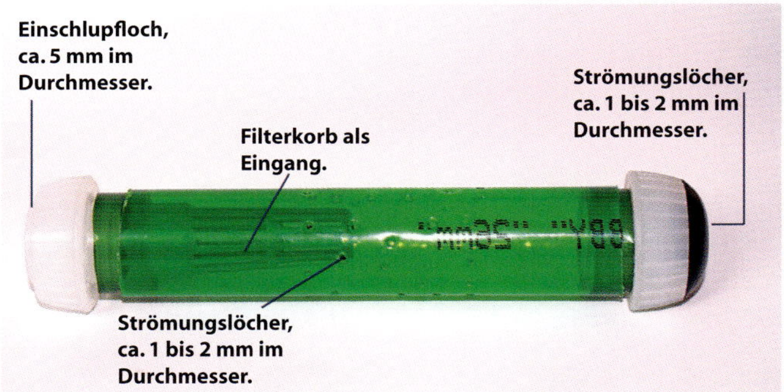

Verarbeitung: Das 25er-Rohr mit einem 2-mm-Bohrer bis zur Hälfte mit Löchern durchbohren (dies hat den Vorteil, dass sich der Geruch des Köders gut in der Strömung verteilt), in eine der Endkappen des Sektkorkens werden ebenfalls einige nur 2 mm große Löcher gebohrt, damit die Borstenwürmer von hier aus nicht in die Falle gelangen können. Bei der zweiten Kappe wird der Deckel komplett entfernt. Diese stellt den Eingang zur Falle dar.
Der Ansaugkorb hat den Vorteil, dass die Borstenwürmer ganz in die Falle hineinkriechen müssen, sich durch das Sieb quetschen und den Köder anfressen. Auf dem Rückweg passen sie aber, da sie nun an Umfang zugenommen haben, nicht wieder durch das Sieb. Nun kann die Falle ins Becken eingebracht werden.
Es lohnt sich, abends genau zu schauen, wo sich die Borstenwürmer aufhalten und dann die Falle in diesem Gebiet auszulegen und abzuwarten. Es ist sehr interessant zu sehen, wie die Borstenwürmer reagieren, wenn die Falle im Wasser ist.

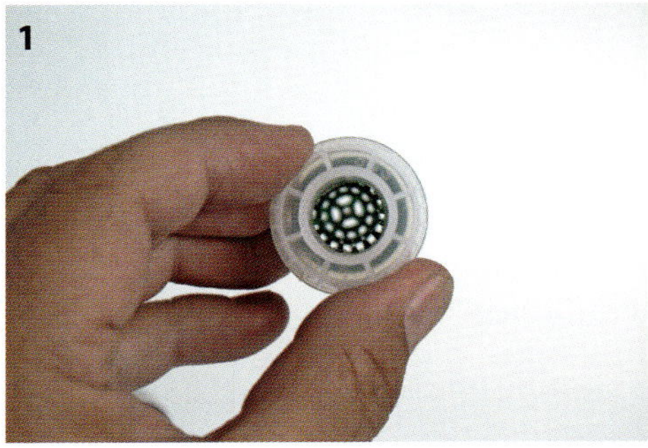

Bild 1 zeigt den hinteren Sektkorken der aufgesägt und dessen Deckel mit 2 mm großen Löchern versehen wurde. Er dient als Abschlussstopfen.

Bild 2. Auf den aufgesägten Hals wird ein grüner Aquarienschlauch 16 mm aufgezogen. Nun sitzt der Kork stramm im Rohr.

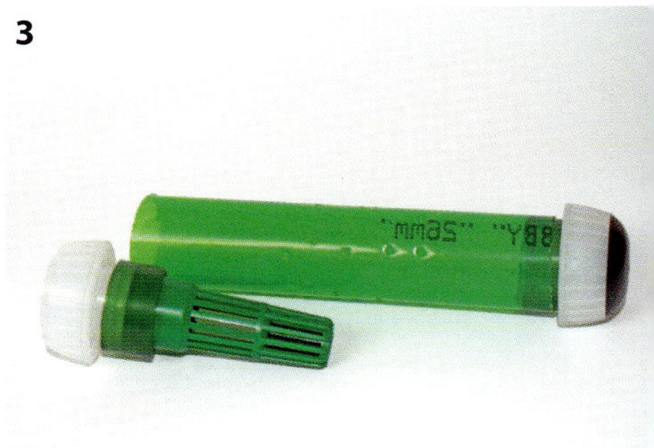

Bild 3. Bei dem Eingangsstopfen entfernt man den Deckel (dieser wird nicht benötigt).
Hier lässt man den Schlauch etwas weiter ins Rohr hineinragen und befestigt daran zusätzlich den Filterkorb. Nun funktioniert er als Einschlupfloch und gleichzeitig als Reuse.

Ich musste feststellen, dass diese Falle nur wirkt, wenn tatsächlich eine Massenvermehrung von Borstenwürmern vorliegt (siehe Seite 127). Bei einer normalen Populationsdichte wird die Falle kaum oder gar nicht aufgesucht. Die beste Wirkung erzielt man mit Muschelfleisch als Köder.

Fressfeinde

Fische

Weiterhin besitzen die Würmer eine ganze Reihe natürlicher Fressfeinde. Da diese Borstenwürmer in aller Regel nicht zu groß werden, werden sie von einigen Lippfischarten gesucht und gefressen. Hier sollten wir aber nur solche Lippfische wählen, die verträglich gegenüber den frei beweglichen (Garnelen etc.) und sessilen Wirbellosen (Muscheln etc.) sind. Der Kanarien-Lippfisch (*Halichoeres chrysus*), der Zweigeteilte Lippfisch (*Macropharyngodon bipartitus*) und der wegen seiner manchmal aggressiven Art nur eingeschränkt zu empfehlende Sechsstreifen-Lippfisch (*Pseudocheilinus hexataenia*) sowie der Gelbkopfjunker (*Halichoeres garnoti*) heben sich hier besonders hervor. Alle bleiben in erträglichen Größen.

Im Internet wird auch der Bäumchen-Lippfisch (*Novaculichthys taeniourus*) empfohlen. Das ist aber für ein Korallenriffaquarium nur ein „Spieler“ auf Zeit. Das ausgewachsene Exemplar hat mit der Jugendform rein gar nichts mehr zu tun und wird bis zu 30 cm groß. Es hebt ganze Steine aus der Verankerung, um zu schauen, ob es darunter noch einen Leckerbissen findet. Oft wird auch der Spiegelfleck-Lippfisch (*Coris ay-*

Nachts unter Rotlicht beginnt die Jagd.

Kanarien-Lippfisch (*Halichoeres chrysus*). Foto: K. Velling

Zweigeteilter-Lippfisch (*Macropharyngodon bipartitus*). Foto: H. Kirchhauser

Der Mirakelbarsch (*Calloplesiops altivelis*) frisst Borstenwürmer. Foto: J. Pfleiderer

Mitra papalis. Foto: J. Großkopf

Babylonia spec. Foto: P.-G. Rohleder

gula) genannt. Vorsicht – die Fische werden 70 cm bis 1 m lang! Als recht zuverlässiger Borstenwurmfresser gilt der Mirakelbarsch *Calloplesiops altivelis*. Die wunderschön gefärbten *Cirrhilabrus*-Arten sind allerdings nicht geeignet, weil sie kaum nach den Würmern jagen.

Schnecken

Eine weitere Möglichkeit sind Schnecken. Hier sollte einmal die Schnecke *Mitra papalis* erwähnt werden. Grosskopf (2008) beobachtete, dass diese Schnecke (zumindest unter den kleinen Borstenwürmern) gehörig aufräumt. Allerdings ist sie im Handel nicht häufig zu finden und muss meist bestellt werden.

Als Borstenwurm-fressende Gehäuseschnecke wird eine weitere Schnecke gehandelt, die gemeinüblich als *Buccinulum cf. corneum* bezeichnet wird. Ich denke, dass es sich bei dieser Schnecke nicht um die Gattung *Buccinulum,* sondern um *Babylonia* handelt. Die unterschiedlichen Gehäuseformen lassen sich sehr gut auf der Seite des Natuurhistorisch Museum Rotterdam (www.nmr-pics.nl/Buccinidae/album/index.html) vergleichen.

Bei der Gattung *Babylonia* handelt es sich um im Bodengrund grabende Schnecken mit einem langen Atemrüssel. Ihre Schalen sind ei-, kegel- oder auch spindelförmig, glatt und wenig strukturiert. Die Schalenöffnung kann mit einem hornigen Deckel verschlossen werden. Ihr natürliches Vorkommen erstreckt sich über das tropische Ostafrika, Indonesien und Australien. Diese Schnecken sieht man nur gelegentlich in den frühen Morgen- oder späten Abendstunden. Auf der Suche nach Nahrung schichten sie den Bodengrund um und leisten auch hier den gewünschten Pflegeeffekt, indem der Bodengrund immer frisch durchlüftet wird und sich anaerobe Stellen kaum bilden können. Die Schnecken werden zu Fütterungszeiten sehr aktiv und fressen auch das auf dem Boden liegen gebliebene Frostfutter. Sie dezimieren die Borstenwurmpopulation nicht allein durch direktes Fressen der Würmer, sondern auch durch ihre rege Nahrungssuche, die aus Aas, abgesunkenem Futter etc. besteht. Den Borstenwürmern wird so die Nahrungsgrundlage entzogen.

Eine Auswahl an Gehäuseschnecken, die entweder die Borstenwürmer direkt fressen oder aber den Borstenwürmern die Nahrung streitig machen und so einer hemmungslosen Vermehrung Einhalt gebieten.
Fotos: J. Hinterkircher

Vexillum unifasciale.

Engina mendicaria.

Mitra paupercula.

Scabricola fissurata.

Mitra contracta.

Vexillum granosum nachts bei der Arbeit.

Stenopus hispidus vernichtet zuverlässig Borstenwürmer. Nachts geht sie auf Beutezug. Foto: H. Kirchhauser

Garnelen

Gute Borstenwurmfresser sind auch Scherengarnelen der Gattung *Stenopus*: besonders die Art *Stenopus hispidus*. Übergriffe auf andere Garnelen, Krebse oder Röhrenwürmer wurden bisher nicht beobachtet. Nachts ziehen sie umher und machen Jagd auf die Borstenwürmer.

Schadensbild (bei mittelgroßen Arten)

Meist handelt es sich um kräftige Borstenwürmer wie z. B. den Karibischen Feuerborstenwurm *Hermodice carunculata*, den Indo-Pazifischen Feuerborstenwurm *Eurythoe complanata* oder einzelne größere *Eurythoe*-Arten, die aufgrund ihrer räuberischen Lebensweise sehr große Schäden in einem Riffaquarium anrichten können.
Diese Würmer gelangen durch lebende Steine in das Riffaquarium. Häufig geschieht dies unbemerkt als kleiner Miniwurm, der sich mit der Zeit zu einem stattlichen Exemplar entwickeln kann. Feuerborstenwürmer können z. B. bis zu 30 cm lang werden. Man findet sie sowohl in 0,5 m als auch in bis zu 40 m Tiefe.

Maßnahmen

Wenn möglich, mit einem Schlauch absaugen. Am besten nicht mit der Hand anfassen. Die Stacheln verursachen ein Brennen auf der Haut, und eingedrungene Stacheln können Entzündungen hervorrufen. Manchmal hilft auch eine der im Fachhandel zahlreich angebotenen Schneckenfallen. Besonders die größeren Borstenwurmarten kommen meist nicht mehr durch die Spalten der Lamellen (siehe Bild). Auch bieten sich Langusten als Gegenmaßnahme an. Die selten eingeführte, bis zu 10 cm Länge erreichende australische Zwerglanguste (*Palinurellus wieneckii*) oder aber die häufiger angebotene

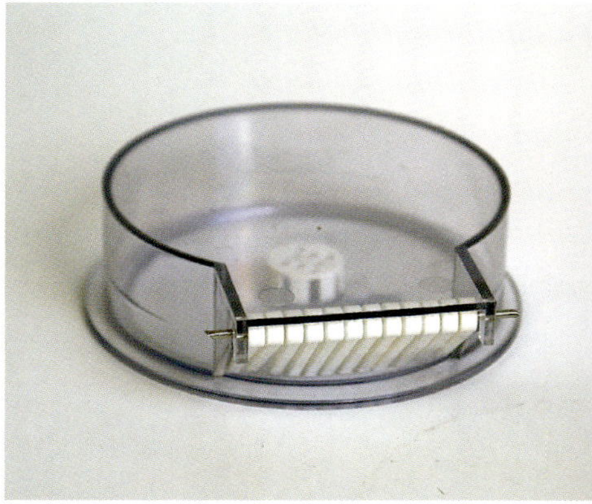

Im Fachhandel erhältliche Schneckenfallen funktionieren auch als Borstenwurmfallen für etwas größere Würmer, die nicht mehr durch die Lamellen schlüpfen können. Foto: R. Latka

Feuerborstenwurm (*Hermodice spec.*) Foto: W. Scheyer

Schmucklanguste (*Panulirus versicolor*), die bis zu 15 cm Länge erreicht, haben sich in der Vergangenheit für diesen Job bestens bewährt. Einziger Wermutstropfen: Beide eignen sich erst für Becken ab ca. 600 Liter. Sie benötigen einige Versteckplätze und sie gehen nicht gerade zimperlich mit der Dekoration und mit empfindlichen Korallen um. Nicht ausreichend gut verankerte Dekorationsstücke werden umgestoßen und nachlässig aufgeklebte Korallen liegen häufig am Boden.

Schmucklanguste (*Panulirus versicolor*). Foto: K. Velling

Fressfeinde

Schmucklanguste (*Panulirus versicolor*).

Schadensbild (bei großen Arten)

Verdächtig wird es, wenn eines Tages Scheibenanemonen verschwinden, komplette Weichkorallenkolonien fehlen oder große Leder- bzw. Weichkorallen massiv angefressen sind. Auch zuvor voll besetzte Krustenanemonensteine, bei denen die Krustenanemonen allerdings von Mal zu Mal weniger werden, sind ein Anzeichen, das erhöhte Aufmerksamkeit erfordert. Fehlen weiterhin aus unerfindlichen Gründen immer mal wieder kleine Fische und Garnelen, sollten Sie ebenfalls skeptisch werden.

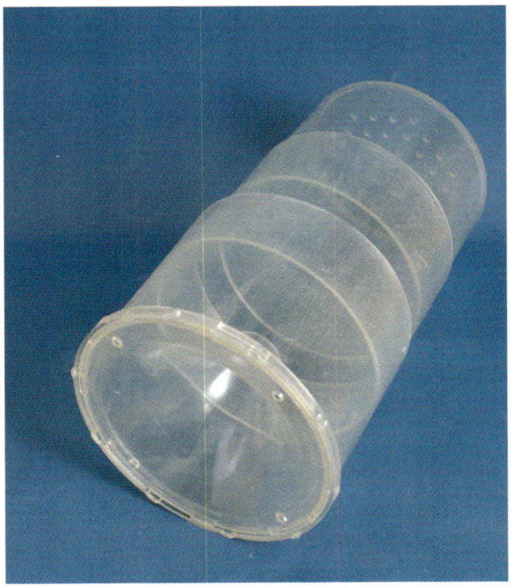

Beim Fang größerer Borstenwürmer (ab ca. 20 cm) war auch diese Fischreuse (Angelladen) aus Plastik sehr hilfreich.

Oft handelt es sich dabei um die großen Borstenwürmer der Gattungen *Nereis* oder *Eunice*. Einmal werden sie in unseren Becken oft recht groß und zum Zweiten handelt es sich bei ihnen um echte Allesfresser, mit einem Hang zu fleischlicher Kost. Die *Nereis*-Arten erreichen bis zu 25 cm, die Gattung *Eunice* hingegen bis zu 50 cm Länge. Vor ihnen ist im Aquarium nichts sicher. Diese nachtaktiven, recht „intelligenten“ und daher schwer zu fangenden Tiere greifen sogar Fische an, die sie auf ihren nächtlichen Raubzügen an den diversen Schlafplätzen überraschen.

Intelligenz bei großen Borstenwürmern

Der Seetausendfüßler *Nereis diversicolor*, so haben Versuche gezeigt, ist zu einer einfachen Form des Lernens fähig. Normalerweise zieht sich das Tier bei einem über ihn ziehenden Schatten (= Gefahr) in seinen Wohngang zurück. Aber diese Schreckreaktion nimmt umso mehr ab, je häufiger sie provoziert wird. Bei einem einmal misslungenen Fangversuch im Aquarium wird man den Wurm höchstwahrscheinlich nie mehr erwischen.

Maßnahmen

Es empfiehlt sich, in der Nacht, bei ausgeschalteter Raumbeleuchtung, öfter das

Borstenwurm der Gattung *Eunice*. Dieses Exemplar war ca. 25 cm lang. Foto: J. Hinterkircher

Aquarium zu inspizieren und ggf. einige Köder in Form von Babystinten auszulegen. Eine im Baumarkt erhältliche rot gefärbte Leuchtstofflampe kann als Nachtsichtbeleuchtung eingesetzt werden. Da die roten Strahlungsanteile im Meerwasser sehr schnell ausgefiltert werden, sind die meisten Meerestiere nicht in der Lage, dieses Licht zu sehen. Dies funktioniert im Aquarium gut, wobei es aber zu diesem Thema auch neuere wissenschaftliche Untersuchungen gibt, die solch eine Rotblindheit verneinen (Michiels et. al. 2008). Obwohl die Borstenwürmer über primitive Augen verfügen, werden sie das Licht nicht bemerken und sich dementsprechend natürlich verhalten. Wir Aquarianer sind aber so in der Lage, die Würmer im Aquarium genau zu beobachten.

Mit der zuvor erwähnten Borstenwurmfalle, in entsprechender Größe, ist ihnen manchmal beizukommen. Allerdings klappt das meist erst nach mehreren Versuchen. Mit der ungeschützten Hand sollte man jedoch nicht nach ihnen greifen, denn neben den glasharten Borsten, die in der Haut stecken bleiben, können alle großen Borstenwürmer ganz ordentlich zubeißen.

Fressfeinde

Größere Drückerfische, die sich aber nicht für das Korallenriffaquarium eignen.

Schadensbild (die Riesen unter den Borstenwürmern)

Die ganz großen Exemplare unter den Borstenwürmern sind entweder ebenfalls in der Gattung *Eunice* zu finden oder es handelt sich um Vertreter der Gattung *Palola*. Wir reden hier von Würmern, die 1 bis 3 Meter Länge erreichen können. Wer allerdings die Berichte in der meeresaquaristischen Literatur der letzten 10 bis 20 Jahre und seit neuerer Zeit im Internet aufmerk-

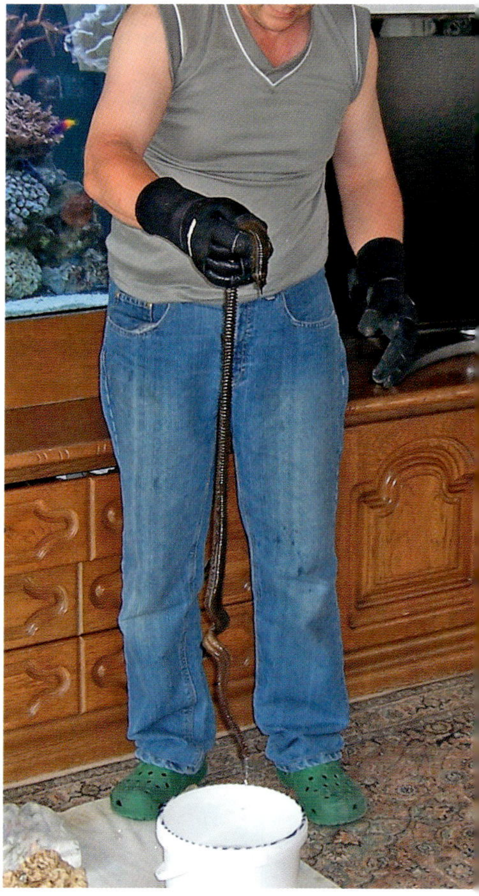

Die wirklichen „Monster" sind dann bis 2 m lang. Sie müssen unbedingt aus dem Aquarium herausgefangen werden. Foto: R. Bohl

sam verfolgt, kommt unweigerlich zu dem Schluss, dass diese Würmer in normalen Meerwasseraquarien, wie wir sie zu Hause haben, relativ selten vorkommen.
Dennoch: Wenn ganze Korallenkolonien über Nacht verschwinden oder auch größere Fische, die vorher fit und gesund waren, auf einmal verschwunden sind, können solche Würmer im Becken sein.

Maßnahme

Entdeckt man den Übeltäter (hier ebenfalls das nächtliche Rotlicht anwenden), hilft es nur zu lokalisieren, wo er seinen Unterschlupf hat. Man muss unbedingt versuchen, ihn am Kopf zu packen, denn sollte der Wurm zerreißen, kann er ohne Kopf nicht mehr regenerieren. Diese Würmer sind in gewisser Weise ziemlich clever und lassen sich nicht gerade mal so einfach mit einer Falle fangen. Meist bleibt in der Regel nichts anderes übrig, als das Becken auszuräumen.

Fressfeinde

Keine für das Aquarium geeigneten Fressfeinde!

Auf einen Blick
Borstenwürmer

Foto: R. Bohl

Schadensbild

Bei kleinen Arten
Es wird eine starke Zunahme der frei beweglichen Borstenwürmer im Aquarium beobachtet. In den Ecken wimmelt es von ihnen. Nachts liegen sie in großer Zahl auf dem Bodengrund.
Bei mittelgroßen Arten
Kräftige Borstenwürmer, wie z. B. der Karibische Feuerborstenwurm *Hermodice carunculata*, der Indo-Pazifische Feuerborstenwurm *Eurythoe complanata* oder einzelne größere *Eurythoe*-Arten wurden gesichtet. Diverse niedere Tiere sind angefressen. Manchmal fehlen Fische.
Bei großen Arten
Scheibenanemonen verschwinden, komplette Weichkorallenkolonien fehlen oder große Leder- bzw. Weichkorallen sind an- oder aufgefressen. Aus unerfindlichen Gründen fehlen kleine Fische und Garnelen.

Ursache

Borstenwürmer diverser Größe.

Maßnahme

Bei kleinen Arten
Bodengrund mitsamt den Würmern absaugen und in Süßwasser auswaschen. Borstenwurmfallen selbst bauen oder ggf. kaufen. **Fressfeinde**: Lippfische, Mirakelbarsch, Scherengarnelen, bestimmte Schnecken.
Bei mittelgroßen Arten
Mit Fallen und Ködern arbeiten. **Fressfeinde**: Langusten.
Bei großen Arten
Becken ausräumen. Hier besteht kaum eine Chance, diese auch intelligenten Tiere zu fangen. Gegebenenfalls versuchen, mit der vorgestellten Fischreuse die Würmer zu fangen (Erfolg unsicher).

Sehr weiche Korallen wie z. B. *Cladiella spec.* sind anfällig für gewebefressende Borstenwürmer. Foto: H. Kirchhauser

3.1 Borstenwürmer, die in Weichkorallen leben

Äußerst problematisch sind auch Borstenwurmarten, die auf oder in Leder- bzw. Weichkorallen parasitieren. Häufig befallene Korallen sind die Gattungen *Sarcophyton, Lobophytum, Sinularia* und *Cladiella*.

Schadensbild

Die Korallen weisen in der Regel kaum äußere Fraßspuren auf. Leuchtet man sie mit einer starken Taschenlampe an, zeigt sich in ihrem Innern ein Fraßgang, und am Ende eines Fraßgangs manchmal ein kleines Häufchen Wurmkot oder Detritus. In der Nähe findet sich der Wurm. Wer nicht schnell genug reagiert, muss unter Umständen Verluste hinnehmen. Die Würmer wandern tief in das Gewebe und das befallene Tier ist kaum mehr zu retten. Außer eventuellen Gängen ist für uns nichts weiter sichtbar, da der Borstenwurm seinen Wirt nicht verlässt. Solche Borstenwürmer finden sich sehr häufig in *Cladiella*-Weichkorallen.

Durch starke Beleuchtung sichtbar gewordene Ganglinien (Pfeile) sind immer ein Zeichen von Mitbewohnern.

Paul-Gerhard Rohleder, ein in der Fachszene bekannter Autor, wies mich vor längerer Zeit auf einen Parasiten hin, der diese Weichkorallen befällt und sie innerhalb weniger Wochen oder Monate total vernichten kann. Es handelt sich um einen orangefarbenen, zwei Millimeter dicken und etwa dreißig Millimeter langen Borstenwurm unbekannter Art. Der Kopf dieses Vielborsters ist etwas heller, mit zwei kleinen, schwarzen,

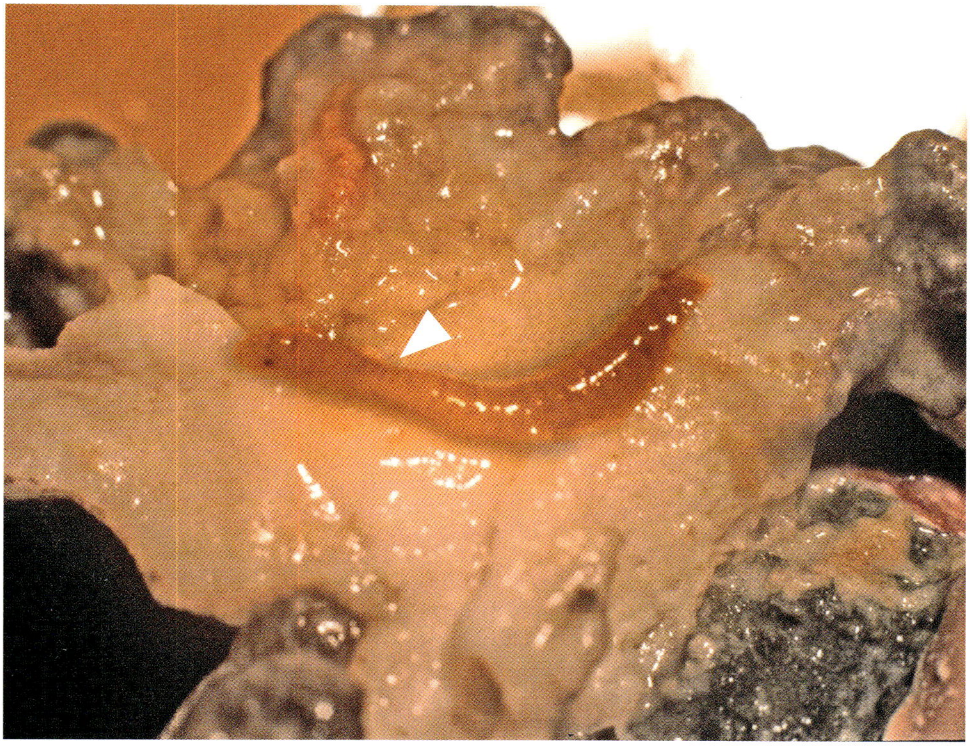

Hier wird der Übeltäter sichtbar (Pfeil). Ähnlichkeit mit einer Obstmade besteht durchaus.
Foto: P.-G. Rohleder

augenförmigen Punkten, einer Fleisch- oder Obstmade nicht unähnlich. Der Körper ist beidseitig mit ca. vierzig Paaren weißer Borstenbüschel, die in gleichem Abstand zueinander angeordnet sind, längsseitig eingefasst. Die buschförmige *Cladiella*-Weichkoralle, die bei ihm von zwei Exemplaren dieses Borstenwurmes befallen war, zeigte beim Erwerb im Fachhandel keinerlei äußere Schäden bzw. Fraßspuren.

Die ersten Anzeichen waren, dass der Tierstock zusehends in sich zusammenfiel. Die fingerförmigen Fortsätze schwollen auf nur noch halbe Größe an, die Polypen waren zwar noch sichtbar, doch öffneten sie sich nicht mehr. Äußerlich waren aber immer noch keine Schäden oder Fraßspuren zu entdecken.

Nachdem der Tierstock aus dem Becken genommen worden war, löste er sich fast vollständig vom Siedlungssubstrat. Dann sah man das ganze Ausmaß der Beschädigung: Drei Viertel des Gewebes aus der Fußregion waren ausgehöhlt und nur noch als übel riechende Masse vorhanden. Die oben beschriebenen Würmer waren die Verursacher. Ein Wurm war ca. 8 mm lang, und als mit einer Pinzette und einem Messer weiteres zerfallenes Gewebe sowie diverse Kotklumpen entfernt wurden, kam ein zweiter, größerer Vielborster mit etwa 30 mm Körperlänge zum Vorschein.

Bis zum Austrittspunkt der Sekundärpolypen besteht das Innere des Polypenstammes dieser Korallen aus gebündelten Adern, die einem Mehrfachstromkabel nicht unähnlich sind und durch die die lebenswichtigen Stoffe transportiert werden. Diese Adern wurden von den Würmern zerstört und die Tierstöcke konnten sich nicht mehr regenerieren.

Maßnahmen

Bei geringer Beschädigung kann man das Gewebe großzügig ausschneiden. Sind die Fraßgänge jedoch sehr tief und weitreichend, werden einige gesunde Gewebestückchen geborgen. Den Rest der befallenen Koralle am besten entsorgen.

3.2 In Steinkorallen parasitierende Borstenwürmer

Auch Steinkorallen wie diese *Oxypora spec.* bleiben von Borstenwürmern nicht verschont. Hier ein Exemplar mit Schadstellen
Foto: H. Kirchhauser

Einige Polychaeten ernähren sich, zumindest anteilig, von Steinkorallengewebe oder sie dringen durch das Gewebe ein und zerstören das Kalkskelett der Koralle. Mitunter kann man das an plattenförmig wachsenden Korallen beobachten, die allerdings nicht so hauchdünn wie z. B. die *Montipora*-Arten sind, sondern eher über ein massiveres Skelett und eine etwas kräftigere Gewebeschicht, wie z. B. die Gattungen *Echinophyllia, Pectinia, Mycedium, Merulina, Hydnophora* oder *Oxypora,* verfügen.

Schadensbild

Zum Beispiel entdeckte Hannes Kirchhauser vom Vivarium Karlsruhe nach dem Kauf einer schönen Spitzporenkoralle (*Oxypora spec.*) kleine Öffnungen und „glasige" Stellen auf der Oberseite des Gewebes. Im Lauf der nächsten Tage vergrößerten sich diese Stellen zusehends. Betrachtete man sie genauer, erschienen sie gelartig. Daraus entwickelten sich wurstähnliche Gebilde mit krümeligen Häufchen. Nach dem vorsichtigen Ausschneiden dieser Zonen waren

Bild 1: Helle, glasige Stellen im Gewebe.

Bild 2: Geöffnete Fraßgänge.

Bild 3: Großflächiges Ausschneiden der Fraßgänge brachte bohrende Borstenwürmer ans Tageslicht.
Fotos: H. Kirchhauser

3

zwei Pusteln mit ganz kleinen Löchern zu erkennen, doch beim näheren Hinschauen fiel auf, dass in diesen Bereichen ein komplettes Gangsystem angelegt war, das nach unten hin vereinzelte kleine Löcher aufwies. Das Gewebe der Koralle war hier komplett unterhöhlt.

Maßnahme

Aufgrund unserer Erfahrungen nahmen wir an, dass es sich um Ganglinien von Würmern handeln musste, und so schnitten wir die Stellen so lange aus, bis die Übeltäter zum Vorschein kamen. Tatsächlich waren es zwei Polychaeten. An ihren fädigen Mundwerkzeugen erkannten wir noch die oben beschriebenen Krümel.

Obwohl die *Oxipora* großflächig ausgeschnitten war, erholte sie sich in den nächsten Wochen und Monaten gut. Das zeigt, dass diese Steinkorallen eine Menge wegstecken können, wenn sie nach solch einer Tortur unter optimalen Bedingungen gehalten werden.

Der Übeltäter in Großaufnahme. Wahrscheinlich eine *Eunice*-Art. Solche in Steinkorallen lebenden Borstenwürmer sind jederzeit in der Lage, die komplette Koralle abzutöten.
Foto: H. Kirchhauser

Auf einen Blick
In Korallen lebende Borstenwürmer

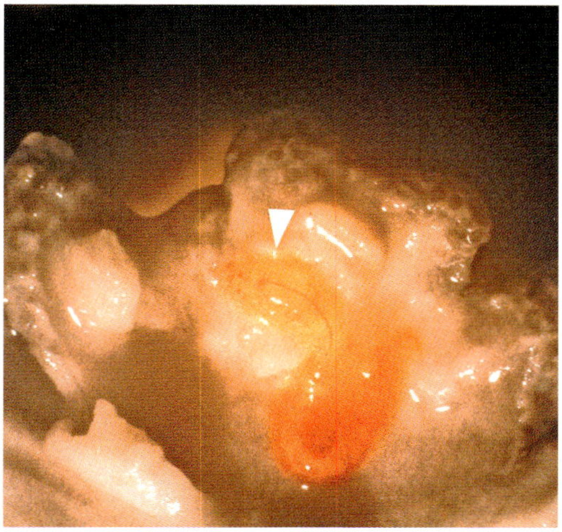

Foto: P.-G. Rohleder

Foto: H. Kirchhauser

Schadensbild

In Weichkorallen
Die Korallen weisen keine Fraßspuren auf. Beim Durchleuchten können ggf. Fraßgänge entdeckt werden. Am Ende der Gänge sitzt manchmal ein kleines Häufchen Wurmkot oder Detritus. Dort findet sich der Wurm.
Die Würmer wandern tief in das Gewebe. Solche Borstenwürmer finden sich sehr häufig in *Cladiella*-Weichkorallen.

In Steinkorallen
Kleine, weißliche Stellen auf der Oberseite des Gewebes. Im Laufe der nächsten Tage vergrößern sich diese Stellen normalerweise. Betrachtet man sie genauer, erscheinen sie gelartig. Daraus entwickelten sich wurstähnliche Gebilde mit krümeligen Häufchen.

Ursache

In Korallen lebende Borstenwürmer.

Maßnahme

In beiden Fällen hilft nur das Aufschneiden bzw. Aufmeißeln des Korallengewebes. Die Würmer müssen dann mit einer Lupe gesucht und unbedingt entfernt werden.
Manchmal bleibt auch nur die Möglichkeit, ein größeres Stück gesundes Gewebe abzuschneiden und aus diesem wieder eine gesunde Koralle heranzuziehen.

Besonders in der Abenddämmerung und in der Nacht können viele Plagegeister ihr Unwesen treiben. Deshalb sollte zu dieser Zeit das Becken hin und wieder aufmerksam kontrolliert werden. Im Bild ein Aquarium des Vivariums im Naturkundemuseum Karlsruhe.

Kapitel 4
Ciliaten (RTN)

Munterer Segel-Seebader (*Zebrasoma flavescens*) neben zum Tode verurteilter *Acropora*-Steinkoralle. Großflächig hat der Ciliat *Porpostoma notatum* (Synonym: *Helicostoma nonatum)* von ihr bereits Besitz genommen.

Fortgeschrittener Gewebezerfall an einer *Acropora*-Kolonie.

4 Gewebezerfall (RTN) und *Porpostoma notatum*

(Syn. Helicostoma nonatum, H. notata)

Auflösendes Gewebe und starke Schleimbildung durch den Ciliaten *Porpostoma notatum*.

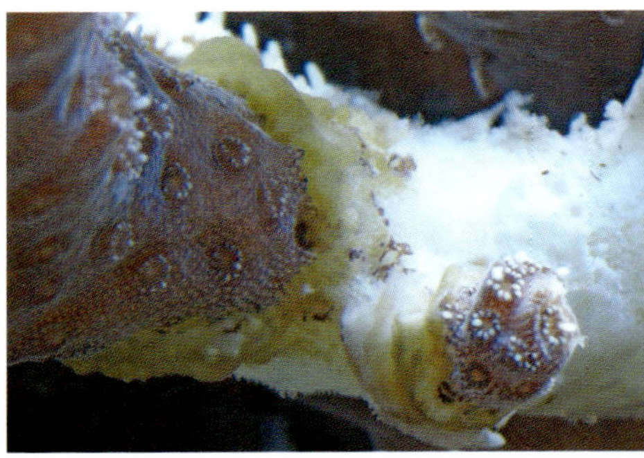

Der Gewebezerfall (in der Meeresaquaristik wird auch gerne der englische Begriff „Rapid Tissue Necrosis“ = RTN verwendet) beginnt fast immer an der Basis der Korallenkolonie und arbeitet sich dann mehr oder weniger schnell nach oben. Als „Vorhut“ können aber auch einzelne Äste der Kolonie weiß werden und absterben. RTN ist zuallererst eine Schwächung der Korallenkolonie bzw. von Teilen davon.

Misst man beispielsweise das Wasser nach einem RTN-Befall mit Keimtests, finden sich fast nie verdächtige Anzeichen in der freien Wassersäule.

Es macht somit auch keinen Sinn, als direkte Hilfsmaßnahme einen UV-Strahler einzusetzen. Die Bakterien sitzen auf der Koralle, aber sie befinden sich nicht im freien Wasser. Auch Ozon wird den Krankheitsverlauf nicht stoppen, weil es nicht direkt im Becken und an der erkrankten Kolonie angewendet werden kann!

Erst, nachdem die Koralle erkrankt ist, beginnt sich ihr Gewebe aufzulösen. Dann

bilden sich verstärkt Bakterienkolonien, die sich von dem nun faulenden Gewebe ernähren. Hierbei handelt es sich um die klassische Gesundheitspolizei und um einen absolut natürlichen Vorgang!
Durch diese verstärkte Bakterienbildung werden nun Wimperntierchen z. B. der Gattung *Porpostoma* auf den Plan gerufen. Diese Wimperntierchen (Chilophora, Ciliata) sind einzellige Lebewesen, die im Süßwasser, im Meer und im Boden vorkommen und deren Zelloberfläche ganz oder teilweise von Wimpern bedeckt ist, die zur Fortbewegung und zum Herbeistrudeln partikulärer Nahrung dienen.
Ihre Länge beträgt zwischen 50 und 300 Mikrometer. Bestimmte Arten können sogar mehr als 1 Millimeter lang werden. Ein Netz aus kontraktilen Fibrillen ermöglicht es den Wimperntierchen, ihre Oberflächenstruktur zu verändern und so auf chemische wie physische Reize zu reagieren. Besonders auf Änderungen der Sauerstoff- und Kohlendioxidkonzentration reagieren Wimperntierchen mit Bewegungsrichtungsänderungen, bis sie sich in einem Gebiet mit günstigeren Bedingungen befinden. Ciliaten kommen als Einzelindividuen meist in kolonieartigen Ansiedlungen in allen feuchten Gebieten der Welt vor. Es gibt frei schwimmende und festsitzende Formen. Einige können kommensalisch (Mitesser) leben, manche leben auch symbiotisch (im Einvernehmen) mit in der Innenschicht eingelagerten Grünalgen (Zoochlorellen). Wieder andere leben rein parasitär (den Wirt schädigend).
Die Ernährung verläuft über ein Cytostom, eine mundähnliche Öffnung, durch die Nahrungspartikel, in einer sog. Nahrungsvakuole verpackt, in das Zellinnere gelangen. Die Hauptnahrung von Wimperntierchen besteht aus Bakterien und einzelligen Algen.
Beim Auflösen des Korallengewebes kommen beide Nahrungsbestandteile in Massen vor. Einmal die oben erwähnten Bakterien und zum Zweiten die einzelligen Algen, hier in Form von Zooxanthellen. Beobachtet man ein solches Wimperntierchen unter dem Mikroskop, erkennt man schnell die aufgenommenen Zooxanthellen im Körperinnern. Die im Aquarium immer vorhandenen *Porpostoma notatum* (wahrscheinlich befinden sich noch viel mehr Ciliaten-Arten im Becken) sind nur

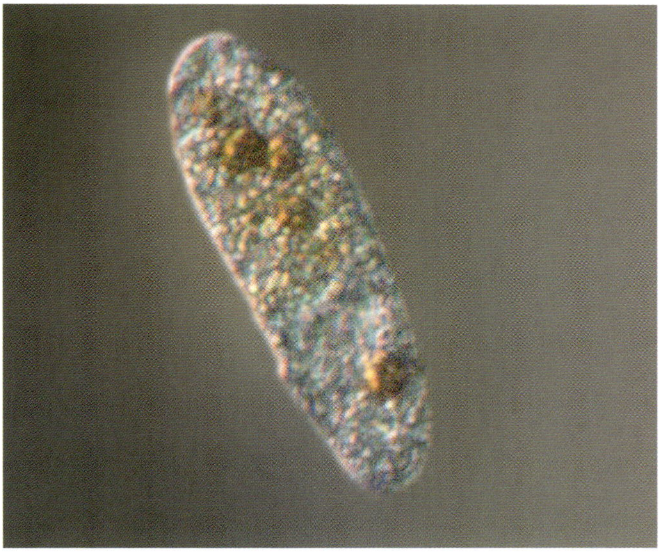

Mikroaufnahme von *Porpostoma notatum* mit eingelagerten Zooxanthellen.

Unten: So sieht der Schleim unter dem Mikroskop aus – tausende Ciliaten.

eine – wie oben bereits erwähnte – logische Folgeerscheinung aufgrund des nun reichlichen Futterangebots.

Korallen unter Stress

Wie kann Stress entstehen? Nur wenn der Aquarianer die die Koralle beeinflussenden Stressoren im Vorfeld findet, kann RTN verhindert werden. Handelt es sich aber nicht um offensichtlich grobe Fehler im Betrieb, dürfte es jedem Meerwasseraquarianer schwerfallen, den wahren Grund für den Stress zu finden. Es könnte schon das 14-tägige „Herumschneiden" an einer Kolonie sein, die z. B. für ein kleines Aquarium viel zu groß geworden ist und immer noch zügig weiterwächst. Jedes Herumschneiden an einer Koralle bedeutet Verletzung und macht die Kolonie durch permanente Schwächung für Infektionen empfänglich. Bei einer Erkältung oder Grippe ist das ähnlich. Der geschwächte Organismus ist in hohem Maße anfällig. Kommt, wie in meinem Fall, dann z. B. noch ein Ausfall der Heizung hinzu, der die Temperatur über Nacht um einige Grad Celsius sinken lässt, kann das eine bereits geschwächte Kolonie stark schädigen. Erschwerend kam bei mir auch noch dazu, dass der neu gekaufte Heizer nicht korrekt funktionierte und dann kurzerhand über Nacht eine Temperatur von 30 °C ins Becken „zauberte". Das war wahrscheinlich der endgültige Auslöser für RTN.

Mein aquaristischer Weggenosse Hannes Kirchhauser, der berufsbedingt viele Meerwasseraquarien betreut, die auch in losen Abständen von RTN heimgesucht werden, beobachtete, dass ab einer gewissen Koloniegröße in den dann nicht mehr ausreichend gut beströmten Bereichen sehr oft RTN auftritt und von hier aus der Befall beginnt.

Sicher ist, dass viele Faktoren zusammenspielen, wenn es darum geht, die optimalen Umweltbedingungen für kleinpolypige Steinkorallen zu schaffen. Ein sehr wichtiger Bestandteil für die erfolgreiche Pflege ist die ausreichende Strömungsstärke, die direkt am Tier vorliegt. In der Natur sind Korallen auf eine adäquate Wasserbewegung angewiesen. Diese entfernt einerseits Sedimentationsprodukte sowie übermäßig produzierten Schleim. Weiterhin hält

Häufiges Schneiden an einzelnen Korallen schwächt die gesamte Kolonie und kann zum Ausbruch von RTN führen.

sie den Gasaustausch in Gang und bringt Nahrung an die Koralle heran. Ein weiterer Faktor ist das Verdünnen und Abtransportieren von Keimzellen. Eine ausreichende Strömung kann außerdem aggressive Wechselwirkungen zwischen konkurrierenden Korallen mildern und spielt eine maßgebende Rolle bei der Formbildung des Korallenskeletts. HAMNER und WOLANSKI (1988) fanden heraus, dass bei der Entstehung eines Korallenriffs und während der Wachstumsphase immer wieder neue Variationen in der Strömungsstruktur entstehen und so viele kleine Mikrohabitate gebildet werden. In den Zonen zwischen den Korallenzweigen – den sogenannten interstitiellen Räumen – zirkuliert Wasser, das in engster Verbindung zum Tier steht. Wenn die Strömungsgeschwindigkeit in diesen interstitiellen Bereichen zu niedrig ist, kann sich der Chemismus des Wassers hier ändern.
Dabei ist die sog. Grenzschicht wichtig. Bekannt sind drei Grenzschichttypen:

Die Strömungsverhältnisse und damit das Aufrechterhalten einer intakten Strömung, besonders an der sog. Diffusionsgrenzschicht, sind wichtig, denn die dort gebildeten Stoffwechselprodukte müssen schnellstmöglich von der Koralle fortgespült werden. Anhand der beigefügten Bildbeispiele (1-3) soll dies veranschaulicht werden. Hier wurde die jahrelange Entwicklung einer *Seriatopora*-Kolonie dokumentiert. Zu Beginn (1) wurden in der relativ kleinen Kolonie alle Bereiche gut mit Licht und frischem Wasser versorgt (Pfeil).

Die Kolonie wächst zusehends (2). Einige Bereiche werden mit Licht und frischem Wasser bereits unterversorgt (Pfeile).

Nun ist die Kolonie schon zu groß für das Aquarium (3). Die meisten Bereiche werden nur schlecht oder überhaupt nicht mehr mit Licht und frischem Wasser versorgt (Pfeile). Hier droht die Gefahr einer Infektion, zumal die Koralle auch noch direkt an andere Korallen „andockt" und von diesen stetig vernesselt wird.

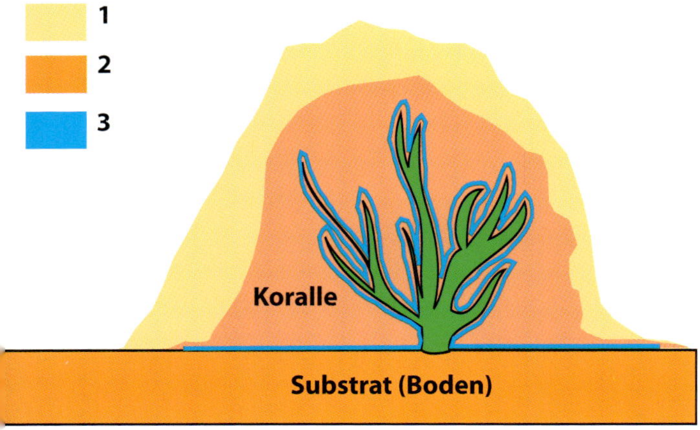

1 = Bodennahe Grenzschicht
2 = Impulsgrenzschicht
3 = Diffusionsgrenzschicht

Die Diffusionsgrenzschicht wird umso „dicker", je mehr die Strömungsgeschwindigkeit abnimmt. Es ist bekannt, dass Korallen mit speziellen Mechanismen auf eine zu niedrige Wasserbewegung reagieren.

Die bodennahe Grenzschicht. Hierbei handelt es sich um die Zone, in der die Hauptströmungen von der gesamten Struktur des Untergrunds beeinflusst werden.

Die Impulsgrenzschicht. Sie ist eine dünne Schicht, die innerhalb der bodennahen Grenzschicht existiert. Sie wird mit den feinen Strömungen, die jede Koralle umgeben, in Verbindung gebracht und von der Struktur der Koralle beeinflusst. Einerseits z. B. durch eine Polypenvergrößerung und andererseits durch kleine Strömungen, die von Tieren erzeugt werden, die innerhalb der interstitiellen Räume leben.

Die Diffusionsgrenzschicht. Hierbei handelt es sich um das niedrigere Niveau der Impulsgrenzschicht. Sie nimmt eine besonders wichtige Rolle im Korallenstoffwechsel, dem Atmungsaustausch und diffusionsverwandten Prozessen mit der Umgebung ein.

Hubbard (1974) demonstrierte, dass die Korallenpolypen durch peitschenartige Bewegungen den Gasaustausch mit dem Umgebungsmilieu gewährleisten.

Die Forschung zeigt, dass die Grenzschicht, die eine Koralle umgibt, von der Stärke der Turbulenz, die das Tier erreicht, beeinflusst wird. Im Normalfall wird sie umso „dicker", je mehr die Strömungsgeschwindigkeit abnimmt. Es ist bekannt, dass Korallen mit speziellen Mechanismen auf eine zu niedrige Wasserbewegung reagieren (Hubbard 1974).

Hubbard demonstrierte, dass die Korallenpolypen durch peitschenartige Bewegungen den Gasaustausch mit dem Umgebungsmilieu gewährleisten. Weiterhin fanden Wissenschaftler heraus, dass bei einer niedrigen Strömung die Calcifikations-, Fotosynthese- und Atmungsrate bis zu 60 % gegenüber den Normalwerten reduziert werden kann, also alles Faktoren, die der Koralle gefährlich werden können.

Vorsicht vor Infektionen

Hervorzuheben ist, dass ein bereits befallenes Teil auf keinen Fall in unmittelbaren Kontakt mit einer gesunden Koralle kommen darf, denn gemäß meinen Beobachtungen wird die gesunde Koralle sofort befallen. Auch das ist wie bei einem erkrankten Menschen, der bereits so viele Erreger in sich trägt, dass er auch gesunde Personen, die in seine Nähe kommen, ansteckt, einfach deshalb, weil das Immunsystem den geballten Angriff der Erreger nicht unvorbereitet wegsteckt.

Schadensbild

Tag 1
Zu erkennen ist eine gewebefreie Stelle am Fuße einer Steinkoralle, die sich stündlich vergrößert.

Tag 2
Es ist ein eigenartig modriger Geruch im Aquarienzimmer wahrnehmbar. Das Gewebe z. B. einer *Acropora* zerfällt vom Fuß an aufsteigend. Auch an einigen Astenden kann absterbendes Gewebe entdeckt werden.
Sofort von dem braunen Schleim, der sich an der Übergangsstelle Gewebe/Skelett bildet, eine Probe entnehmen und diese unter das Mikroskop geben. Hier sind eine Menge Wimperntierchen (Ciliaten), die in Fachkreisen als *Porpostoma notatum* beschrieben werden, zu erkennen (siehe Bilder).

Maßnahmen

In manchen Fällen können Teile der Koralle gerettet werden, wenn wie folgt vorgegangen wird:

Die komplette Strömung abstellen (damit kein Schleim im Becken verdriftet).

Die befallenen Stellen im Aquarium mit einem dünnen Luftschlauch sehr sorgfältig absaugen. Der Schleim, in dem die Bakterien und die Ciliaten sitzen, so gut es geht, entfernen.

Die befallene Koralle komplett aus dem Aquarium nehmen. Hierzu nimmt man einen Gefrierbeutel, stülpt ihn über die Koralle (wenn möglich mitsamt dem Stein, auf dem sie befestigt ist) und drückt diesen unten zu. Dann wird die Koralle aus der Dekoration gebrochen, das Ganze umgedreht (Beutelöffnung nach oben) und aus dem Aquarium genommen (siehe S. 151).

Vermeintlich gesunde Zweige abschneiden und auf einen Stein binden (nicht kleben, denn das greift das geschwächte Gewebe erneut an).

Den Stein mit dem Ast an eine Stelle im Aquarium bringen, die gut beströmt wird.

So war es in der Vergangenheit oft möglich, die Koralle wenigstens nicht komplett zu verlieren. Am besten half es, das gesunde Teilstück in ein mit Weichkorallen dominiertes Becken zu überführen. Dort regeneriert es sich erfahrungsgemäß sehr gut.

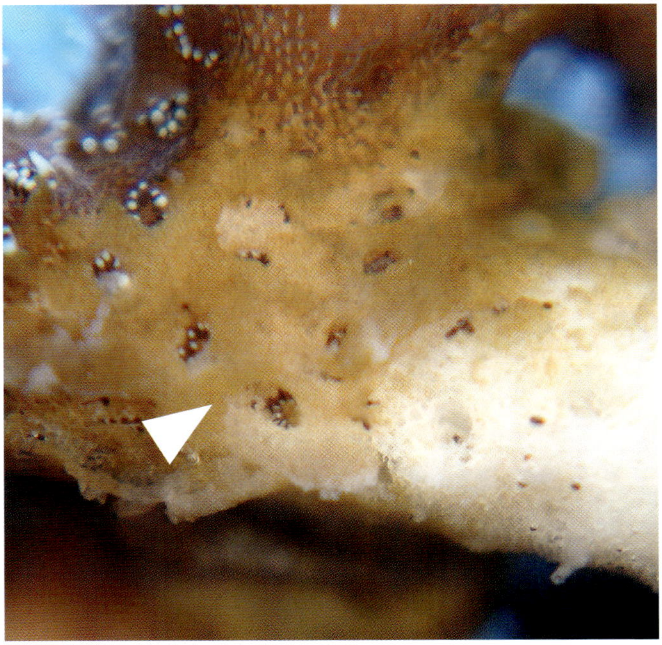

Der Schleim (Pfeil) muss vor dem Herausnehmen der Koralle aus dem Aquarium vorsichtig abgesaugt werden, damit er nicht im Becken verdriftet und andere Korallen infiziert!

Warnung – Maßnahmen, die *nicht* zum Erfolg führen

Die Erfolge, die im Internet und in einigen Fachzeitschriften in den letzten Jahren propagiert wurden, waren mir und einigen anderen Aquarianern in meinem Umfeld oft ein Rätsel. Obwohl auch wir die befallenen Korallenteile in Süßwasser tauchten, mit PVP-Iod behandelten oder Chloramphenicol verwendeten, konnten wir für die entsprechenden Korallen nie einen wirklichen Erfolg verbuchen. Unsere Erfahrungen mit den jeweiligen Mitteln habe ich sorgfältig dokumentiert und ich möchte diese wie folgt weitergeben:

PVP-Iod (Betaisodona)

Ein Baden der Koralle in einer PVP-Iodlösung (Betaisodona) führt zum Absterben der Ciliaten, wenn zuvor die schleimigen Ansammlungen gründlich abgebürstet werden und die PVP-Iod-Dosis ca. 1:50 (!) vorliegt. Versuche mit geringeren Dosen schlugen bei uns fehl. Die Höhe der Dosis erreichten wir durch ständiges Probieren und Dokumentieren in einer mit *Porpostoma* verseuchten Meerwasserbrühe von 50 ml Volumen.

Die Behandlung mit PVP-Iod (Betaisodona) hat im Fall dieser Krankheit keinen Sinn. Weder innerhalb des Aquariums noch in einem externen Behälter schlägt die Behandlung an.

Erst nach Zugabe von 1 ml PVP-Iod auf 50 ml Wasser starben die Wimperntierchen zuverlässig ab.

Nun rechnen wir diese Menge Iod einmal in eine realistische Wassermenge um! Für drei Liter (3000 ml) „Badewasser“ benötigt man

3000 ml : 50 ml = 60 ml PVP-Iod!

Für eine große Kolonie kann schon einmal eine Wassermenge von ca. 60 Litern zur Behandlung nötig werden. Somit bräuchte man in diesem Fall 1,2 Liter Betaisodona! Man erkennt schon an dieser unrealistischen Menge, dass eine Behandlung solch großer Kolonien unmöglich ist. Noch unmöglicher ist eine Behandlung im Hauptbecken.

Bei einem weiteren Versuch gab ich ein befallenes faustgroßes Stück Koralle in ein 3 Liter fassendes Behandlungsbecken und führte diese Behandlung zehn Minuten lang durch. Danach nahm ich die Koralle aus dem Behandlungswasser und setzte sie an eine gut beströmte Stelle im Aquarium auf einen Stein. Trotzdem verendete sie innerhalb von drei Tagen.

Bei weiteren Versuchen gab ich eine gesunde *Acropora* in das Bad mit der hohen Iod-Menge. Danach setzte ich sie wieder in das Aquarium zurück, und bereits nach zwei Tagen begann sie, sich aufzulösen. Sie starb vermutlich an der enorm hohen Iod-Dosis. Wie jeder weiß, läuft dies unter dem Begriff „Operation gelungen, Patient tot“! Also, vergessen Sie die Sache mit dem Iod – zumindest bei diesem Krankheitsbild.

Chloramphenicol

Wie bereits im Kapitel „Rote Schmieralgen“ beschrieben, ist Chloramphenicol ein Antibiotikum, das auf viele grampositive und gramnegative Bakterien tödlich wirkt. Allerdings tritt eine Hemmung der Proteinsynthese bei Eukaryonten erst bei 20- bis 100-fach höheren Konzentrationen auf. Somit wirkt es auf *Porpostoma* (das zu den Eukaryonten zählt) nur, wenn es unverant-

Die Vorgehensweise im Einzelnen (im Uhrzeigersinn von links): Zuerst wird der Schleim so gut es geht abgesaugt, (hier: die befallene Koralle). Über sie wird eine Plastiktüte gestülpt, die dann am Fuß der Koralle entweder mit den Fingern zusammengedrückt oder aber zugebunden wird.
Nun lässt sich die Koralle abbrechen, ohne dass ggf. anhaftende Schleimreste mit den Ciliaten in das Aquarium verdriften.

Unten: Alle Teile der befallenen Großkolonie aus einem meiner Aquarien. Der Behälter, in dem die Korallenfragmente liegen, ist übrigens eine Kinderbadewanne!

wortlich stark dosiert wird. Da die Heilungschancen dann aber immer noch nicht ausreichend gewährleistet sind, möchte ich von der Verwendung dieses Mittels bei dieser Krankheit abraten.

Auf einen Blick

Porpostoma notatum-Infektion (RTN)

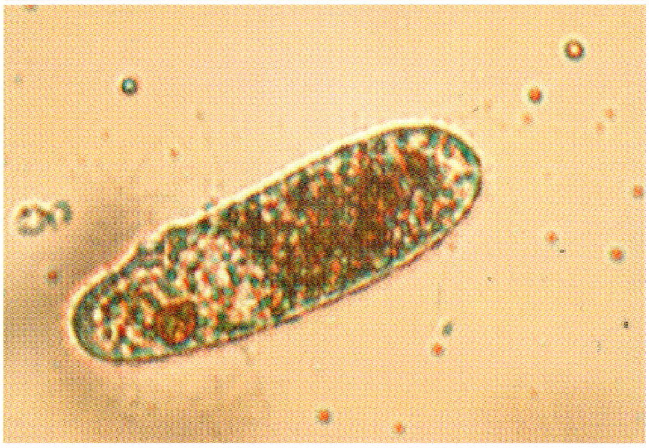

Schadensbild

Sich auflösendes Gewebe (sowohl bei Steinkorallen als auch bei Weichkorallen). An den Grenzen zwischen Gewebe und Skelett sind deutliche Schleimklumpen zu sehen. Das Zersetzen des Gewebes geht rasch vonstatten.

Ursache

Stark gewachsene Kolonien, in deren Inneres das Wasser nicht mehr zirkuliert. Durch äußere Umstände geschwächte Korallen, die permanentem Stress (z. B. durch zu starke Aktivkohlefilterung, zu häufiges Beschneiden, zu große oder zu kleine Wasserwechsel, schlechte Wasserwerte, niedrigen pH-Wert, niedrigen Calciumgehalt < 380 mg/l Ca, geringe Alkalinität (KH < 5) ausgesetzt sind.

Permanente Verletzungen durch Fische.

Zu sauberes Wasser durch sehr sparsame Fütterung der Tiergesellschaft. Dadurch verhungern auch die Korallen, die zwar eine Zeitlang durch die Symbiose mit den Zooxanthellen überleben können, denen aber dann doch viele Nahrungsbestandteile fehlen, die sie für einen reibungslosen Stoffwechsel ebenfalls benötigen.

Maßnahme

Äußere Parameter optimieren. Regelmäßige Wassertests. Die Korallen hin und wieder füttern (Vitamine in hochwertigen Ersatzfutterarten).
Beschädigte Koralle (am besten mit der vorgestellten Plastikbeutelmethode) aus dem Becken nehmen. Gesunde Äste abschneiden und weiterpflegen. Befallene Anteile komplett verwerfen.
Dem Becken regelmäßig eine Aminosäurelösung zugeben, die auf lange Sicht die Korallen stabilisiert.

Kapitel 5
Hydroidpolypen

Häufig sind im Aquarium diese Hydroidpolypen aus der Gattung *Nausithoe* anzutreffen. Da sie bei einer Massenvermehrung Korallen stark vernesseln können, sollten sie immer im Auge behalten werden. Kleine Ansammlungen richten keinen Schaden an. Foto: J. Pfleiderer

5 Hydroidpolypen

In der Natur sind die Nesseltiere eindeutig die dominierenden Organismen eines Korallenriffs. Aus diesem Grund sollte man nicht allzu überrascht sein, wenn sie eines Tages im Meerwasseraquarium auftauchen. Als „blinde Passagiere" auf lebenden Steinen oder auf Substratgestein beim Kauf von Korallen halten sie Einzug in unsere Aquarien.
Die einfachen Nesseltiere, die sog. Hydroiden, sind sehr zahlreich mit kleinen und kleinsten Arten vertreten. In vielen Fällen werden wir Hobbyisten mit Hydroiden aus der Gattung *Myrionema* konfrontiert. Hierbei handelt es sich um Kolonien, die von bräunlicher Farbe sind und stark nesseln. Wichtig ist zu wissen, dass diese Tiere keine feste Nahrung aufnehmen, sondern von den Produkten ihrer Zooxanthellen leben. Setzt man eine Kolonie an eine dunkle Stelle im Riff, stirbt sie ab. Meine Erfahrungen haben gezeigt, dass *Myrionema* in nährstoffarmem Wasser wesentlich langsamer wächst als in Wasser, das hohe Nitrat-, Phosphat-, Iod- und Kieselsäurewerte aufweist. Bei einem Bekannten lebte eine 5 x 5 cm große Kolonie an einer schwach beleuchteten Stelle viele Jahre lang im Aquarium, ohne sich auszubreiten. Die Phosphatwerte in diesem Becken lagen bei max. 0,07 mg/l PO_4 und die Nitratwerte erreichten mit 5 mg/l NO_3 ihren Höchstwert. Silicat wurde durch den Einsatz einer Osmoseanlage und eines zusätzlich nachgeschalteten Ionenaustauschers im nicht nachweisbaren Bereich gehalten. Iod wurde wöchentlich als PVP-Iod (1 Tropfen pro 100 Liter Aquarienwasser) nachdosiert. Bewegen sich diese Werte (besonders der Iod-Gehalt) aber in weitaus höheren Dimmensionen, können die *Myrionema*-Polypen zum Problem werden. Durch ihre enorme Nesselkraft werden viele Leder-, Weich- und auch Steinkorallen geschädigt. Das gilt allerdings für fast alle Hydroidpolypen, so auch für den zweiten auf Seite 153 abgebildeten Typ aus der Gattung *Nausithoe*.

Schadensbild

Die *Myrionema*-Hydroiden können sich rasend schnell vermehren und hin und wieder das ganze Aquarium

einnehmen. Wenn Sie beobachten, dass sich die Hydoidpolypen nicht massenhaft vermehren, können Sie sie im Becken belassen. Sie sind schön anzuschauen und bereichern das Aquarium. Haben Sie aber den Eindruck, dass sie sich lokal sehr stark vermehren, dann sollten Maßnahmen erfolgen, die die Tiere eindämmen. Viele Korallen (hauptsächlich Steinkorallen) werden von ihnen so vernesselt, dass sie absterben können.

Maßnahmen

Günstige Nährstoffwerte einstellen. Phosphat < 0,07 mg/l und Nitartwerte bis max. 5 mg/l wirken sich nicht wachstumsfördernd aus. Besonders den Iod-Gehalt im Auge behalten. Wird ein iodhaltiges Spurenelement verwendet, dann nicht noch einmal separat mit Kalium-Iodid oder PVP-Iod nachdosieren. Auch nach einem Wasserwechsel frühestens eine Woche später wieder Iod zudosieren. Wird täglich mit Nori-Algen gefüttert, kann eine Iodzugabe unterbleiben, denn diese Algen beinhalten viel Iod. Das überwucherte Dekorationsteil (falls möglich) aus dem Aquarium nehmen und abbürsten oder, wenn es nicht zu porös ist, mit einer Klinge abschaben. Normalerweise entfernt man so zuverlässig diese Plagegeister. Kann der betreffende Stein etc. nicht aus der Dekoration genommen werden, sollte versucht werden mit einem Korallenkleber eine flache Scheibe in der Größe der Kolonie zu formen und die gesamte Kolonie damit abzudecken, indem der Kleber einfach draufgedrückt wird. Sehr gut funktioniert das mit dem weichen und gut zu verarbeitenden EASY GLUE der Firma Preis-Aquaristik. Logischerweise ist das nur bei max. 10 x 10 cm großen Flächen möglich. Bei allen anderen Größen wäre die zu verwendende Menge Kleber zu teuer.

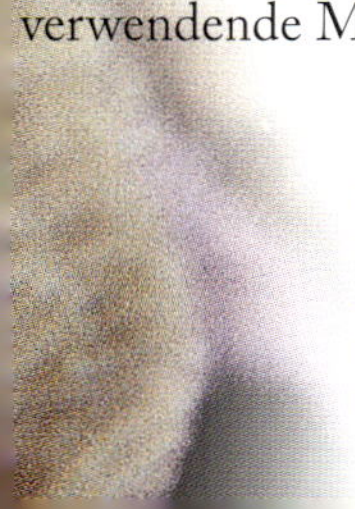

Hydroidpolypen aus der Gattung *Myrionema* kommen ebenfalls häufig in unseren Aquarien vor. Sie reagieren auf hohe Nährstoffwerte und einen übertriebenen Iodgehalt. Foto: H. Kirchhauser

Der Orangebinden-Pinzettfisch (*Chelmon rostratus*) räumt ziemlich schnell mit den Polypen auf. Foto: J. Pfleiderer

Fressfeinde

Fische

Bei starker Ausbreitung der *Myrionema*-Hydroidpolypen wird in Fachkreisen häufig der Orangebinden-Pinzettfisch (*Chelmon rostratus*) als Bekämpfungsmaßnahme empfohlen. Das ist ein guter Tipp, wenn keine Anemonen, keine großpolypigen Steinkorallen und keine *Tridacna*-Muscheln im Becken sind. Diese wird der Fisch früher oder später als willkommenes Zusatzfutter ansehen. *Chelmon rostratus* räumt recht schnell mit den Hydroidpolypen auf!

Seeigel

Eine weitere Möglichkeit ist der Einsatz des Zweifarben-Seeigels (*Salmacis bicolor*). Dieser der Familie Temnopleuridae angehörende Seeigel ist mit seinen rot und gelb gebän-

Der Zweifarben-Seeigel (*Salmacis bicolor*) frisst *Myrionema*-Polypen. Die Gattung *Nausithoe* frisst er nach meinen Erfahrungen nicht. Foto: H. Kirchhauser

derten kurzen Stacheln recht attraktiv und erreicht einen Gesamtdurchmesser von ca. 13 Zentimetern. Charakteristisch für diese Art ist, dass sie die Stacheln zu einzelnen Feldern pyramidenförmig zusammenlegt. Früher war er häufig im Handel, aber weil er auch Korallen anfressen kann, ist er bei uns Aquarianern in Ungnade gefallen. Obwohl er vorwiegend Algen frisst, verzehrt er auch krustenförmige Wirbellose. Seine manchmal räuberische Fressweise hat aber in diesem Fall für uns auch etwas Gutes: Die *Myrionema*-Hydroidpolypen weidet er zuverlässig ab.

Das Anfressen von Korallen etc. kann verhindert werden, wenn der Seeigel regelmäßig gefüttert wird. Löwenzahn, Nori-Algen und ab und zu mal ein Stückchen Fisch (Stinte) bekommen ihm gut.

Auf einen Blick
Hydroidpolypen

Nausithoe vermehrt sich über ein Medusenstadium. In bestimmten (hauptsächlich strömungsarmen) Becken gedeiht er gut!

Myrionema spec. ist oft im Riffaquarium anzutreffen. Manchmal vermehrt er sich extrem.

Schadensbild

Kleine Nesselarme, die aus einem Stamm entspringen. Zuerst vereinzelt auftauchend, später dann koloniebildend bis hin zur Massenausbreitung. Hauptsächlich Steinkorallen werden an der Basis vernesselt. Das Korallengewebe stirbt ab und die freien Stellen werden dann von den Hydroidpolypen besiedelt.

Ursache

Hauptsächlich die beschriebenen *Myrionema*-Hydroidpolypen.

Maßnahme

Siedlungssubstrat verwerfen oder zumindest soweit abbürsten, dass sich keine Hydroidpolypen mehr darauf befinden. Abdecken mit Korallenkleber. Minimieren des Nährstoffgehalts. Eine Iod-Dosierung zunächst unterlassen und beobachten, ob sich die Hydroidpolypen weiterhin extrem vermehren oder ob das Wachstum stagniert. Auch der Einsatz eines Phosphatadsorbers auf Oxid-Basis (ROWAphos, Tropic Marin Elimini Phos etc.) hilft mit der Zeit, denn diese Oxidoberflächen lagern Iod an und entfernen es aus dem Wasser.

Werden *Tridacna*-Muscheln, großpolypige Steinkorallen und Anemonen im Becken gepflegt, empfehle ich nur den Einsatz von Seeigeln, wie den im Haupttext vorgestellte Zweifarben-Seeigel (*Salmacis bicolor*).
Werden die oben aufgezählten niederen Tiere nicht im Aquarium gepflegt, kann ruhigen Gewissens auch ein *Chelmon rostratus* eingesetzt werden. Er wird die Polypen zuverlässig dezimieren.

Kapitel 6
Krebse

Geschafft! Dieser Fangschreckenkrebs (ein Speerer) saß in der Falle und kann kein Unheil mehr anrichten. Foto: J. Pfleiderer

6 Krebse als Plagegeister

Ein altes, in der Meerwasseraquaristik aber stets aktuelles Thema sind räuberische Krebse. Freut man sich noch über die schön gemusterten Symbiosekrabben (z. B. aus der Gattung *Trapezia*), so blickt man misstrauisch auf Fraßspuren an niederen Tieren oder Korallen.
Auch kann man leicht in den Wahnsinn getrieben werden, wenn sich zwar im Becken keine Fraßspuren entdecken lassen, aber in regelmäßigen Abständen Scheren oder sonstige verräterische Carapax-Teile in der Dekoration herumliegen, an denen man eventuell erahnen kann, wie groß der ungebetene Gast mittlerweile sein muss. Wenn dann noch selbst am Vortag putzmuntere Fische über Nacht einfach fehlen, dann spätestens sollte man aufmerksam werden.

Eine abgeschlagene Krabbenschere: Hier steht Ärger ins Haus!

Fast immer haben wir es hier mit räuberischen Fangschreckenkrebsen oder Krabben zu tun. Sehr viele von ihnen werden als Untermieter mit lebendem Riffgestein in das Aquarium eingeschleppt und erweisen sich dann irgendwann als starke Schädlinge.

6.1 Fangschreckenkrebse

Für den Aquarianer kann sich ein eingeschleppter Fangschreckenkrebs als ultimativer Schädling im Riffaquarium entpuppen. Viele der eingeschleppten Arten sind kleinbleibend und damit relativ harmlos. Gefahr besteht nur, wenn Tiere im Aquarium mitgepflegt werden, die kleiner oder genau so groß wie der Fangschreckenkrebs sind. Nur bei wenigen Arten, die in lebenden Steinen zu finden sind, ist Vorsicht geboten, da diese bis zu 12 cm groß werden können. Solche Exemplare sollten auf alle Fälle aus dem Becken entfernt werden, da sie eine große Gefahr für alle Bewohner darstellen. In einem speziell eingerichteten Artenbecken lassen sich die Tiere dann aber sehr gut weiterpflegen. Dort kann man sie beobachten und wird schnell feststellen, dass man es mit sehr intelligenten und einzigartigen Lebewesen zu tun hat.

Was ist ein Fangschreckenkrebs?

Den populären Namen verdanken die Fangschreckenkrebse ihrer oberflächlichen Ähnlichkeit mit einer Gottesanbeterin, die auf ähnliche Weise ihre Beute fängt. Auffällig sind der lange Hinterleib (Pleon) mit den einzelnen Segmenten und der kleine flache Rückenschild (Carapax). Diese Konstruktion macht diese Krebse äußerst wendig. Sie haben fein verästelte Schlauchkiemen, die sich an den Schwimmfüßen (Pleopoden) befinden.
Stomatopoden besitzen acht Brustbeinpaare (Thoracopoden). Das erste ist sehr dünn, beweglich und dient als wichtiges Putzorgan. Die Spitzen sind etwa mit einer Bürste zu vergleichen. Aus dem zweiten Beinpaar haben sich die mächtigen Raubbeine entwickelt. Drei weitere Beinpaare dienen zum Zerkleinern der Beute und werden auch für viele andere Tätigkeiten eingesetzt. Die letzten drei Beinpaare sind Laufbeine, wobei für die Fortbewegung immer auch die Schwimmfüße eingesetzt werden.

Schmetterer, Speerer und die Augen

Bei den Schmetterern haben sich die zweiten Beinpaare zu großen, keulenartigen Schlagwerkzeugen ausgebildet. Damit ist es ein Leichtes für sie, selbst harte Krabbenpanzer zu knacken. Die Bewegung der Keulen gehört zu den schnellsten Bewegungen im Tierreich und ist mit dem bloßen Auge nicht zu erkennen! Ein großes Exemplar wie *Odontodactylus scyllarus* bringt es auf eine Geschwindigkeit von 23 m/sec. Das Opfer wird mit einer enormen Wucht – vergleichbar einer Kugel Kaliber 22 – getroffen. Bei den Speerern haben sich die Kieferfüße zu mit Dornen besetzten Fangwerkzeugen entwickelt, die (ähnlich wie bei einer Gottesanbeterin) die Beute schnappen. Dies geschieht mit einer Geschwindigkeit von ca. 10 m/sec.

Die Augen dieser Krebse sind sehr hoch entwickelt und ermöglichen räumliches Sehen mit nur einem Auge. Dadurch, dass sie auf Stielen sitzen und unabhängig voneinander bewegt werden können, kann der Krebs seine Beute anpeilen und gleichzeitig mögliche Feinde beobachten. Jedes Auge besteht aus bis zu 10.000 Einzelaugen (Ommatidien) und nimmt 3 Bilder auf. Die Komplexaugen besitzen mindestens zehn verschiedene Sehpigmente, das menschliche Auge hat hingegen nur drei. Die hochauflösenden Augen sind auch für uns Aquarianer, die den Krebs fangen wollen, ein Problem, denn er kann seine Umgebung sehr genau beobachten.

Verhalten

Einige Schmetterer haben ein sehr interessantes Verhaltensrepertoire. Die Wohnhöhle wird sorgfältig ausgesucht und eingerichtet. Dabei werden meistens zwei Ausgänge angelegt und die restlichen Löcher sorgfältig mit Algen, Korallenteilen und sonstigem Material verschlossen. Dabei benutzen sie ihre Keulen regelrecht als Hammer, um die Trümmer festzunageln. Zu große Trümmer werden mit erstaunlicher Präzision zurechtgeklopft. Ist die Zeit der Häutung gekommen, verschließen sie die Höhle komplett und kommen erst wieder heraus, wenn die Häutung vollzogen ist. Auch nachts wird bei manchen Arten die Höhle sehr sorgfältig verschlossen.

Speerer graben sich Gänge in den Sandboden. Dabei vermischen sie den Sand mit einem Sekret, um so eine feste Röhre zu bilden. Der Bau kann mehrere Meter lang sein und hat meist zwei senkrechte Eingänge, die nicht viel breiter sind als das Tier selbst. Dort sitzt der Krebs und lauert auf Beute. Dabei schauen nur die Augen und die eingeklappten Fangarme heraus. Kommt ein potenzielles Opfer in Reichweite, wird es

Nahaufnahme eines Fangschreckenkrebses, der sich der „Speer-Jagdtechnik" bedient. Der Vergleich mit einer Gottesanbeterin kommt nicht von ungefähr. Foto: T. Grohrock

Der Schmetterer (links) lebt im Fels und der Speerer (rechts) im Sand.
Beide sind clever und nicht leicht zu fangen.
Fotos: J. Hinterkircher

blitzschnell mit den dornenbesetzten Armen gefangen. Die Wohnhöhle wird so gut wie nie verlassen.

Jagdverhalten

Die Fangschreckenkrebse liegen in ihren Höhlen auf der Lauer. Erspähen sie ein potenzielles Opfer, wird es durch kurzes Antippen mit den Antennen analysiert. Dann schlagen sie blitzschnell zu. Das geht meist so schnell, dass man es mit bloßem Auge nicht sieht. Bei Krabben wissen sie scheinbar genau, wo deren verwundbare Stelle liegt, und versuchen, diese auf den Rücken zu drehen. Vorab werden mit exakt gezielten Schlägen die Scheren der Beute abgeschlagen. Deutlich größere Tiere werden nur in seltenen Fällen angegriffen. Andere Arten wie *Pseudosquilla ciliata* verlassen den Unterschlupf sogar längere Zeit, um aktiv auf die Jagd zu gehen.

Intelligenz

Dass die Tiere anderen Krebstieren weit überlegen sind, ist bekannt, aber wie schlau sind sie wirklich? Erst in jüngster Zeit wurde erkannt, dass sie über polarisierte Farbmuster kommunizieren. Auch bei Revierkämpfen scheinen sie ihre Waffen wohldosiert einzusetzen. Ein weiterer Aspekt ist, dass die Tiere in der Lage sind, ihr eigenes Spiegelbild zu erkennen (Dies kannte man im Tierreich eigentlich nur von den Schimpansen). Sie sind lernfähig und können bestimmte Dinge miteinander verknüpfen also Lernleistungen, die uns bei der Bekämpfung das Leben schwer machen können!

Schadensbilder
(bei Fangschreckenkrebsen)

• Größere Löcher in Steinen, die sorgfältig mit Algen, Korallenteilen und sonstigem Material verschlossen sind. Korallenteile, die offensichtlich zertrümmert wurden, liegen auf dem Bodengrund. Kleine Fische, Garnelen und ggf. algenfressende Krabben fehlen.
Höchstwahrscheinlich handelt es sich in diesem Fall um einen Fangschreckenkrebs, der dem „Schmetterer"-Typ zuzuordnen ist. Der Schmetterer ist nachts auch außerhalb seines Ganges unterwegs!
• Röhren im Sandboden. Der Sand ist an diesen Stellen mit einem Sekret vermischt, um so eine feste Röhre zu formen. Der Bau ist sehr lang und hat meist zwei senkrechte Eingänge, die nicht all zu breit sind.

Skelettteile oder auch Schneckengehäuse, Krabbenpanzer etc. liegen um ein solches Loch herum. Hier haben wir es mit dem Speerer-Typ zu tun! Er bleibt normalerweise in seinem Gang.

Maßnahmen (bei Fangschreckenkrebsen)

Normalerweise wird man kaum umhinkommen, das Becken auszuräumen. Eine Möglichkeit ist noch der gezielte Einsatz von Fallen. Aber Achtung: Beim Einsatz einer Falle sollten alle Garnelen aus dem Becken entfernt werden. Bleiben sie im Aquarium, werden sie immer zuerst am Köder sein und so das ganze Vorhaben in Frage stellen.

Diese Fischreuse taugt auch zum Fang von Fangschreckenkrebsen. Ich hatte sie vor Jahren im Angelfachgeschäft erworben.

Eine Möglichkeit ist der Einsatz einer Fischfalle. Diese wird mit einem Stück Muschel-, Garnelen- oder Fischfleisch beködert. Wichtig ist, dass der Köder in der Falle fixiert wird, damit der Krebs komplett in die Falle hinein schlüpfen muss. Der Nachteil bei der Fischfalle ist, dass man anwesend sein muss, um die Falltür herunterzulassen. Dies kann sehr lange dauern.

Im Angelsportbedarf kann man nach der oben abgebildeten Fischreuse Ausschau halten. Sie muss so in den Sandboden eingelassen werden, dass ihr Eingang möglichst in gleicher Höhe zur Sandoberfläche liegt oder aber an ein Felsplateau anschließt.

Am anderen Ende der Reuse wird dann Miesmuschelfleisch befestigt. Auch hier ist es wieder wichtig, dass das Muschelfleisch fest fixiert wird.

Mit etwas Glück und Ausdauer steigt der Krebs in die Reuse und findet den Ausgang nicht (oder zumindest nicht so schnell). Bei Experimenten, die ich auf der Insel Menorca in einem Ebbetümpel gemacht habe, hat diese Fangweise funktioniert, warum sollte sie im Aquarium dann nicht klappen?

Diesen Fangschreckenkrebs (*Pseudosquilla ciliata*) beim Beutezug hat in der Nacht die Kamera erwischt.

Wie wird die Reuse eingesetzt?

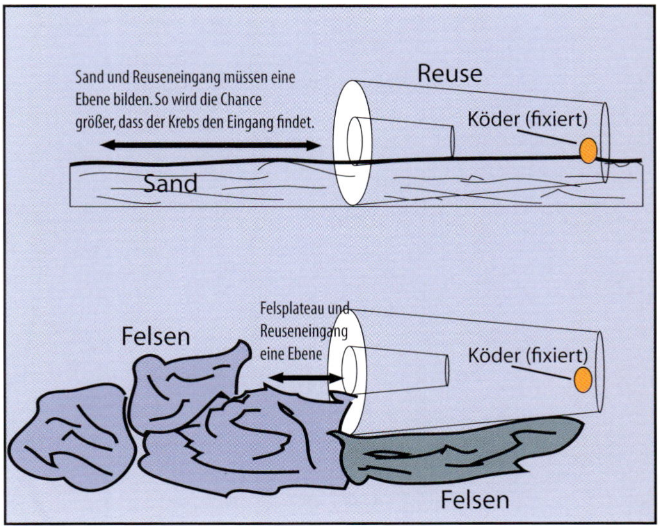

Krabben können viel Schaden im Aquarium anrichten. Es ist besser, sie vorsorglich zu entfernen.
Foto: J. Pfleiderer

6.2 Krabben

Übergriffe von Krabben spielen sich meist in der Nacht ab, sodass ein besorgter Aquarianer gezwungen sein kann, manch schlaflose Nacht vor dem Aquarium zu verbringen.

Schadensbilder (bei Krabben)

Wenn plötzlich über Nacht kleine und größere Fische spurlos verschwinden (gemeint sind hier nicht nur kleine Fahnenbarsche oder Grundeln, sondern vereinzelt auch mal ein großer Doktor- oder Kaiserfisch) könnte ein Krebs schuld sein.
Auch das Verschwinden großer oder kleiner Korallenkolonien ist verdächtig. Selbst große Stöcke von *Acropora* können zerhackt und aufgefressen werden. Oft verschwinden ganze Kolonien spurlos. *Tridacna*-Muscheln, die z. B. seit Jahren im Aquarium standen, nicht kränkelten und zudem gute Wachstumsraten zeigten, sind von einem auf den anderen Tag geschlossen an- oder sogar ausgefressen. Liegen die Schalen in einer Höhle, ist der Fall glasklar! Manche dieser Krabben benutzen andere Tiere zu ihrer Tarnung und schleppen sie auf dem Rücken mit sich herum. Die „aufgesetzten" Tiere werden dadurch stark geschädigt.

Maßnahmen (bei Krabben)

Unbekannte Krabben sollten generell aus dem Aquarium entfernt werden. Allerdings klingt das in der Theorie einfacher, als es in der Praxis ist, denn sie sind oft nur schwer zu fangen. Deshalb empfiehlt es sich, mit einer rot leuchtenden Taschenlampe nachts im Aquarium auf Krabbensuche zu gehen. Rotlicht wird von diesen Tieren nicht wahrgenommen.

Hat man die Krabbe entdeckt, sollte sie einige Zeit beobachtet werden. Bemerkt man, dass sie sich bei Beunruhigung in einen ausgehöhlten Stein zurückzieht, muss abgewogen werden, ob dieser komplett aus dem Aquarium genommen werden kann. Falls ja, ist das die einfachste Möglichkeit, die Krabbe aus dem Becken herauszubekommen.

In der Literatur liest man manchmal, dass große Krebse auch harpuniert werden können, aber das ist oft blanke Theorie, die in der Praxis meist zugunsten der Krabbe ausgeht. Bei einem Versuch sollte man höllisch aufpassen, dass das Becken nicht zu Bruch geht!

Eine bessere Möglichkeit ist der Einsatz von Fallen. Hierzu sei aber angemerkt, dass beim Einsatz einer Falle alle Garnelen aus dem Becken entfernt werden müssen. Bleiben sie im Aquarium, werden sie immer zuerst am Köder sein und so das ganze Vorhaben im Keim ersticken.

Eine Möglichkeit ist der Einsatz einer Fischfalle. Diese wird mit einem Stück Muschel-, Garnelen- oder Fischfleisch beködert. Wichtig ist, dass der Köder in der Falle fixiert wird, damit die Krabbe auch

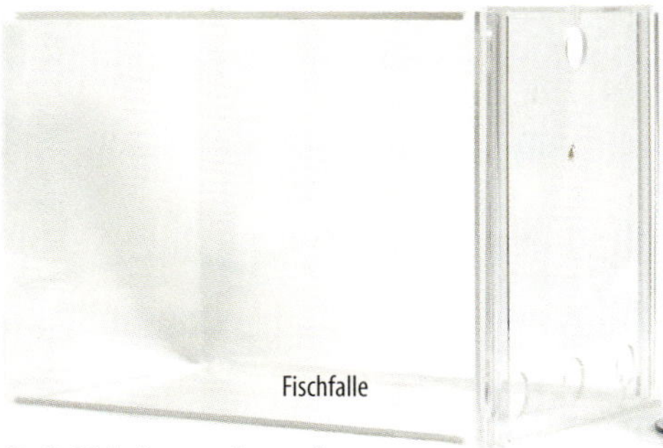

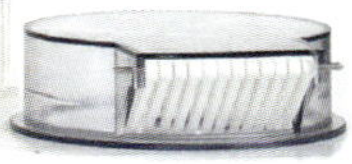

Schneckenfalle

Die Fischfalle dient zum Fang großer Krabben. Ihr Nachteil ist, dass man sie manuell bedienen muss, das bedeutet, lange Nächte stehen bevor. Die kleine Schneckenfalle mit den Lamellen funktioniert „automatisch". Sie ist auch größer, als Kastenfalle (Firma Aqua Medic), erhältlich. Das Produkt heißt „Trap-pest".

Trap-pest

wirklich komplett in die Falle hinein muss, um ihn zu bekommen. Der Nachteil bei der Fischfalle ist, dass sie die ganze Zeit bewacht werden muss.

Bei kleineren, flachen Krabben kann man auch eine Schneckenfalle einsetzen (siehe auch Kapitel 3 Borstenwürmer).

Diese über den Fachhandel zu beziehenden Fallen haben einen Lamelleneingang, der nur nach einer Seite zu öffnen ist, sodass man nicht die halbe Nacht vor dem Aquari-

In der Nacht wird ein Rotlicht über dem Becken installiert. So kann man das nächtliche Treiben beobachten, ohne dass dies von den Krebsen wahrgenommen wird.

In Geschäften, die Geschenkartikel anbieten, findet man oft solch hohe Gläser (z. B. als Blumenvasen), wie sie im Bild zu sehen sind. Die Höhe dieses Glases beträgt 28 cm.

um verbringen muss. Weiterhin besitzen sie eine Vorrichtung, mit der das Futterstückchen fest fixiert werden kann. Krabben, die einen Körperdurchmesser vergleichbar mit einem 2-Euro-Stück haben, passen gut in diese Falle. Sitzen sie einmal darin, kommen sie nicht wieder heraus, weil das die Lamellentür nicht zulässt.

Als dritte Möglichkeit bleibt der Einsatz einer Glasfalle. Hier sollten wir ein möglichst hohes und breites Glas benutzen. Hohe, glatte Blumenvasen etc. bekommt man meist in Geschenkläden. Das Glas wird vor dem Einsatz gründlich mit heißem Wasser ausgewaschen und dann in einer 30°-Neigung an den ausgemachten Aufenthaltsort der Krabbe gestellt. Auf dem Boden des Glases wird der Köder versenkt. Die Krabbe riecht den Köder und wird im Lauf der Nacht in das Glas krabbeln. Sitzt sie am Boden, lassen es die glatten Glaswände nicht mehr zu, dass sie aus der Falle herauskommt. Wenn wir Glück haben, sitzt sie auch noch am nächsten Morgen darin. Hat es in einer Nacht nicht geklappt, muss das Glas wieder aus dem Becken genommen und erneut abgewaschen werden.

Wichtig ist, dass die Glaswände immer ganz sauber und glatt sind und der Durchmesser des Glases größer als jener der Krabbe mit ausgestreckten Beinen ist, sonst klappt das nicht (siehe Bildfolge rechte Seite).

Fressfeinde

In der Natur gibt es jede Menge Fressfeinde für die Krebse. Vom Tintenfisch über den Drückerfisch bis hin zu den Fangschreckenkrebsen der Familien Gonodactylidae und Pseudosquillidae. Im Aquarium allerdings sind diese Fressfeinde nicht erwünscht, da sie sich mit der restlichen Besatzung nicht vertragen.

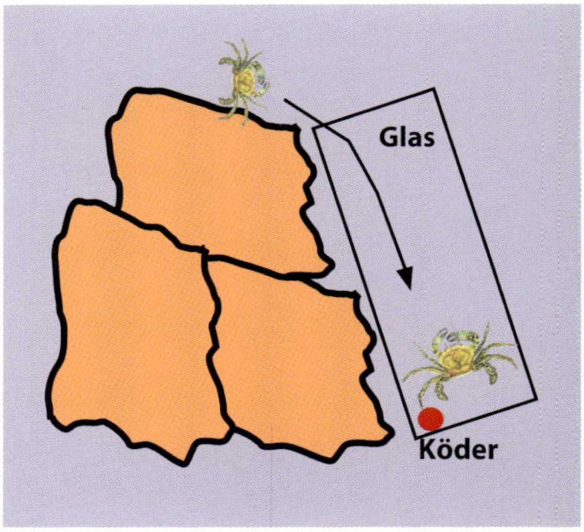

Die Glasfalle klingt zwar auf den ersten Blick trivial, hat sich in der Praxis aber bewährt, wenn das Glas ausreichend hoch (1,5 mal höher als die Krabbe im ausgestreckten Zustand) und im Durchmesser breiter als die Krabbe mit ausgestreckten Beinen ist. Die Krabben kommen an den glatten Glaswänden nicht mehr aus der Falle heraus.

Rund- oder Riffkrabben

Mit über 1.000 beschriebenen Arten zählen die Riffkrabben zu den formenreichsten Krebsfamilien, die noch dazu in allen Meeren sehr zahlreich vertreten sind. Auch die Anzahl der Gattungen wird von keiner anderen Familie erreicht. Besonders viele Arten finden sich in tropischen Gewässern.

Die Mehrzahl der Rundkrabben (Xanthidae) sind Pflanzen- oder Detritusfresser. Fast alle Arten der Familie sind nachtaktiv, wobei sie sich am Tag in Höhlen und Spal-

Schon bei nur wenigen Tests bemerkte ich, dass die Empfehlung „man nehme ein Glas", viel zu theoretisch ist. Schauen Sie einmal, was unser Testkandidat in „einem Glas" macht! In der Höhe stimmt das Glas, denn es ist höher, als die Krabbe im ausgestreckten Zustand lang ist. Aber in der Breite ist es für die Krabbe zu klein. Mit der Technik eines Bergsteigers, der an einem sog. „Kamin" hochsteigt, befreit sich die Krabbe aus ihrem Gefängnis. Bei der Glasmethode darf also das Glas im Durchmesser nicht kleiner sein als der Durchmesser der Krabbe mit ausgestreckten Beinen, sonst klappt das nicht.

ten verstecken. Die Gattungen *Etisus, Sulcodius, Chlorodiella, Phymodius* und *Pilodius* haben eine besondere Scherenform entwickelt, um filamentöse oder krustige Algen vom Substrat abzuschaben. Bei ihnen berühren sich nur kleine abgeplattete Flächen an den Scherenspitzen.

Viele Rundkrabben fressen auch Aas oder weiden kleine Wirbellose vom Substrat ab. Einige Arten sind jedoch wahre Räuber. So sind *Eurypanopeus depressus* und *Panopeus herbstii* in westatlantischen Austernkulturen gefürchtet. Und die violett-blaue, nachtaktive *Cycloxanthops novemdentatus* der kalifornischen Küste frisst neben Algen auch Würmer, andere Krebse und Seeigel. Arten der Gattung *Cymo* leben mit Steinkorallen der Gattungen *Acropora* und *Pocillopora* zusammen. Mit speziellen Hakenklauen klicken sie sich in die Koralliten ihrer Wirte ein und mit Bürsten an speziellen Füßen kratzen sie zwischen den Polypen der Korallen. So wird der Schleim mitsamt dem organischen Aufwuchs ausgekämmt und gefressen. Dabei wird zwar Korallengewebe verletzt und gefressen, jedoch ist die Krabbe stark territorial, sodass eine Korallenkolonie im Riff nie aufgrund eines Massenbefalls mit *Cymo*-Krabben geschädigt wird. Im Aquarium mit kleinen Korallenkolonien muss man diese Korallenkrabben jedoch entfernen. Weitere regelmäßig an *Pocillopora*-Korallen vorkommende Arten sind *Paractaea sulcata* und *Liomera cinctimana*. Nur wenige Arten wie *Neoxanthops lineatus* aus dem Indopazifik leben mit Anemonen in Gesellschaft und klettern sogar zwischen deren Tentakeln herum.

Buckel-Rundkrabbe (*Banareia armata*)

Verbreitung: Rotes Meer bis Taiwan und Indonesien
Größe: 6-8 cm Carapaxbreite
Diese Krabbe ähnelt vom Körperbau der Art *Actaeodes tomentosus*, ist jedoch heller gefärbt und besitzt keine roten Augen. Auch sie wird immer wieder eingeschleppt und ist aus dem Korallenaquarium besser zu entfernen. Im Filtersumpf ist sie jedoch als Restevertilger durchaus geeignet.

Foto: J. Hinterkircher

Foto: J. Hinterkircher

Augenfleck-Rundkrabbe (*Carpilius convexus*)

Verbreitung: Rotes Meer bis Japan und Philippinen
Größe: 9 cm Carapaxbreite
Diese Krabbe ist recht unterschiedlich, jedoch immer rötlich gefärbt und besitzt auf der Carapaxmitte immer einen Augenfleck. Sie ist ein vor allem nachtaktiver Molluskenfresser und sollte nicht mit Muscheln und Schnecken zusammen gepflegt werden.

Schwarzflecken-Korallenkrabbe (*Carpilius maculatus*)

Verbreitung: Rotes Meer bis Japan und Hawaii, Polynesien
Größe: 12 cm Carapaxbreite
Die Krabbe kann aufgrund ihrer dunklen Flecken kaum verwechselt werden. Sie ist ein Allesfresser und sollte nicht mit Korallen und anderen niederen Tieren zusammen gepflegt werden.

Foto: J. Hinterkircher

Foto: J. Hinterkircher

Pocillopora-Haarkrabbe (*Cymo quadrilobatus*)

Verbreitung: Rotes Meer, Indopazifik bis Gesellschaftsinseln
Größe: 1 cm Carapaxbreite
Die kleinen Krabben des Flachwassers werden gelegentlich mit ihren Steinkorallenwirten (*Pocillopora*) importiert und häufig mit ähnlichen Krabben anderer Familien (z.B. Pilumnidae) und sogar den völlig anders aussehenden Trapezidae verwechselt. Sehr markant sind die Behaarung, der runde Carapax und die großen, hellen Augen. Die Tiere schaben das Korallengewebe ab und fressen die Schleime und aufsitzende Mikroorganismen. Im Riff sollen die territorialen Tiere es nicht schaffen, Korallen aktiv zu schädigen, jedoch überwiegen die negativen Einflüsse im Korallenriffaquarium. Deshalb sollten die Tiere entfernt werden.

Foto: J. Pfleiderer

Wollkrabbe (*Pilumnus spec.*)

Verbreitung: Weit verbreitet im Indo-Pazifik
Größe: 3-4 cm Carapaxbreite
Diese kleinen Krabben gelangen sehr oft mit Korallen oder lebenden Steinen in unsere Aquarien. Man findet sie normalerweise nur nachts. Die Erfahrungen der letzten Jahre haben gezeigt, dass sie mehrheitlich niedere Tiere schädigen. Hin und wieder gibt es Exemplare, die allerdings „keiner Fliege etwas zu leide tun"! Sicherheitshalber sollten Sie die Krabben aber entfernen.

Rotaugen-Rundkrabbe (*Actaeodes tomentosus*)

Verbreitung: Rotes Meer bis Indonesien
Größe: 5-6 cm Carapaxbreite

Eine sehr häufig im Lebendgestein eingeführte Krabbe, die in abgestorbenen Steinkorallen auf dem Riffdach zu finden ist. Gegen wechselnde Wasserbedingungen ist diese Flachwasserkrabbe sehr robust. Sie ist als Allesfresser einzustufen und sollte lieber aus Korallenaquarien entfernt werden.

Foto: A. Luty

Rundkrabben, die im Aquarium nützlich sind

Tuberkel-Korallenkrabbe (*Pilodius spinipes*)

Verbreitung: Rotes Meer, Golf von Suez, O-Afrika bis O-Malaysia
Größe: 13 cm Carapaxbreite
Die Tuberkel-Korallenkrabbe ist bisher nur aus dem Indik und dem Roten Meer bekannt. Die Krabbe lebt wie die anderen Gattungsmitglieder am Fuß von Korallenstöcken und ernährt sich vor allem von Algen. Die Männchen sind meist größer als die Weibchen. Auch diese Art hält tote Steinkorallenbereiche am Fuß der Kolonien algenfrei und sollte im Aquarium verbleiben.

Foto: J. Hinterkircher

Chlorodiella nigra. Foto: A. Luty

Krabben der Gattung *Chlorodiella*

Chlorodiella cytherea
Verbreitung: Rotes Meer bis Indonesien, Guam
Größe: bis 8 cm Carapaxbreite.

Chlorodiella nigra
Verbreitung: Malediven bis Polynesien
Größe: bis 8 cm Carapaxbreite
Die Gattung *Chlorodiella* umfasst attraktiv gefärbte Krabben des Flachwassers, die in abgestorbenen Steinkorallen auf dem Riffdach oder auf tieferen Hartböden zu finden sind. Die Panzer sind meist glatt und wenig beborstet. Wie die Gattung *Phymodius* fressen auch diese Arten einen hohen Anteil Algen, der mit speziellen, abgeflachten Scherenspitzen vom Substrat geschabt wird. Sie leben häufig in abgestorbenen Bereichen von Steinkorallen. Diese halten sie algenfrei.

Chlorodiella cytherea. Foto: J. Hinterkircher

Auf einen Blick
Krebse

Fotos: J. Hinterkircher

Schadensbild

Bei Fangschreckenkrebsen: Größere Löcher in Steinen, die sorgfältig mit Algen, Korallenteilen und sonstigem Material verschlossen sind. Zertrümmerte Korallenteile liegen auf dem Bodengrund. Kleine Fische, Garnelen und ggf. nützliche algenfressende Krabben fehlen. Röhren im Sandboden. Der Sand ist an diesen Stellen mit einem Sekret vermischt, um so eine feste Röhre zu bilden. Der Bau hat meist zwei Eingänge, die nicht all zu breit sind. Skelettteile oder auch Schneckengehäuse, Krabbenpanzer etc. liegen um ein solches Loch herum!

Bei Krabben: Wenn plötzlich über Nacht kleine und größere Fische spurlos verschwinden, könnte eine Krabbe schuld sein.
Auch das Verschwinden großer oder kleiner Korallenkolonien ist verdächtig. Selbst große Stöcke von *Acropora* können zerhackt und aufgefressen werden. Oft verschwinden ganze Kolonien spurlos. *Tridacna*-Muscheln, die z. B. seit Jahren im Aquarium standen, nicht kränkelten und zudem gute Wachstumsraten zeigten, sind von einem auf den anderen Tag geschlossen, an- oder sogar ausgefressen. Liegen die Schalen in einer Höhle, ist der Fall glasklar! Manche dieser Krabben benutzen andere Tiere zu ihrer Tarnung und schleppen sie auf dem Rücken mit sich herum. Die „aufgesetzten" Tiere werden dadurch stark geschädigt.

Ursache

Die beschriebenen Krebse.

Maßnahme

Am besten ist es, wenn man weiß, wo die Krabbe oder der Fangschreckenkrebs sitzt. Sitzen sie in einem porösen Stein, kann der ganze Stein aus dem Aquarium entfernt werden.
Der Fang mit den beschriebenen Fallen ist immer Glückssache. Wird bei der Fischfalle zu langsam reagiert, flüchtet der Krebs und (zumindest der Fangschreckenkrebs) wird sie nicht mehr aufsuchen. Die Glasmethode klappt bei den Krabben relativ sicher, wenn keine Garnelen im Becken sind und das Glas keine Algen angesetzt hat. 1 bis 2 Tage vor dem Fang sollten nur die Fische im Becken gefüttert werden, und zwar so, dass nichts in der Dekoration liegenbleibt. So bekommen die Krabben einen Hunger, der sie unvorsichtig werden lässt.

Ciliopagurus strigatus hat die unangenehme Eigenart, in Steinkorallen zu „parken". Hier musste er sich sogar in der Koralle häuten, weil er sich mit dem langgezogenen Gehäuse verklemmt hatte.

6.3 Einsiedlerkrebse als Plagegeister?

Nur der Vollständigkeit halber möchte ich hier noch ein Phänomen erwähnen, das besonders die Freunde kleinpolypiger Steinkorallen (SPS) interessieren dürfte.
Wie wir wissen, sollten Steinkorallen immer optimale Bedingungen vorfinden, sonst kann es leicht passieren, dass sie Schaden nehmen. Besonders in den Kolonien selbst müssen gute Strömungsverhältnisse sowie gute Lichtbedingungen vorherrschen, damit sie ausgezeichnet gedeihen. Das Korallengewebe darf nicht übermäßig gequetscht und/oder für längere Zeit abgeschattet werden.
Nun werden in Korallenriffaquarien auch Einsiedlerkrebse z. B. als Gesundheitspolizei oder als Algenverwerter eingesetzt – wie ich es in Kapitel 1 Algen ja ebenfalls empfehle. Hier sollten die SPS-Liebhaber aber eine grundsätzliche Überlegung mit einbeziehen. Welche Einsiedler dürfen in solchen Becken gepflegt werden und welche nicht?
Meinen Erfahrungen (und denen einiger Bekannte) nach dürfen bei Anwesenheit empfindlicher Steinkorallen nur sehr kleine Einsiedlerarten gepflegt werden. Entscheidet man sich für Arten wie z. B. *Ciliopagurus strigatus* (bis 6 cm) oder *Dardanus lagopodes* (3 cm), die allesamt noch relativ große Schneckenhäuser mit sich herumtragen, dann wird man schnell feststellen, dass diese Arten gerne in Steinkorallenkolonien krabbeln und dort ausgedehnte Ruhepausen einlegen. Im Extremfall kann dies nach folgendem Muster ablaufen:
Täglich ruhen die Tiere in der selben Kolonie und – was noch erschwerend hinzukommt – immer auf der gleichen Stelle. Nachts sind sie dann regelmäßig unterwegs.
Für die Koralle bedeutet das, dass immer die gleiche Gewebestelle einmal belastet und zum Zweiten während der Beleuch-

1

Die Form des Gehäuses, das Einsiedlerkrebse mit sich herumtragen, kann von Bedeutung sein. Langgezogene Schneckenhäuser bieten sich für Steinkorallenbecken mit empfindlichen SPS-Korallen nicht an, denn mit ihnen verkanten sich die Krebse in den Korallen.

2

3

tungszeit komplett abgeschattet wird. Setzt man den Einsiedler in eine andere Ecke des Aquariums, erlebt man meist, dass er kurze Zeit später wieder in der gleichen Koralle auf dem selben Platz sitzt. Die Korallen leiden, das Gewebe an diesen Stellen stirbt ab, veralgt usw.

Bei bestimmten Schneckengehäuseformen (*Conus*, *Murex* und *Mitra*) verhaken sich die Einsiedler sogar in den Korallen. Dann sitzen sie so lange auf der gleichen Stelle, bis wir es merken und den Krebs aus seiner misslichen Situation befreien. Das Korallengewebe kann dann schon sehr in Mitleidenschaft gezogen worden sein.

Deshalb tendiere ich in solchen Anlagen nur zu sehr kleinen *Calcinus*- oder *Paguristes*-Arten (max. 1 cm Gesamtlänge), die zudem noch mit Schneckenhäusern von *Nerita*-Schnecken umgerüstet werden sollten (Händler fragen). Diese Krebse gehen kaum auf Korallen, und wenn doch, dann nur kurzzeitig. Gehäuse von *Nerita*-Schnecken sind abgerundet und verkanten sich nicht in Korallen.

Dardanus lagopodes (1) und *Calcinus latens* (3) sitzen hin und wieder auch in Korallen. Bei *Paguristes spec.* (2) mit dem mützenartigen Gehäuse einer *Nerita*-Schnecke stellte ich keine Beeinträchtigungen fest.

Er wäre sicher ein idealer Krabbenjäger – der Octopus mit dem seltsamen Namen – *Wunderpus photogenicus*. Aber leider ist er in einem herkömmlichen Riffaquarium mit Fischen und Garnelen etc. nicht zu pflegen, denn dort würde er sehr schnell den gesamten Besatz dezimieren.

Foto: H. Kirchhauser

Kapitel 7
Scherenasseln

Scherenassel. Foto: H. Kirchhauser

7 Scherenasseln und Bodengrund

In der Vergangenheit wurde hin und wieder der Betrieb eines Korallenriffaquariums ohne Bodengrund propagiert. Dies ist für die gesamte Biologie im Becken ungünstig. Wenn es sich um einen gut gepflegten Bodengrund handelt, der hin und wieder mit einer Mulmglocke von übermäßigen Ablagerungen befreit und im Großen und Ganzen von Kleinlebewesen gut durchgearbeitet wird, dann gehen von ihm kaum Störungen für das Riffaquarium aus. Nur Böden mit unkontrollierten Faulstellen können für das Aquarium und seine Bewohner problematisch werden.

Schadensbild

Allerdings können nackte Glasböden in Riffaquarien ohne Bodengrund ebenfalls Probleme provozieren. Aufgefallen ist Hannes Kirchhauser und mir dies an einem Aufzuchtaquarium für Korallenableger. Hier wurde auf den Bodengrund verzichtet, da das Becken ohnehin nicht hoch war und das Handling mit den Ablegersteinen im Vordergrund stand. Im Laufe der Jahre erkannten wir, dass hier eine Tiergruppe den Korallen enorme Probleme bereiten kann, die in einem normalen Aquarium kaum zu bemerken ist. Es sind Krebstiere der Ordnung Tanaidacea, die viel Ähnlichkeit mit den nahe verwandten Asseln aufweisen. Der Körper dieser Tiere ist zylindrisch. Das erste Peraeopodenpaar besitzt Scheren, und deshalb werden sie auch gerne als „Scherenasseln“ bezeichnet.

Diese Krebse ernähren sich vorwiegend von Detritus, den sie nach Mikroorganismen durchsuchen. Sie leben auf dem Boden, wo sie sich entweder zwischen Pflanzen, Tierstöcken oder Ähnlichem verstecken oder im Schlamm vergraben. Meist spinnen sie mit einem klebrigen Sekret Wohnröhren, die am Untergrund haften und mit Detritus und

Scherenassel vor ihrem „Bau“ in einem Aquarium ohne Bodengrund. Foto: H. Kirchhauser

Bild links: Gangsystem einer Scherenassel auf einer Koralle. Foto: H. Kirchhauser
Dies geschieht nicht, wenn Bodengrund im Aquarium vorhanden ist und die Asseln dort ihre Gänge graben können (Bild rechts).

Kieselalgen verfestigt werden. Bisher sind 940 Arten bekannt, deren Verbreitung von seichten Küstenregionen bis in die Tiefsee reicht. Auf schlammigen Tiefseegründen können Scherenasseln sogar die vorherrschende Tiergruppe sein. Im Aquarium leben sie im Sand. Stellenweise ziehen sie ihre Röhren etwas an den Seitenscheiben hoch. Fehlt der Bodengrund, siedeln die Tiere mangels geeigneten Substrats zunehmend auf Korallen. Dort bauen sie dann die Gangsysteme, die sie normalerweise in den Sandböden errichten und dadurch werden die Korallen im Laufe der Zeit mit immer mehr und dichteren Gängen überzogen. Diese Gänge bestehen in der Hauptsache aus verklebten Mulm-Anteilen, die das darunter befindliche Korallengewebe ersticken. Das kann sogar so weit gehen, dass die komplette Koralle abstirbt.

Maßnahme

Unbedingt Bodengrund einbringen! Die Scherenasseln sind normalerweise eine wertvolle Bereicherung für das Korallenriffaquarium, weil sie aktiv den Bodengrund bearbeiten und durch ihre Fortpflanzungsprodukte die Korallen und andere Filtrierer ernähren. Nur durch den unnatürlichen Betrieb ohne Bodengrund können sie zu einer ernsten Gefahr für die Korallen werden.

In einem funktionierenden Meerwasseraquarium übernimmt der Bodengrund viele biologische Aufgaben. Es sollte nicht auf ihn verzichtet werden.

Auf einen Blick

Scherenasseln

Schadensbild

Im Extremfall unzählige Gangsysteme, die sich hauptsächlich über plattenförmig wachsende Korallen ziehen. Dadurch absterbendes Korallengewebe.

Ursache

Das Aquarium wird ohne Bodengrund betrieben. Den Scherenasseln fehlt dadurch das Siedlungssubstrat.

Maßnahme

Unbedingt 2 bis 3 cm Bodengrund einbringen. Die bereits angelegten Gangsysteme von den Korallenoberflächen absaugen. Die Scherenasseln ziehen sich normalerweise nach einiger Zeit in den Bodengrund zurück und erfüllen hier nützliche Aufgaben.

Kapitel 8
Gehäuseschnecken

Häufig eingeschleppt werden die Eischnecken aus der Familie Ovulidae. Hier: *Diminovula aurantiomacula*. Foto: J. Pfleiderer

8 Gehäuseschnecken als Plagegeister

Schnecken besitzen eine enorme Anpassungsfähigkeit. Vollständig untergetaucht, in der Gezeitenzone oder an Land im Salz-, Brack- oder Süßwasser, überall trifft man auf sie. Natürlich gelangen sie auch mit sämtlichem Material, das entweder vom Meer, aus Zuchtbetrieben oder aus Aquarien anderer Aquarianer stammt, in das eigene Becken. Hier können sie mehr oder weniger großen Schaden anrichten, wenn es sich um räubernde fleischfressende Schnecken handelt. Diese werde ich im vorliegenden Kapitel behandeln.
Ich habe mir die Literatur und die Ausführungen im Internet bezüglich der Schnecken angesehen und mich durch endlose Ausführungen über Körperbau, Stoffwechsel, Vermehrung, die Besonderheiten der Raspelzunge, kulturelle Bedeutung etc. gequält, die aber meiner Meinung nach in einem Plagegeisterbuch nichts zu suchen haben. Sie als leidtragender Aquarianer werden in erster Linie wissen wollen, was das für eine Schnecke ist, wen sie schädigt und was man dagegen tun kann. Also habe ich auf Details verzichtet. Wer sich ausgiebig mit den Schnecken beschäftigen will, findet hierzu genügend gute Literatur.
Letztendlich gibt es zu den Schnecken als Plagegeistern nur so viel zu sagen: Die Schädigung muss als solche entdeckt und erkannt, die Schnecke gefunden und last but not least aus dem Aquarium entfernt werden.

Die Eischnecken

Die erste Frage stellt sich: Wieso finden sich recht häufig die wunderschön gezeichneten Eischnecken der Familie Ovulidae auf unseren Korallen? Der Grund ist, dass alle Eischnecken parasitär auf Nesseltieren leben und sich von deren Gewebe oder Polypen ernähren. Es gibt Arten, die sich auf Hydroiden, Weichkorallen, Steinkorallen oder Hornkorallen spezialisiert haben. Auch zur Vermehrung bleiben sie ihrem Wirtstier treu! Das bedeutet, falls man eine solche Schnecke an einer Koralle findet, sollte die Koralle unbedingt nach Eiern abgesucht werden. Auch in den nächsten Wochen muss ein Auge auf die Koralle geworfen werden, denn es kann immer wieder passieren, dass aus versteckten Eiern neue Schnecken schlüpfen.

Die Flamingozunge (*Cyphoma gibbosum*)

Ein Plagegeist ist die Flamingozunge (*Cyphoma gibbosum*). Sie erkennt man an ihrem schönen Mantel, der, wenn die Schnecke ungestört ist, über die Schale gestülpt wird. Gelbe bis orangefarbene, schwarz umrandete Flecken sind ein eindeutiges Erkennungsmerkmal.
Das Verbreitungsgebiet von *C. gibbosum* sind die Karibik und der südliche Atlantische Ozean. Die Schnecke lebt einzeln oder paarweise auf zooxanthellaten Gorgonien und wird ca. 25 mm lang.
Die *Gorgonia*- oder *Pterogorgia*-Arten werden als Wirte bevorzugt. Zum Zeitpunkt der Vermehrung können die Schnecken große Ansammlungen auf den jeweiligen Wirten bilden (Nahabedian et. al 2007). Die Flamingozunge ist getrenntgeschlechtlich. Zur Fortpflanzung müssen es also immer zwei Exemplare (männlich/weiblich) sein.

Schadensbild

Entdeckt wird solch eine Schnecke meist nur, wenn man die jeweiligen Hornkorallen im Aquarium genau inspiziert und hier bereits blank gefressene Äste bemerkt. In diesem Fall muss die Koralle tagsüber und auch nachts eingehend untersucht werden. Handelt es sich um junge Schnecken, findet man sie meist nachts, weil diese nur dann unterwegs sind. Handelt es sich um ausgewachsene Tiere, sind diese auch tagsüber aktiv. Die im Aquarium von ihnen bevorzugten Korallen sind eindeutig

Die Flamingozunge bei der Arbeit. Foto: K. Velling

Pseudopterogorgia americana und *Gorgonia ventalina*.

Maßnahme

Schnecke(n) absammeln und die Koralle auf abgelegte Eier hin untersuchen. Die nächsten zwei Wochen aufmerksam beobachten.

Die *Dendronephthya*-Eischnecke (*Diminovula stigma*)

Ein weiterer Kandidat aus der Familie der Eischnecken ist die *Dendronephthya*-Eischnecke (*Diminovula stigma*). Sie findet sich bevorzugt auf den bunten *Nephthya*- und *Dendronephthya*-Weichkorallen. Auch diese Schnecke ist hervorragend an den Wirt angepasst und nur zu erkennen, wenn man sehr genau hinschaut.

Schadensbild

Dauerhaft eingezogene Korallen. Angefressene Äste. Schleimige Klumpen auf der Koralle, die durch die Schnecken verursacht werden, wenn sie sich ins Korallengewebe bohren.

Maßnahme

Schnecken absammeln und die Koralle längere Zeit beobachten.

Diminovula stigma im Aquarium. Foto: J. Pfleiderer

Gorgonien-Eischnecke *Primovula cf. rosewateri.* Foto: K. Velling

Die Gorgonien-Kaurie (*Primovula cf. rosewateri*)

Bei dieser Eischnecke könnte man annehmen es handelte sich um die Flamingozunge (*Cyphoma gibbosum*) allerdings unterscheidet sie sich von dieser durch die abweichende Färbung und die größere Anzahl von Zotteln am Mantellappen. Diese Eischnecke lebt ausschließlich auf azooxanthellaten farbigen Hornkorallen, wie sie immer wieder einmal eingeführt werden.

Schadensbild

Blank liegende Stellen auf der jeweiligen Hornkoralle.

Maßnahme

Entfernen der Schnecke.

Spindelkaurie (*Hiatavolva coarctata*)

Diese Gattung lebt im Indo-Pazifik ebenfalls auf farbigen Hornkorallen. Das Bild zeigt, wie perfekt diese Schnecke an die jeweilige Hornkoralle angepasst ist. Ist die Koralle voll geöffnet, hat man kaum eine Chance, die Schnecke zu entdecken.

Maßnahme

Schnecke aus dem Aquarium entfernen.

Hiatavolva coarctata beim Abweiden einer Gorgonie. Foto: K. Velling

Zwei Arten von Spindelkaurie-Schnecken auf Hornkorallen. Fotos: K. Velling

Luetzenia asthenosomae lebt parasitisch auf dem Seeigel *Asthenosoma varium*. Foto: K. Velling

Eine Seltenheit im Aquarium

Die Seeigel-Schnecke (*Luetzenia asthenosomae*)

Auch Seeigel haben ihre liebe Not mit diversen Parasiten. Ich möchte hier die im Aquarium eher seltene Zusammenkunft von Seeigel und parasitischer Schnecke vorstellen. *Luetzenia asthenosomae* lebt normalerweise in erster Linie auf dem hochgiftigen Seeigel *Asthenosoma varium*. Dieser Seeigel kann nur eingeschränkt für die Pflege im Aquarium empfohlen werden, denn sein Gift kann beim Menschen starke Schmerzen hervorrufen. Dennoch wird er hin und wieder eingeführt.

Schadensbild

Entdeckt man auf der Oberfläche inmitten des Stachelwaldes dieser Seeigel kleine, wenige Millimeter große Schnecken mit einem perlmutthellen Gehäuse, handelt es sich um die genannten Seeigel-Schnecken. Es sind echte Parasiten aus der Familie Eulimidae, die den Seeigel im Aquarium soweit schädigen können, dass er stirbt. Im Allgemeinen sind die Schnecken aber gut zu erkennen.

Maßnahme

Schnecken absaugen.

Heliacus variegatus frisst Krustenanemonen. Foto: J. Pfleiderer

Mal schädlich, mal nützlich!

Die Parasitäre Gehäuseschnecke (*Heliacus variegatus*)

Gerade die Liebhaber extrem farbiger Krustenanemonen werden diesen Gast nicht schätzen, obwohl andere Aquarianer, die mit Krustenanemonen ihre liebe Not haben, sich händeringend um diese ca. 10 mm große Schnecke bemühen. *Heliacus variegatus* ist eine parasitäre Gehäuseschnecke, die ausschließlich auf Krustenanemonen der Ordnung Zoanthiniaria lebt. Sie ernährt sich von ihnen mithilfe ihres langen Rüssels, den sie in die einzelnen Polypen einführt und diese aussaugt. Zurück bleibt nur noch die Schutzhülle. Die Schnecke ist sehr gut vor Fressfeinden geschützt, denn sie kann die Schalenöffnung mit einem Deckel verschließen.

Schadensbild

Vereinzelt ausgesaugte Hüllen (Kutikula) von Krustenanemonen. Viele Schleimklumpen auf der Krustenanemonenkolonie. Großflächig sind die Polypenköpfe zusammengezogen.

Maßnahme

Schnecken absammeln und isoliert pflegen bzw. aufbewahren, denn man weiß nie, wann man sie einmal braucht!

Kleine Raubschnecken aus der Familie Turridae

Die Familie Turridae ist die artenreichste Familie in der Klasse Gastropoda. Turriden werden häufig auf Bodensediment angetroffen. Allerdings gibt es auch Arten, die in steinigen Gebieten zwischen Korallen und Riffen vorkommen. Das hier abgebildete Exemplar stellte sich bei mir als kleiner Räuber dar, der es besonders auf *Acropora*-Korallen abgesehen hatte. Beeidruckend war die Geschwindigkeit, mit der die Schnecken nach dem Aufleuchten der Taschenlampe im Bodengrund verschwanden. Die Schnecken haben einen Durchmesser von ca. 5 mm und eine Länge von ca. 7 mm. Sie sind stark gerippt und aus dem vorderen Kanal ragt ein Siphon hervor. Die Farbe variiert zwischen graubeige und sehr dunklen Varianten, die fast ins Schwarze gehen.

Unbekannte Raubschnecke im Aquarium. Foto: J. Pfleiderer

Schadensbild

Schon einige Zeit hatte ich an einigen *Acropora*-Kolonien viele abgestorbene Stellen bemerkt, hauptsächlich an den Fußscheiben und im unteren Bereich der Korallen. Über Nacht waren neue Stellen zu entdecken. Diese waren sauber abgenagt und es leuchtete das weiße Kalkskelett hervor. Auch Korallen, die am Vortag noch keine Schäden erkennen ließen, waren am Folgetag beschädigt.

Maßnahme

Nächtliche Untersuchungen mit der Taschenlampe brachten einige Gehäuseschnecken zutage die sofort abgesammelt wurden. Beim Aufblitzens des Lichtkegels der Taschenlampe „flohen" die Schnecken in den Sandboden.

Saugende Schnecken an *Linckia*-Seesternen

(Thyca crystallina)

Besonders die *Linckia*-Seesterne sind manchmal von Parasiten befallen. Hierbei handelt es sich um kleine Kristallschnecken (*Thyca crystallina*)! Man sollte die Seesterne unbedingt vor dem Kauf auf solche Parasiten checken, denn sie bohren ihr Fresswerkzeug durch die Haut des Sterns. Dann saugen sie, ähnlich Moskitos beim Menschen, die sog. Hämolymphe (= das farblose Blut bei Wirbellosen) heraus. Allerdings verbinden sich diese Schnecken fest mit dem Seestern.
In der Praxis hat es sich gezeigt, dass es bei geringem Befall nur zu einer kleinen Beeinträchtigung des Seesterns kommt. Meist ist das Gewebe um die Schnecke herum etwas deformiert und er verliert die Füßchen im Bereich der Schneckenschale von *Thyca crystallina*. Letztendlich sollte man aber Seesterne bevorzugen, die diese Parasiten nicht aufweisen, denn zusätzlicher Stress ist bei der Aquarienpflege immer ein Risiko.

Thyca crystallina auf der Unterseite eines *Linckia*-Seesterns. Foto: Dr. H. Moosleitner

Schadensbild

Die Schnecken sitzen deutlich sichtbar an der Unterseite der Seesternarme, oft direkt auf der Ambulakralrinne.

Maßnahme

Man kann es schon als „Verschmelzen“ bezeichnen, sodass man die Schnecken auf keinen Fall abreißen darf. Dadurch wird der Seestern mehr geschädigt, als es ihm nützt. Die Schnecken an Ort und Stelle belassen und dem Seestern beste Bedingungen geben.

Fressfeinde

Es sind mir keine für das Aquarium tauglichen Fressfeinde bekannt.

Gehäuseschnecken aus der Familie Pyramidellidae

Die geschätzten *Tridacna*-Muscheln, aber auch andere Gehäuseschnecken wie die Gattungen *Trochus* oder *Tectus* werden hin und wieder von parasitischen Schnecken belästigt.

Schadensbild

Das weitaus häufigste Krankheitsbild der Muscheln im Aquarium ist ein Mantellappen, der nicht maximal ausgestreckt oder an einzelnen Stellen eingezogen ist, und Schalen, die nicht vollständig geöffnet werden. Hierbei handelt es sich um einen Befall von kleinen, nur wenige Millimeter großen parasitischen Gehäuseschnecken aus der Familie Pyramidellidae. Diese bis zu 4 mm großen Schnecken parasitieren an fast allen *Tridacna*-Arten. Die Schnecken sehen aus wie kleine Reiskörnchen und sollten umgehend entfernt werden. Die Arten der Gattungen *Tathrella* und *Pyrgiscus* finden sich z. B. um Australien, wo sie großen Schaden in den ersten landgestützten Muschelfarmen angerichtet haben. Alle diese Schnecken sind Zwitter und können sich schnell vermehren. Sie halten sich am Schalenoberrand der Muscheln auf und verbergen sich unter dem Überhang des Mantellappens. Nachts stechen sie die Mantellappen an und ernähren sich von der Zellflüssigkeit. Kleine Muscheln werden binnen weniger Tage getötet.

Maßnahme

Ein Vorteil für uns Aquarianer ergibt sich aus der Tatsache, dass diese Schnecken

Gehäuseschnecken aus der Familie Pyramidellidae an einer *Trochus*-Schnecke. Auch über diese algenfressenden Schnecken können die winzigen Plagegeister in das Aquarium „einreisen“. Foto: D. Stüber

Die gleichen Schnecken unter dem Mantellappen einer *Tridacna derasa*.

ein planktonisches Larvenstadium haben. Es umfasst vom befruchteten Ei bis zur Metamorphose ca. zwei Wochen. Die Geschlechtsreife erreichen die Schnecken in 40 bis 50 Tagen bei einer Wassertemperatur von 26° C. Während der planktonischen Phase können wir sie mit einer starken UV-C-Entkeimung bekämpfen. Es empfehlen sich UV-C-Brenner mit einer Leistung von mindestens 11 Watt (bemessen auf ein 500-Liter-Aquarium).
Zusätzlich muss die entsprechende *Tridacna* mehrmals, ca. 2 Stunden nach dem Erlöschen der Beleuchtung, auf diese Schnecken hin abgesucht werden. Die gefundenen Schnecken müssen dann mit einem dünnen Luftschlauch abgesaugt werden.

Halichoeres argus ist ein Fressfeind für Schnecken aus der Familie Pyramidellidae solange diese noch klein und weich sind. Foto: H. Kirchhauser

Fressfeinde

Kurz nach der Metamorphose der planktonischen Larve zur benthisch lebenden Gehäuseschnecke besitzen die winzigen Schnecken nur ein kleines und sehr weiches, noch nicht vollständig ausgebildetes Gehäuse. Dies ist die Zeit, in der sie von Fressfeinden bewältigt werden können. Dazu eignen sich verschiedene Lippfische wie *Pseudocheilinus hexataenia* (Sechsstreifen-Lippfisch) und *Pseudocheilinus tetrataenia* (Vierstreifen-Lippfisch) sowie Lippfische der Gattung *Halichoeres*.
Risch (2001) beobachtete auch einen sehr interessanten Vorgang: Nachdem er alle Schnecken abgesammelt hatte und die Muscheln wieder an ihren angestammten Platz gesetzt worden waren, fand er nachts praktisch keine Schnecken mehr. Allerdings waren sie, wie sich nach einiger Zeit herausstellte, doch nicht ganz verschwunden.
Durch die in dieser Zeit stattfindende starke Zunahme der kleinen Gänsefußseesterne *Asterina spp.* siedelten diese auch auf den Schalen der *Tridacna*-Muscheln. Bei seinen nächtlichen Kontrollen fanden sich in der Folge immer weniger, vor allem nur noch ausgewachsene Schnecken, an den Muscheln. Er erklärte sich das so, dass die Seesterne die Gelege der Schnecken ggf. gefressen haben und so zu ihrer weiteren Dezimierung beitrugen. Ein Beweis fehlt allerdings, sodass es sich hierbei um eine Vermutung handelt.

Auf einen Blick
Gehäuse-Schnecken

Schadensbild	Angefressene Hornkorallen, *Acropora*-Korallen mit weißen Fraßstellen, *Linckia*-Seesterne, die an ihrer Unterseite Schnecken aufweisen, zerstörte Krustenanemonen-Kolonien, Seeigel, auf deren Oberseite Schnecken sitzen. Kleine, helle, reiskornförmige Schnecken, die an *Tectus, Trochus* oder anderen größeren Schnecken sitzen oder kurz unterhalb des Mantellappens bei *Tridacna*-Muscheln entdeckt werden.
Ursache	Die vorgestellten Schnecken.
Maßnahme	Die Schnecken an *Linckia*-Seesternen an Ort und Stelle belassen, da ein Abreißen mehr schadet als nutzt. Alle anderen Schnecken absammeln!

Kapitel 8.1 *Nacktschnecken*

Fadenschnecken beim Abweiden von Hydroidpolypen. Foto: K. Velling

Tritonia spec. findet sich häufig auf Weichkorallen. Die sog. Brokkoli-Koralle (*Cladiella spec.*) wird hier eindeutig bevorzugt.
Foto (oben): J. Pfleiderer/ Foto (unten): R. Latka

8.1 Nacktschnecken als Plagegeister

Brokkoli-Nacktschnecke (*Tritonia spec.*)

Als einige meiner Aquarienfreunde und ich vor vielen Jahren die erste parasitäre Nacktschnecke im Becken entdeckten, waren wir zunächst einmal sehr beeindruckt von der wunderschönen Form dieses Tiers. Mit seinen fein gefiederten Körperanhängen sah es aus wie ein weißes Spitzendeckchen.
Ich selbst pflegte zu jener Zeit eine 50 x 50 cm große Kolonie einer sog. Brokkolikoralle (*Cladiella spec.*) in meinem Becken und sie war zu dieser Zeit die bevorzugte Nahrungsquelle dieser Schnecke. Bei den Schnecken handelt es sich um Nacktschnecken der Unterordnung Dendronotina und speziell um die Familie Tritoniidae. Die abgebildeten Tiere gehören der Gattung *Tritonia* an, parasitische Nacktschnecken, die häufig auf Weichkorallen und gelegentlich auch auf den bunten pazifischen Hornkorallen in unsere Aquarien gelangen. Diese Nacktschnecken können sich schnell vermehren und vorzüglich tarnen.

Schadensbild

Entdeckt werden sie meist erst, wenn Weichkorallen wie *Cladiella-*, *Nephthea-*, manchmal sogar *Sarcophyton-* und *Sinularia-*Arten aus unerklärlichen Gründen einfach zerfallen oder mit Fraßspuren übersät sind. Hier bleibt nur übrig, die verdächtigen Korallen nachts sehr genau zu inspizieren, denn mit ein wenig Glück kann man diese Nacktschnecken beim Fressen erwischen.

Maßnahmen

Wurden die Schnecken entdeckt, müssen sie abgesammelt werden. Meist kleben aber an der Koralle noch die Ei-Pakete der Schnecken. Sie muss man finden, sonst hat man keine Ruhe. Süßwasserbäder helfen bei diesen Schnecken nicht, denn sie müssten so lange ausdehnt werden, dass im Regelfall zuerst die Koralle verendet.

Wenn man die Korallen samt Substrat aus dem Becken nehmen kann, ist das natürlich ideal. Man übersiedelt sie in ein ca. 20-Liter-Plexiglasbecken mit dem Wasser aus dem Hauptaquarium und bürstet die Koralle vorsichtig mit einer weichen Bürste ab. Auch mit einer stärkeren Aquarienpumpe kann die Koralle förmlich „abgeblasen" werden, um so eventuelle Ei-Gelege fortzuspülen.

Im Bild eine Nacktschnecke, die auf einer *Acropora*-Koralle parasitiert. Sie hat sehr große Ähnlichkeit mit der von uns auf *Montipora*-Korallen gefundenen Schnecke! Eventuell handelt es sich sogar um die selbe Art? Foto: J. Pfleiderer

Fressfeinde

Ausgewachsene Schnecken können nur von sehr großen Lippfischen gefressen werden. Diese sind aber für ein normales Korallenriffaquarium nicht geeignet, da sie auch viele andere kleine Tiere belästigen. Kleine Lippfische wie der Kanarienlippfisch (*Halichoeres chrysus*) und der Sechsstreifen-Lippfisch (*Pseudocheilinus hexataenia*) fressen aber die Jugendformen dieser Schnecken sicher und können so im Lauf der Zeit die Schnecken aus dem Aquarium verbannen.

Nacktschnecken auf Steinkorallen

Korallen der Gattung *Montipora* zählen nach meinen Erfahrungen zu denjenigen Steinkorallen, die sehr häufig in Riffaquarien gepflegt werden. Egal, ob es sich um die plattenförmig wachsenden Arten (z. B. *M. florida* oder *M. monasteriata*) handelt oder ob gar die wunderschön rot gefärbten astförmig wachsenden *M. digitata* gepflegt werden, die Gattung ist für uns Meerwasseraquarianer sehr wertvoll. Umso mehr sind Hannes Kirchhauser und ich erschrocken, als wir eines Abends eine Nacktschnecke auf einer *Montipora confusa* entdeckten. Diese Korallen wachsen mit krustiger Basis massiv und mit einer eigenwilligen Oberflächenstruktur in eher strömungsarmen Habitaten. Die in unserem Fall nur etwa 3 mm große Nacktschnecke ähnelte ihrem Aussehen nach stark den Krustenanemonen fressenden Nacktschnecken.

Wir selbst haben diesen Typ Nacktschnecke bisher ausschließlich auf *Montipora*-Korallen gefunden. Hierbei war es aber gleichgültig ob diese plattenartig oder, wie in diesem Fall, laminar wuchsen. Auf der verzweigt wachsenden *Montipora digitata* z. B. waren bei uns solche Schnecken nie zu finden. Erstaunlich, dass ich sehr viel später von Jürgen Pfleiderer, einem meiner Fotografen, ein Bild mit der gleichen Schnecke auf einer *Acropora*-Koralle erhielt. Entweder sie wich auf diese Koralle aus, als die *Montipora*-Arten zerstört waren, oder sie kommt tatsächlich auch auf dieser Korallengattung vor. Hier sollte man also immer sehr genau hinschauen. Weiterhin glaube ich, dass diese Nacktschnecken Dauereier absetzen, aus denen später, bei passenden Lebensbedingungen, die Nachkommen schlüpfen, die sich dann weiter vermehren.

Die abgebildete *Montipora confusa* war Ziel des Angriffs.

Schadensbild

Die auffälligsten Symptome sind vereinzelte kleine, helle Stellen auf der Korallen-Kolonie, die immer heller werden und an denen das Gewebe nach und nach abstirbt. Bei genauer Inspizierung sind winzige weiße Pünktchen in den faltigen Bereichen der Koralle zu entdecken. Eine starke Lupe ist äußerst hilfreich, denn so kann man bereits an Ort und Stelle erkennen, dass die „Pünktchen" häufig den Standort wechselten. Langsam, aber sicher wird die Koralle im Lauf der nächsten Tage mit weißen Feldern förmlich übersät.

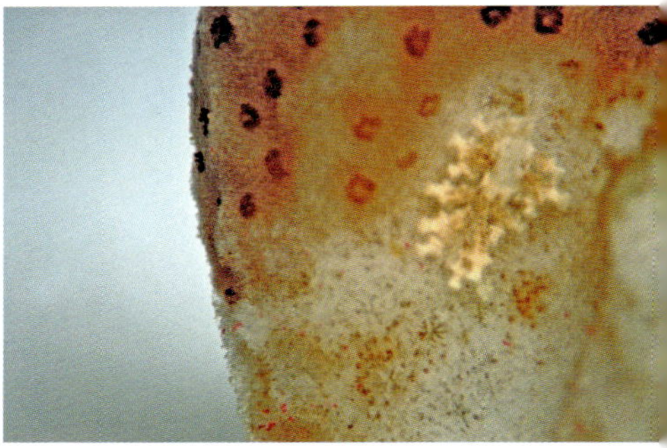

Nur bei genauer Betrachtung mit einem starken Vergrößerungsglas kann man die Schnecken entdecken. Fotos: H. Kirchhauser

Sobald man diese Beobachtung macht, sollte die Kolonie nach dem Abschalten der Beleuchtung mit einer Taschenlampe kontrolliert werden, denn wir fanden heraus, dass die Schnecken in dieser Zeit am aktivsten sind.

Um die noch nicht befallenen *Montipora*-Kolonien im Aquarium zu schützen, stülpten wir der betroffenen Koralle eine Plastiktüte (Gefrierbeutel) über, damit beim Herausnehmen der Kolonie keine Schnecken ins freie Wasser entwischen konnten. Schnell in ein gesondertes Becken gegeben, überstand die Koralle diese Prozedur gut. Je genauer wir die Koralle betrachteten, desto mehr Plagegeister entdeckten wir. Es waren Hunderte, und einige Gelege konnten wir ebenfalls entdecken. Bezeichnend ist der schlanke Körper der Nacktschnecken. Er besitzt viele Mantelauswüchse (Cerata), die der Schnecke ein zotteliges Aussehen verleihen. Solch ein Aussehen haben normalerweise Hinterkiemer-Schnecken der Ordnung Sacoglossa, die sog. Saftsauger. Bei genauer Betrachtung waren auf der Koralle zehn beigefarbene Büschel zu erkennen, die schließlich als Nacktschnecken der Überfamilie Aeolidioidea identifiziert wurden.

Maßnahmen

Zunächst versuchten wir es mit einem Süßwasserbad. Dazu wurde ein Fragment der Koralle abgebrochen und in temperiertes und dem pH-Wert angeglichenes Süßwasser gegeben. Der Erfolg war nicht der, den wir uns erhofft hatten. Das Fragment verlor dadurch alle Zooxanthellen und starb kurz danach ab. Auch diverse andere Versuche, die wir mit Süßwasser machten (unterschiedliche Dauer der Bäder), führten nur dazu, dass die jeweiligen Fragmente abstarben. Die *Montipora*-Arten vertragen nach unseren Erfahrungen keine Süßwasserbäder, die deutlich über 10 Sekunden hinausgehen (Tabelle 5). Diese kurze Zeit ist für die Nacktschnecken nicht ausreichend. Versuche ergaben eine Zeit von ca. eineinhalb Minuten, bis der Körper der Schnecken stark auftrieb und diese dann definitiv verendeten. Die entdeckten Eipakete wurden durch diese Attacke überhaupt nicht beeinträchtigt. Fragmente, die zurück in das Quarantänebecken gegeben wurden, waren eine Woche später wieder mit kleinen Schnecken übersät.

Das liegt eventuell daran, dass sie in einem Schleim- oder Gallertklumpen eingepackt sind, der das Süßwasser nicht so schnell an die Eier heranlässt. Man muss somit unbedingt mit Lupe und härterem Pinsel die Koralle von den Eiern befreien. Auch mit einer kräftigen Strömungspumpe oder mit starkem Schütteln der Kolonie funktioniert das gut. Sicherheitshalber sollte man die Koralle nicht gleich nach der Behandlung in das Hauptbecken zurücksetzen, denn es kann immer sein, dass noch Eier übersehen wurden und die Plage dann von Neuem beginnt. Parallele Versuche mit alternativen Mitteln (z. B. Malachitgrün) blieben bei den Schnecken und bei den Eiern ohne Erfolg.

Fressfeinde

Da die ganze Prozedur höchst arbeitsintensiv war, suchten wir nach natürlichen Fressfeinden. Die befallenen Fragmente wurden in separate Becken ausgelagert und verschiedene Fische dazugesetzt.

Die getesteten Fische waren *Synchiropus splendidus, S. ocelatus, S. picturatus, Pseudocheilinus hexataenia* und *Halichoeres iridis*. Erstaunlicherweise waren alle ungeeignet, da sie sich nicht sonderlich an den Schnecken vergriffen. Wirklichen Erfolg hatten wir erst einige Zeit später mit dem sog. Kanarien-Lippfisch (*Halichoeres chrysus)*. Dieser wunderschön gelb gezeichnete Fisch entwickelte einen ungeheueren Appetit auf diese Schnecken und säuberte die Korallenfragmente innerhalb von Minuten. Seit wir diesen Fisch mit den *Montipora*-Korallen zusammen pflegen, trat die Plage kein einziges Mal mehr auf. Auch befreundete Aquarianer probierten dies aus und es klappte ausnahmslos immer.

Diese Korallen wurden im Lauf der Jahre getestet.
Anwendung: Ein Süßwasserbad zwischen 5 bis 10 Sekunden!

Fam. Xeniidae	*Nephthea*	*Seriatopora*
Anthelia	(*Litophyton*)	*Stylophora*
Cespitularia	*Capnella*	
Xenia		**Fam. Poritidae**
Heteroxenia	**Fam. Alcyoniidae**	*Goniopora*
	Cladiella	*Alveopora*
Fam. Nephtheidae	*Studeriotes sp.* (Syn.	
Siphonogorgia	*Sphaerella krempfi*)	**Fam. Fungiidae**
Scleronephthya		*Fungia*
Dendronephthya	**Alle Hornkorallen**	*Heliofungia*
Stereonephthya		
Lemnalia	**Fam. Pocilloporidae**	**Fam. Acroporidae**
Paralemnalia	*Pocillopora*	*Montipora*

Tabelle 5: Korallen die ein Süßwasserbad nicht vertragen.

Isolierte Bäumchen-Nacktschnecke aus der Gattung *Dendronotus*. Foto: J. Pfleiderer

Eine Nacktschnecke auf Scheibenanemonen und Weichkorallen

Gerne gepflegt werden in Meerwasseraquarien auch verschiedene Scheibenanemonen. Besonders auf diversen *Discosoma*- und *Rhodactis*-Arten findet man nicht selten eine winzige Nacktschnecke aus der Gattung *Dendronotus*, die sog. Bäumchen-Nacktschnecke. Ihren deutschen Namen erhielt die Gattung aufgrund der baumartig anmutenden Körperanhänge. Die mehr oder weniger zahlreichen Anhängsel auf dem Rücken der Schnecke, die Cerata, enthalten kleine Hohlräume, die als „Cnido-Säckchen" bezeichnet werden. Darin speichert die Nacktschnecke die Nematocysten (Nesselzellen) ihrer Wirtstiere.

Wie sich im Lauf der Zeit herausstellte, sind diese Nacktschnecken allerdings nicht nur auf Scheibenanemonen spezialisiert. *Sarcophyton, Xenia, Anthelia, Clavularia* und *Pachyclavularia* gehören ebenfalls zu ihren Favoriten. An der Form und Farbe der Körperanhängsel erkennt man vielfach das Wirtstier, auf das sich die betreffende Schnecke spezialisiert hat, denn diese sind dem Wirt bisweilen täuschend echt nachgeahmt.

Rhodactis-Scheibenanemonen sind häufig von Nacktschnecken befallen. Foto: L. Gessert

Schadensbild

Bemerkt man, dass vereinzelte Scheibenanemonen oder andere Weichkorallen stark zusammengezogen sind oder (bei kleineren Exemplaren) gar komplett verschwinden, ist besondere Wachsamkeit geboten.

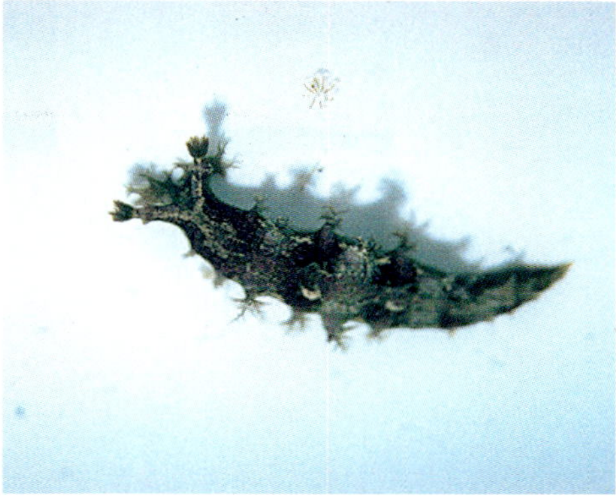

Diese Nacktschnecke war auf den *Discosoma*-Scheibenanemonen vorzüglich getarnt.
Foto: (links) R. Latka
Foto: (rechts) A. Luty

Maßnahmen

Auf keinen Fall Süßwasserbäder anwenden. Die Schnecken sind zu zäh. Entweder die Schnecken durch mehrere nächtliche Such- und Absaugaktionen dezimieren oder gleich geeignete Fressfeinde einsetzen.

Fressfeinde

Als effektive Fressfeinde stehen uns hier die Lippfische *Pseudocheilinus hexataenia* (Sechsstreifen-Lippfisch), *Pseudocheilinus tetrataenia* (Vierstreifen-Lippfisch) sowie Lippfische aus der Gattung *Halichoeres* zur Verfügung. Sie alle leisten solide Arbeit, indem sie die Schnecken im Lauf der Zeit soweit dezimieren, dass sie keinen sichtbaren Schaden mehr anrichten. Selbst als ich die Lippfische nach einem Jahr aus dem Becken nahm, kamen keine neuen Schnecken mehr nach.

Für kleine parasitierende Nacktschnecken der beste Fressfeind: *Halichoeres chrysus*, der Kanarien-Lippfisch.
Foto: H. Kirchhauser

Auf einen Blick

Nacktschnecken

Schadensbild

Schadensbild bei *Tritonia*-Nacktschnecken: Fraßspuren an Weichkorallen wie *Cladiella-*, *Nephthea-*, *Sarcophyton-* und *Sinularia*-Arten. Diese Korallen bzw. Teile davon zerfallen aus unerklärlichen Gründen.

Schadensbild bei *Dendronotus* (Bäumchen-)Nacktschnecken: Vereinzelte Scheibenanemonen (hauptsächlich die Gattungen mit Zotteln auf der Oberfläche, in denen sich die Schnecken gut getarnt bewegen können) oder andere Weichkorallen sind stark zusammengezogen bzw. kleinere Exemplare sind komplett verschwunden.

Schadensbild bei *Montipora-* bzw. *Acropora*-Nacktschnecken: Die auffälligsten Symptome sind vereinzelte kleine, helle Stellen auf der Korallen-Kolonie, die immer heller werden. Das Gewebe stirbt nach und nach ab. Bei genauer Betrachtung sind winzige weiße Pünktchen zu entdecken. Die Koralle wird nach einiger Zeit mit weißen Feldern förmlich übersät.

Ursache

Die vorgestellten Schnecken

Maßnahme

In allen Fällen gilt, dass man für die Korallen **keine** Süßwasserbäder anwenden sollte! Die meisten Korallen würden die Dauer eines Bades, die man benötigt, um die Schnecken abzutöten, nicht überleben (siehe Tabelle 5).
Für all diese Nacktschnecken haben sich Lippfische als Fressfeinde bewährt. Der beste von allen ist meiner Meinung nach *Halichoeres chrysus,* der Kanarien-Lippfisch. Auch meine zahlreichen aquaristischen Wegbegleiter bestätigen das. Er beseitigt auch frisch geschlüpfte Schnecken der Gattung *Tritonia*. Mit den ausgewachsenen Exemplaren ist er jedoch überfordert. Sie muss man entweder mit größeren Lippfischen bekämpfen (**Achtung:** Hier können allerdings die großen Lippfische für das Becken schädlicher sein als die Schnecken) oder aber – was die beste Lösung ist – einfach absaugen.

Kapitel 9 Schwämme

Der Ohrschwamm *Collospongia auris* kann sich im Aquarium durch starke Wucherung zur Plage entwickeln. Foto: J. Kirchhauser

Der Ohrschwamm *C. auris* an der Basis einer Weichkorallenkolonie wurde mit der Zeit zum Problem. Foto: A. Luty

9 Der Ohrschwamm *Collospongia auris*

Dieser Schwamm ist im Indo-Pazifik weit verbreitet. Er wächst kriechend und bildet tellerförmige (ohrförmige) Exemplare mit aufrecht stehenden Lappen aus. Der Unterschied zu vielen anderen Schwämmen ist bei *C. auris*, dass sein Schwammgewebe viel zäher ist. Es ist lederartig und eher vergleichbar mit den Lederschwämmen des Mittelmeers. Der Schwamm kann im Aquarium stark wuchern!

Beim Überwuchern der Dekoration verdrängt er aufgrund seiner Blaualgen im Gewebe massiv zooxanthellate Korallen an lichtexponierten Plätzen. Er kann die Korallen schon aus einiger Entfernung schädigen. Das wird durch einen abiotischen Saum verursacht, den das wachsende Schwammstück vor sich herschiebt. In diesem Bereich wird ein bräunlicher Schleim abgesondert, der die Symbiose der Zooxanthellen mit den Korallen beeinträchtigt (Mebs 1989).

Schadensbild

Im Riffaquarium wird der Ohrschwamm allmählich zur Plage und überwuchert fast die gesamte Dekoration. Auch *Tridacna*-Muscheln werden überwachsen und sterben im Lauf der Zeit ab.

Maßnahmen

Mitunter hilft das Abreißen großer Platten, jedoch findet der Schwamm durch verdriftende Stücke schnell einen neuen Siedlungsplatz, und auch der reduzierte Bestand wächst irgendwann nach. Man sollte also vor dem mechanischen Beseitigen die Strömung im Aquarium einige Zeit abstellen und die durch den Abriss freigewordenen Gewebestückchen sofort restlos absaugen.

Effektiver ist aber das Punktieren mit Salzsäure. Mit einer Spritze werden einmal pro Woche 3 x 15 ml 27 %ige Salzsäure (Baumarkt) durch mehrfaches Anstechen in den Schwamm verteilt. Etwa eine Stunde danach wird ein 10 %iger Wasserwechsel

Die Injektion mit Salzsäure führt dazu, dass der Schwamm bräunlich wird und sich aufhellt. Nach wenigen Tagen beginnt er sich aufzulösen.
Fotos: A. Luty

durchgeführt. Beim Einspritzen ins Gewebe muss man etwas suchen, um möglichst einen Kanal zu finden, sodass sich die Säure großflächig verteilt. Steigen Blasen auf, entweicht die Salzsäure ins Wasser, dann sollte man sich eine neue Schwammpartie für die Behandlung suchen. Unmittelbar nach dem Einspritzen hellt sich der Schwamm auf, wird bräunlich und verfärbt sich innerhalb von 24 Stunden zu hellem Ocker. Nach 2 bis 3 Tagen beginnt er sich völlig aufzulösen.
Das Problem bleiben jedoch viele kleine Schwammreste in den Randzonen, die in der Folgezeit sehr mühsam nachbehandelt werden müssen.

Fressfeinde

Fressfeinde des Schwamms sind kaum bekannt. Der Kaiserfisch *Apolemichthys trimaculatus* - ein Schwammfresser - frisst nicht wirklich an diesem Schwamm, er tupft nur die Beläge von der Oberfläche. Mitunter fressen Seesterne wie z. B. *Linckia multifora* am Schwamm, aber dadurch werden auch nur kleinere Flecken aufgelöst. Einer Plage werden diese Tiere nicht Herr.

Linckia multifora spielt kaum eine Rolle bei der Reduzierung einer Plage.
Foto: Dr. H. Moosleitner

Auf einen Blick
Collospongia auris

Schadensbild

Ein blaugrauer, zäher, lederartiger Schwamm wächst bedrohlich nahe an diverse Korallen. Das Gewebe der Korallen stirbt in der Nähe des Schwamms ab. Große Teile der Dekoration sind dachziegelähnlich von Schwammgewebe überzogen.

Ursache

Der Ohrschwamm *Collospongia auris*.

Maßnahme

Am effektivsten wird der Schwamm bekämpft, wenn man große Teile davon mit einem scharfen Messer (Teppichmesser oder Ähnliches) ausschneidet und aus dem Aquarium nimmt. Die restlichen Teile können mit Salzsäure punktiert werden. Bei der Behandlung muss man aufpassen, dass keine Gewebeteile im Becken verdriften. Selbst kleinste Gewebestückchen fassen irgendwo in der Dekoration wieder Fuß und wachsen weiter.

Kapitel 10
Seesterne

Die kleinen Seesterne der Gattung *Asterina* können in Massen im Aquarium auftreten.

Zwei Gänsefuß-Seesterne (Pfeile) als blinde Passagiere auf einem neu erworbenen Korallenableger.

10 Gänsefuß-Seesterne der Gattung *Asterina*

Eine für das Meerwasseraquarium etwas problematische Seesterngattung sind die Gänsefuß-Seesterne *Asterina spp.*
Besonders *Asterina burtoni* und nahe verwandte Arten, die allerdings voneinander nur schwer abzugrenzen sind, gelangen häufig als „blinde Passagiere" mit lebenden Steinen oder auch an Substrat, auf dem die Korallen sitzen, in das Aquarium.
Es gibt sie in Varianten mit fünf, sechs oder mehr Armen, was speziell auf ihre asexuelle Vermehrung durch Teilung der Mundscheibe zurückzuführen ist. Im Allgemeinen werden diese Seesterne nicht sehr groß (im Aquarium max. 2 bis 3 cm), sie haben aber eine hohe Vermehrungsrate.

Schadensbild

Auf Korallen

Diese Seesterne trifft man hin und wieder auf Korallen an, von denen sie in einigen Fällen das lebende Gewebe fressen! Insbesondere sind davon die Feuerkorallen (*Millepora spp.*) betroffen. Auf *Acropora*-Arten und auf der blattförmig wachsenden Gattung *Pachyseris* kann man sie zwar ebenfalls antreffen, aber in der täglichen Praxis habe ich, außer bei den Feuerkorallen, noch nie beobachtet, dass sie sich in das lebende Gewebe von *Acropora* oder *Pachyseris* gefressen haben. Es ist wahrscheinlich, dass sie dort entweder nur das bereits geschädigte Gewebe oder Gewebe, das von Algen übersiedelt wurde, fressen.
Bei Feuerkorallen ist jedoch eindeutig zu sehen, dass sie deren Gewebe fressen. Das ist aber nicht immer so und trifft auch nur dann zu, wenn die Seesterne eine gewisse Größe erreicht haben.
Der Ablauf ist wie folgt: Die Seesterne kriechen auf die Feuerkoralle, sobald diese die Polypen eingezogen hat oder sich häutet. Dann fressen sie das Gewebe.
Das Seltsame ist aber, dass sie bereits wenigen Stunden, nachdem sie das Gewebe gefressen haben, förmlich zerplatzen. Wahrscheinlich passiert das durch das star-

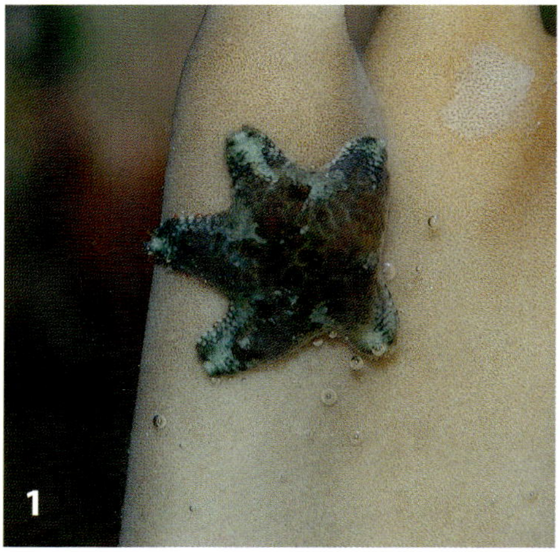

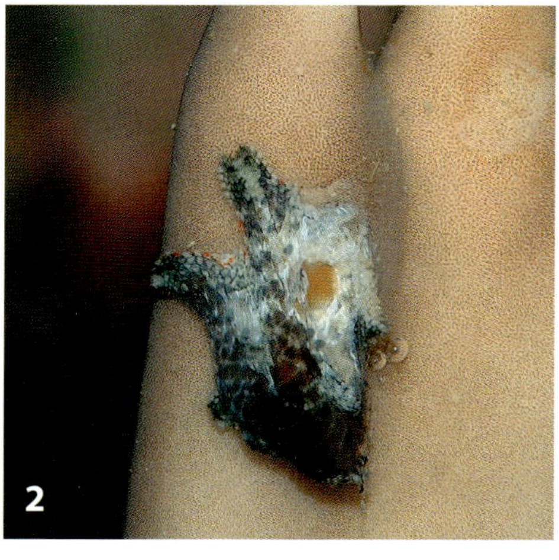

Ein *Asterina*-Seestern frisst an einer Feuerkoralle (1). Bereits nach kurzer Zeit beginnt er sich aufzulösen (2). Fotos: D. Stüber

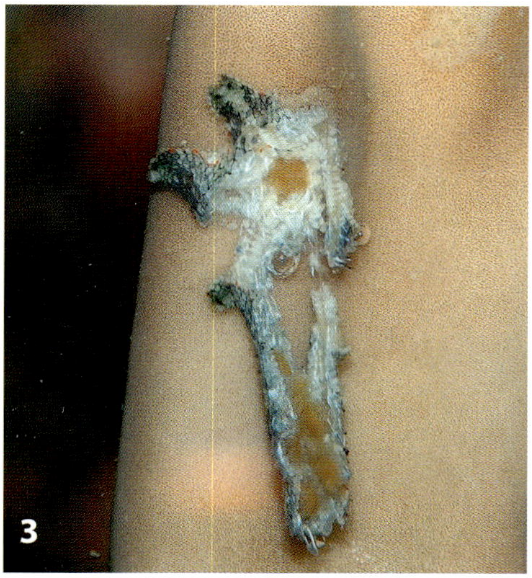

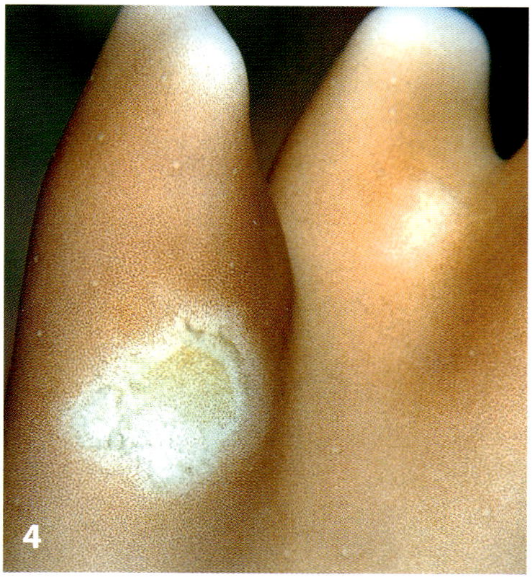

Nachdem er förmlich zerplatzt (3) und von der Koralle abgefallen ist, erkennt man deutlich die Fraßspur (4). Fotos: D. Stüber

ke Nesselgift der Feuerkorallen. Die Fraßspuren im Gewebe regenerieren aber in einem gesunden Aquarienmilieu wieder recht schnell.

Auf Kalkrotalgen

In großer Zahl werden die Seesterne den Kalkrotalgen gefährlich. Beobachtet man, dass diese plötzlich verschwinden, muss gehandelt werden.

Maßnahmen

Als „Erste Hilfe" hat sich das morgendliche Absammeln der Seesterne von den Aquarienscheiben bewährt. Mit einem dünnen Rohr unter Zuhilfenahme einer leistungsstarken Pumpe können sie bei jedem Wasserwechsel abgesaugt werden. Arbeitet man hier kontinuierlich, können sie schon sehr gut eingedämmt werden. Es wird aber stets eine Menge Ritzen und anderer Stellen geben, die für den Aquarianer dennoch unerreichbar bleiben.

Eine recht große Zahl von ihnen kann man entfernen, wenn ein großer, leistungsstarker Topffilter locker mit Watte oder grobem Schaumstoff gefüllt wird. Dabei benötigt man hier als Ansaugschlauch die Größe 16/22 mm, damit die Seesterne nicht im Schlauch steckenbleiben. So werden sie ohne großen Wasserverlust abgesaugt. Am effektivsten ist diese Arbeit, wenn man vor dem Einschalten der Beleuchtung möglichst viele Seesterne entfernt.

Fressfeinde

Eine Methode für sehr große Becken ohne Garnelenfresser ist der Kauf einer Harlekin-Garnele (*Hymenocera spp.*). So klein dieses Tier auch ist, es wird sich regelrecht durch die Seesterne fressen. Binnen kürzester Zeit wird das Becken seesternfrei sein. Allerdings fängt nach dem Aussterben der Seesterne das Problem mit der Garnele an. Sie wird verhungern, wenn sie nicht regelmäßig ihre Seesternmahlzeit bekommt. So meine ich, dass es besser ist, wenn man die Seesterne nur absammelt und die Harlekin-Garnelen im Meer lässt.

Die Harlekin-Garnele (hier: *Hymenocera pica*) ist der effektivste Fressfeind. Wird sie eingesetzt, dürfen natürlich keine anderen Seesterne im Aquarium sein, denn diese werden zuerst gefressen. Foto: J. Hinterkircher

Auf einen Blick
Asterina-Seesterne

Schadensbild

Morgens an der Frontscheibe des Aquariums sind extrem viele kleine Seesterne mit 5, 6 oder mehr Armen zu beobachten. Auf Korallen sitzen diese Seesterne ebenfalls. Dort richten sie allerdings nur wenig Schaden an. Sollten die Calcium- und Magnesiumwerte im Aquarium korrekt eingestellt und gleichzeitig viele Seesterne anwesend sein, könnte das Verschwinden der Kalkrotalgen auf die Anwesenheit dieser Seesterne zurückzuführen sein.

Ursache

Die beschriebenen *Asterina*-Seesterne.

Maßnahme

Die beste Maßnahme ist das geduldige Absammeln der Sterne. Mit einem großen Topffilter, bepackt mit Watte, und einem mindestens 16/22 mm (Durchmesser) großen Schlauch lässt sich das am einfachsten durchführen. Als Fressfeinde kommen Harlekin-Garnelen (Gattung *Hymenocera*) zum Einsatz.

Kapitel 11
Strudelwürmer

Roter Strudelwurm auf einem *Caulerpa*-Blatt. Foto: H. Kirchhauser

Weiße Strudelwürmer werden von allen Leierfischen gefressen. *Synchiropus picturatus* sucht genauso aktiv nach ihnen wie der auf der gegenüber liegenden Seite abgebildete *Synchiropus stellatus*. Fotos: H. Kirchhauser

11 Weiße Strudelwürmer ohne Symbiosealgen

Besonders beim Einrichten und während der Einfahrphase eines Meerwasseraquariums begegnet man häufig kleinen, 5 bis 10 mm messenden, weißlich-transparenten doppelschwänzigen Strudelwürmern. Hierbei handelt es sich um Arten aus der Gattung *Amphiscolops*. Gut erkennbar sind sie an ihrem abgerundeten Vorderteil und dem deutlich gegabelten Hinterende. Besonders diese Strudelwürmer sind zu unrecht gefürchtet, denn bei ihnen handelt es sich um harmlose Zeitgenossen. Sie werden mit lebenden Steinen eingeschleppt und vermehren sich nach der Massenentwicklung winziger Copepoden. Diese Copepoden geben Duftstoffe ab, aufgrund derer sie von den Strudelwürmern verfolgt werden.
Sobald die Massenvermehrung der Kleinkrebse, die sich von zerfallenden Kieselalgen ernähren, nachlässt, geht auch die Vermehrung dieser Strudelwürmer zurück.
Man findet die Würmer häufig nach der Neueinrichtung eines Meerwasseraquariums, wenn noch eine größere Menge Kieselalgen im Becken ist. Überhaupt entwickeln sich vor allem in frisch eingerichteten Becken allerhand weitere ähnliche Arten, die als Restevertilger, Aasfresser oder auch Räuber auftreten.

Schadensbild

Eine Massenvermehrung dieser Strudelwürmer setzt nur ein, wenn im Aquarium zu üppig gefüttert wird, nicht gefressenes

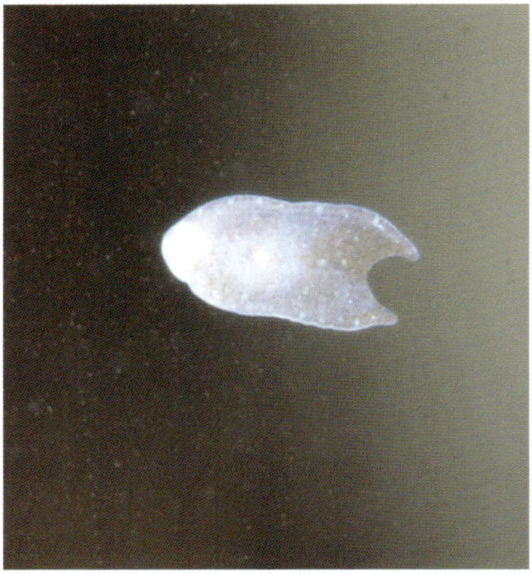

Weiße Strudelwürmer sind harmlos und vielfach in der Einlaufphase eines Meerwasserbeckens zu sehen.

Futter am Boden liegt und dort langsam vergammelt. Ein starkes Kieselalgenwachstum trägt ebenfalls zur Vermehrung dieser Strudelwürmer bei.

Maßnahmen

Reduzierung der übertriebenen Futterzugabe und gleichzeitige Minimierung der Kieselalgen. Diese lassen sich fast komplett vermeiden, wenn man für die Wasseraufbereitung eine gute Osmose-Anlage benutzt. Beim regelmäßigen Wasserwechsel kann ein Großteil der Würmer abgesaugt werden.

Fressfeinde

Lippfische (*Halichoeres spp.*) und Mandarinfische der Gattung *Synchiropus* (*S. stellatus* und *S. ocellatus*) dezimieren die weißen Strudelwürmer zuverlässig. Hier ist allerdings zu erwähnen, dass der häufig zitierte *Halichoeres marginatus* eine Endgröße von 18 cm erreicht. Für kleine Becken bis 500 Liter erscheint er mir zu groß und zu grob.

11.1 *Waminoa spp.* Korallen-Strudelwürmer

Diese Strudelwümer, bei denen es sich in unseren Aquarien in erster Linie um die Gattung *Waminoa* handelt, leben generell auf Korallen. Hauptsächlich haben wir es mit *Waminoa litus* oder *W. brickneri* zu tun. *W. litus* stammt aus australischen Gewässern. Dort lebt sie meist auf Weichkorallen der Gattung *Sarcophyton*, wird aber auch in mikronesischen Gewässern vermehrt auf *Porites*-Steinkorallen angetroffen. Weitere

Waminoa-Strudelwürmer sind auf vielen Korallen zu finden. Fotos: H. Kirchhauser

Exemplare dieser Gattung finden sich auf Korallen des Roten Meeres. Dort handelt es sich hauptsächlich um die Art *Waminoa brickneri* (Ogunlana et al. 2005), aber auch über asiatische Exporte kommen *Waminoa*-Arten zu uns. Der weitaus größte Teil der Populationen wird meinen Beobachtungen zufolge allerdings von Aquarium zu Aquarium verschleppt.
Generell kann man sagen, dass es sich bei den *Waminoa*-Plattwürmern nicht um Pla-

gegeister handelt, die Korallen aktiv schädigen. Maxina V. OGUNLANA, Matthew D. HOOGE, Yonas I. TEKLE, Yehuda BENAYAHU, Orit BARNEAH und Seth TYLER (2005) haben bei Untersuchungen von *Wamnio brickneri* festgestellt, dass sich diese Plattwürmer, wie auch die *Convolutriloba*-Arten, nicht nur auf ihre Symbiosealgen verlassen, sondern auch aktiv fressen, aber in den Ausscheidungen der Tiere fanden die Wissenschaftler niemals Anteile von Korallen (Gewebe, Zellen, Zooxanthellen etc.). Allerdings können diese Plattwürmer die Korallen in so hoher Zahl besetzen, dass diese unter der Invasion extrem leiden und dadurch zugrunde gehen können. Also sollten wir versuchen, die Tierchen so schnell wie möglich loszuwerden.

Von Vorteil für uns ist, dass diese Würmer, wie oben erwähnt, ausschließlich auf Korallen leben. Hält man ihre Population gering, richten sie kaum Schaden an. Absaugen, ohne größere Schäden zu verursachen, kann man sie eigentlich nur von kleinpolypigen Steinkorallen und, wenn man sehr vorsichtig vorgeht, von robusten Lederkorallen wie eben *Sarcophyton*. Bei Weichkorallen oder großpolypigen Steinkorallen wie z. B. der Blasenkoralle (*Plerogyra spp.*), der Hammerkoralle (*Euphyllia spp.*) oder *Trachyphyllia geoffroyi* etc. verletzt man durch das Absaugen mit großer Wahrscheinlichkeit auch das empfindliche Gewebe – von *Xenia*- und *Anthelia*-Arten ganz zu schweigen. Somit ist Absaugen nur ein Mittel der Wahl, aber nicht unbedingt das Beste.

Schadensbild

Durchsichtige oder helle, meist fingernagelgroße Flecken auf Stein- und Weichkorallen. Der vordere und hintere Körperteil dieser Strudelwürmer ist rund. In der Mitte des Körpers kann man bei näherer Betrachtung eine Einschnürung entdecken, die allerdings nicht immer klar zu erkennen ist. wie die beigefügten Fotos verdeutlichen. Die Plattwürmer sind im Aquarium oft transparent, sodass die Färbung der Wirtskoralle durchscheint.

Waminoa-Strudelwürmer sitzen auf Korallengewebe. Foto: J. Hinterkircher

Nicht immer einfach zu entdecken: *Waminoa* im Mundbereich einer Scheibenanemone (Pfeil).
Foto: H. Kirchhauser

Maßnahmen

Süßwasserbäder (und ihre Problematik)

Entdeckt man bei einem frisch erworbenen Tier bereits im Transportbeutel *Waminoa*-Strudelwürmer, so gibt es die Möglichkeit, das Tier mitsamt dem Siedlungssubstrat einem Süßwasserbad zu unterziehen. Hierbei kommt uns Aquarianern zugute, dass Strudelwürmer einen plötzlichen Dichteschock überhaupt nicht vertragen. Mit einem befreundeten Aquarianer habe ich einmal ausprobiert, welche Korallen ein Süßwasserbad wie verkraften. Hierbei stellte sich Folgendes heraus: Kleinpolypige Steinkorallen (außer *Montiopra*-, *Porites*- und *Seriatopora*-Arten) und *Tridacna*-Muscheln vertragen ein 5 bis 10 Sekunden währendes Bad einigermaßen gut, aber *Anthelia*-, *Cespitularia*-, *Xenia*-, *Cladiella*- und *Klyxum*-Weichkorallen überhaupt nicht. Generell sind alle Hornkorallen äußerst problematisch, wie auch die Orgelkoralle (*Tubipora musica*), aber auch die *Fungia*- und *Heliofungia*-Arten werden nach einem Süßwasserbad fast immer verenden.
In der Praxis zeigt dieses Bad bei den Würmern aber erst nach 8 bis 10 Sekunden Wirkung und erst nach ca. 20 bis 25 Sekunden sind die meisten dieser Plattwürmer abgestorben. Als lästige Begleiterscheinung tritt allerdings auf, dass dann die meisten Korallen ebenfalls „hinüber" sind. Aus diesem Grunde habe ich es aufgegeben, die Korallen beim Befall mit *Waminoa*-Plattwürmern einem Süßwasserbad zu unterziehen.

Das Iod-Bad (Betaisodona)

Ich favorisiere ein Iod-Bad (Betaisodona)! Wie Sie dieses Bad vornehmen, lesen Sie in Kapitel 11.4 über die roten Strudelwürmer *Convolutriloba retrogamma*". Die Vorgehensweise ist identisch.

Fressfeinde

Die Durban-Tanzgarnele *Rhynchocinetes durbanensis* (Gordon 1936) ist eine wunderschöne Garnele von max. 4 cm Körper-

Kann *Waminoa*- und *Acropora*-Strudelwürmern gefährlich werden: die Tanzgarnele *Rhynchocinetes durbanensis*.

länge, die in einer Gruppe von 4 bis 8 Tieren gut zu pflegen ist. Sie akzeptiert das übliche Frostfutter, frisst aber auch Futtertabletten. Hält man diese Garnele im üblichen Korallenriffaquarium, kann man mit ihr aber an verschiedenen Weichkorallen und großpolypigen Steinkorallen böse Überraschungen erleben, denn an diesen Korallen frisst sie bevorzugt herum. Auch eine gezielte und ausreichende Fütterung der Tanzgarnelen hat bei mir nicht verhindert, dass sie an den Korallen fraßen. Man bemerkt das erst, wenn man ihr Tun lange Zeit sorgfältig beobachtet.
Seit einiger Zeit werden diese Garnelen in separaten Becken zu Neuzugängen von Korallen gesetzt. Dort sollen sie sämtliche Parasiten einschließlich deren Eier von den Korallen fressen und diese komplett von den „Plagegeistern" befreien. Das klappt beim *Acropora*-Strudelwurm und auch bei den *Waminoa*-Strudelwürmern, aber wie gesagt, nur, wenn die Garnelen sehr hungrig sind. Für Korallenzüchter mit einer hohen Umsatzrate an Korallen ist das sicher interessant. Für Privataquarianer ist die Betaisodona-Methode genauso effektiv!

11.2 Doppelschwänzige rotbraune Strudelwürmer

Hin und wieder fand ich auch Strudelwürmer, die eine dunkelrotbraune Färbung aufwiesen, aber deren Hinterteil nur zweischwänzig war. Diese Würmer saßen am liebsten knapp unter der Wasseroberfläche und bildeten dort mitunter große Ansammlungen, aber keine echte Plage. Wischt man sie bei der Scheibenreinigung weg, sind sie spätestens am nächsten Tag wieder an Ort und Stelle. Unter dem Mikroskop entdeckte ich in diesen Strudelwürmern geringe Mengen Algen (Symbiosealgen?), doch im Aquarium konnte man deutlich sehen, wie sie aktiv Beläge (Biofilme) abweideten. Diese Biofilme wurden durch die Zugabe mit silikathaltigem Leitungswasser als Verdunstungswasser geradezu gemästet, und dementsprechend gut gediehen sie. Sobald ich auf Osmosewasser ohne nachweisbare Kieselsäure umschwenkte, reduzierten sich auch die Würmer deutlich. Zur Überprüfung der Sauerstofftoleranz dieser Strudelwürmer machte ich folgendes Experiment:

Die Strudelwürmer wurden in drei verschiedenen Becken angesiedelt.

Zuerst in einen kleinen Kunststoffkasten (Kasten = ¼ Liter Wasser) ohne Belüftung mit zuerst lebenden, dann (um den Sauerstoffgehalt zu reduzieren) abgestorbenen Artemien.

Zweitens in ein Nano-Becken mit 50 Litern Inhalt, stark beströmt, aber ohne Abschäumer.

Drittens im Hauptbecken mit hohem Tierbesatz, bester Strömung und starker Abschäumung.

In diesen Behältern konnte ich folgende Sauerstoffwerte messen *(siehe Tabelle 6 gegenüberliegende Seite)*.

Trotz zum Teil extremer Sauerstoffdefizite lebten diese Strudelwürmer ohne Anzeichen

Bild rechts: Die doppelschwänzigen Strudelwürmer lebten hauptsächlich knapp ober- und unterhalb der Wasserlinie. Dort ernährten sie sich vom Biofilm.

	Kasten	Nanobecken	Hauptbecken
Temp. °C	22,8	23,4	24,4
Dichte (Tropic Marin)	1,0278	1,0232	1,0226
Theoretische 100 % O_2-Sättigung	6,9 mg/l	7,1 mg/l	7,2 mg/l
Gemessener O_2-Wert	< 2 mg/l	5 mg/l	6 mg/l

Tabelle 6: Experiment zur Überprüfung des Sauerstoffbedürfnisses der beschriebenen doppelschwänzigen Turbellarie. O_2-Messung zwei Stunden nach dem Einschalten des Lichts.

von Unwohlsein weiter. Nun entschloss ich mich noch der Vollständigkeit halber zu einem Extrem-Experiment.

Zwei Petrischalen wurden mit jeweils zwei Strudelwürmern bestückt. Die Schalen wurden gut beleuchtet, aber fast ohne Sauerstoff < 1 mg/l und gänzlich ohne Futter betrieben. Der Test begann am 09.04.2010. Die Strudelwürmer lebten normal weiter.
Am 16.4. 2010 wurden *Artemia*-Nauplien hinzugefügt, die aus Futtermangel nach 3 Tagen abstarben. Nun ließ sich ein Sauerstoffgehalt gar nicht mehr nachweisen (die Schalen waren abgedeckt).
Am 21.4.2010 lebten die Strudelwürmer immer noch. Allerdings fand in dieser Zeit keine Vermehrung statt. Die setzte erst wieder ein, als die Bedingungen verbessert wurden.

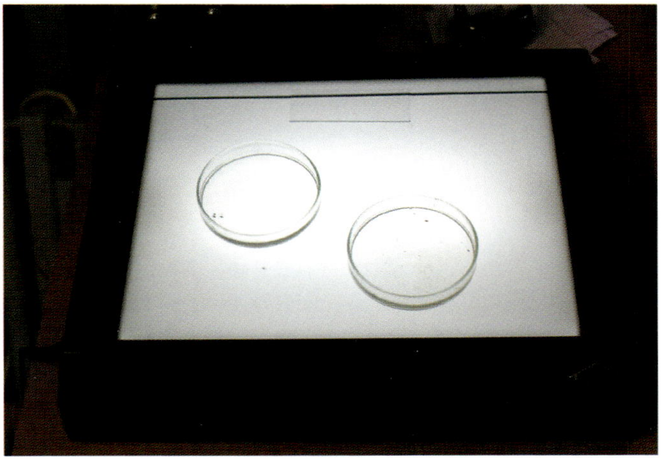

Dieses Experiment verdeutlicht, dass bei den zweischwänzigen rotbraunen Strudelwürmern kein Nachlassen der Vermehrung durch maßvollen Sauerstoffentzug provoziert werden kann. Nur durch extremen Sauerstoffentzug (Petrischalen), wie er im Riffaquarium niemals stattfinden darf, wurde die Vermehrung reduziert.

Das obere Foto zeigt das Nano-Aquarium, in dem mit den Strudelwürmern experimentiert wurde.
Unten das Extrem-Experiment mit den beiden Petrischalen.

Convolutriloba macropyga sp. nov. wird in Aquarien relativ selten angetroffen.
Foto: J. Pfleiderer

Schadensbild

Doppelschwänzige rotbraune Plattwürmer an den Scheiben des Aquariums. Korallen werden nicht besetzt oder geschädigt!

Maßnahmen

Reduzierung der übertriebenen Futterzugabe und gleichzeitige Minimierung der Kieselalgen. Diese lassen sich fast komplett vermeiden, wenn man für die Wasseraufbereitung eine gute Osmose-Anlage benutzt und zusätzlich einen Phosphatadsorber (der nebenbei auch Kieselsäure entfernt) ins Aquarium gibt. Beim regelmäßigen Wasserwechsel die Würmer mit absaugen.

Fressfeinde

Mandarinfische der Gattung *Synchiropus* (*S. stellatus* und *S. ocellatus*).

11.3 *Convolutriloba macropyga*

Dass wir es in unseren Aquarien nicht nur mit der viel zitierten roten *Convolutriloba* zu tun haben, beweist dieses Foto, das von Jürgen Pfleiderer in einem Meerwasseraquarium aufgenommen wurde. Grünliche Färbung, verursacht durch Zoochlorellen, und der charakteristisch rote Punkt am Schwanzende sind die Artmerkmale des Plattwurms *Convolutriloba macropyga sp. nov.* Thomas Shannon und Johannes G. Achatz (2007) fanden diese Würmer in einem Aquarium in Marietta, Georgia, USA, und untersuchten diese Strudelwürmer genauer. Sie stellten fest, dass bei diesen Plattwürmern die Vermehrungsrate an viele Parameter gekoppelt ist. Wasserqualität, Lichtstärke und -qualität, Strömungsstärke usw. haben einen Einfluss darauf, wie oft eine Teilung stattfindet. Von den abiotischen Faktoren scheint die Lichtintensität einen enormen Einfluss auf die ungeschlechtliche Vermehrung zu haben.

Für Aquarianer interessante Experimente

Tiere, die in völliger Dunkelheit gehalten wurden, vermehrten sich alle 10 Tage durch eine Teilung. Tiere unter normaler Beleuchtung vollzogen schon alle 6,4 Tage eine Teilung und Tiere unter Starklicht vermehrten sich alle 2,9 Tage. Fünfzig Prozent der Tiere starben bei einer Salinität unter 24 ppt und einer Salinität über 44 ppt.
Die Forscher unternahmen weiterhin mit den Arten *Convolutriloba hastifera, C. retrogemma, C. longifissura* und der hier vorgestellten *C. macropyga* sehr interessante Experimente bezüglich der Überlebensrate in völliger Dunkelheit. So wollten sie zeigen, wie überlebensfähig die Symbiosealgen der jeweiligen Arten waren. Dieses Experiment wurde an jeweils 24 ausgewachsenen Strudelwürmern der zitierten Arten durchgeführt.
Convolutriloba hastifera stellte sich als echter Überlebenskünstler heraus. Die Algen waren erst nach 35 Tagen abgestorben. Bei *C. retrogemma* dauerte es 26 Tage, bei *C. macropyga* 23 Tage und bei *C. longifissura* ca. 22 Tage. Dies verdeutlicht, dass ein Ausschalten der Beleuchtung für einige Tage,

wie es hin und wieder empfohlen wird, überhaupt keine negativen Auswirkungen auf diese Strudelwürmer hat (2007).
Bei den Experimenten wurden den Versuchstieren täglich *Artemia*-Nauplien zugefüttert, um ein vorzeitiges Verhungern der Strudelwürmer mangels fester Nahrung zu vermeiden. Man wollte in erster Linie erforschen, wie lange es die Symbiosealgen ohne Licht aushalten.

Gifte der Strudelwümer

Weiterhin unternahmen Shannon und Achatz (2007) Versuche zur Giftigkeit zerstörter Strudelwürmer. Auch hier wurden Experimente an allen vier Arten *Convolutriloba hastifera, C. retrogemma, C. longifissura* und *C. macropyga* vorgenommen.
Beim Zerquetschen der Würmer entwickelte sich ein stark nach Brom riechendes Sekret, das das Umgebungswasser augenblicklich gelblich färbte. Brom wird von Prokaryoten für die Entwicklung giftiger Schutzstoffe gebildet (Glaser 2008) und so war es kein Wunder, dass sämtliche Lebewesen (im Test waren es Artemien) bei einer Überdosierung zugrunde gingen. Das Gleiche passiert im Prinzip bei der Vernichtung der roten Strudelwürmer durch chemische Mittel wie Concurat-L. Die Würmer platzen und geben dieses giftige Sekret an das Wasser ab. Dazu später mehr.

11.4 Rote Strudelwürmer *Convolutriloba retrogemma* und *C. longifissura*

In einigen Riffaquarien entwickeln sich mitunter starke Ansammlungen rotgefärbter Acoela-Strudelwürmern. Die Rotfärbung ist lichtabhängig. Unter der üblichen Beleuchtung, wie sie für Riffaquarien eingesetzt wird, erscheinen die Strudelwürmer kräftig rot gefärbt. Wird die Lichtleistung reduziert, verblasst das Rot und erscheint im Extremfall hellbraun. Manchmal kommt es zu regelrechten Massenausbreitungen. Die roten Plattwürmer der Gattung *Convolutriloba* leben in der Regel nicht auf Korallen. Man findet sie in erster Linie auf Teilen der Dekoration, dem Bodengrund und an den Glasscheiben des Aquariums. Bei extremer Vermehrung und Platzmangel sitzen sie aber hin und wieder auch auf Korallen. Es scheint, dass die Nesselgifte ihnen nicht schaden.

Massenansammlung der roten Strudelwürmer auf einem lebenden Stein. Im Gegensatz zu den *Waminoa*-Arten sitzen diese nicht auf Korallen. Foto: H. Kirchhauser

Unterschiedliche Arten

Basierend auf vielen Diskussionen in der aquaristischen Literatur und im Internet hatte man bisher den Eindruck, dass es sich bei den im Aquarium zu findenden roten Plattwürmern immer um die Art *Convolutriloba retrogemma* handeln müsste. Arbeitet man sich aber in die spezielle wissenschaftliche Literatur zu diesem Thema ein, erkennt man leicht, dass zahlreiche Arten in vielen verschiedenen Meerwasseraquarien auf der ganzen Welt gefunden und von Wissenschaftlern beschrieben wurden. Wir haben es also nicht immer nur mit *C. retrogemma* zu tun. Die Artunterscheidung kann durch genaue Beobachtung der asexuellen Teilung einigermaßen klar gedeutet werden.

Convolutriloba retrogemma

Diese Art stellt innerhalb des *Convolutriloba*-Komplexes eine Ausnahme dar, weil sie sich nicht durch die übliche Querteilung vermehrt, sondern durch sog. „Budding“, das mit einer Art Knospung verglichen werden kann. Am dreizipfeligen Ende des Plattwurms bilden sich um 180° gedreht zur Mutter zwei Jungtiere, die mit allen Organen inklusive den symbiotoschen Algen von Anfang an ausgestattet werden (AKESSON und HENDELBERG 1989).

Strudelwurm *C. retrogemma* an der Aquarienscheibe. Foto: J. Pfleiderer

Die beiden großen Männer der Strudelwurmforschung Bertil AKESSON und Jan HENDELBERG untersuchten diese Art genau und stellten fest, dass *C. retrogemma* nicht alleine durch die Symbiose mit den einzelligen Algen existiert, sondern ein aktiver Lauerjäger ist („might be characterized as an ambush predator“). Hauptnahrung in den Experimenten waren *Artemia*-Nauplien. In der freien Umgebung eines Aquariums halten sie sich lieber an Kieselalgen (Diatomeen), Dinoflagellaten, *Tetraselmis*-Arten und andere einzellige Algen sowie Copepoden, Rädertiere, winzige Anneliden und andere kleine Organismen (AKESSON und HENDELBERG 1989).

Sind nur wenige Nahrungsorganismen vorhanden, dann können sich die roten Turbellarien gemäß meinen Beobachtungen nur langsam vermehren. Dies wurde auch in wissenschaftlichen Experimenten nachgewiesen: *C. retrogemma*, die sich ausschließlich vom Licht ernähren mussten, hatten gegenüber jenen, die noch zusätzlich mit Artemien gefüttert wurden, eine stark reduzierte Vermehrungsrate (AKESSON und HENDELBERG 1989).

Fakt ist, dass ein Kieselalgenwachstum im Aquarium eine Menge Mikroorganismen nach sich zieht, die sich alle von dem Überangebot an Algen ernähren. Ein Schlaraffenland auch für die roten Plattwürmer, die dann ihrerseits kräftig zulegen. Deshalb ist eine wirkungsvolle Entfernung von Kieselsäure (Silikat) ein wichtiger Punkt in der Prophylaxe gegen Turbellarien. Dazu gehört das gründliche Entfernen von Kieselsäure aus dem Ausgangswasser durch eine Osmoseanlage und ggf. auch im Aquarium durch ein Silikat-adsorbierendes Filtermittel (ROWAphos oder Silicarbon).

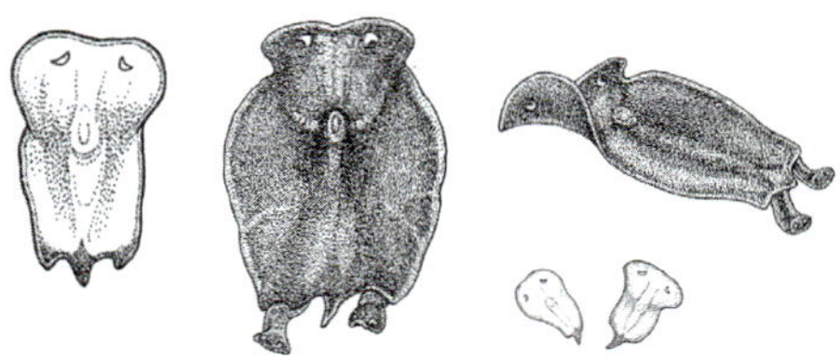

Der Strudelwurm *C. retrogemma* pflanzt sich durch Budding fort. Am Ende des Muttertieres bilden sich zwei neue Tiere. Grafik: Latka nach AKESSON und HENDELBERG 1989.

Convolutriloba longifissura

Eine zweite, für den Laien ähnlich aussehende Art ist *C. longifissura*. Lange Zeit war man in der aquaristischen Literatur der Auffassung, dass sich die Gattung *Convolutriloba* durch eine einfache Längsteilung vermehrt. Fotos hierzu existieren genügend. Allerdings geht bei der ebenfalls häufig in Aquarien anzutreffenden *C. longifissura* zuerst eine Abschnürung des Schwanzteils voraus und dann noch einmal eine Längsteilung dieses Schwanzes. Man spricht vom Schmetterlingsstadium (HENDELBERG et al. 2001). In der frühen Teilungsphase von *C. longifissura* sind die abgeschnürten Teile noch inaktiv, aber bereits kurze Zeit später enthalten sie die gesamte Zellorganisation wie das Muttertier (HENDELBERG und AKESSON 1988, 1989, 1991).

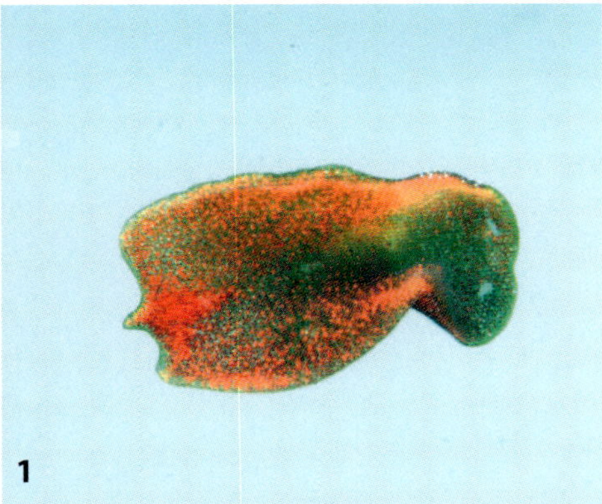

1

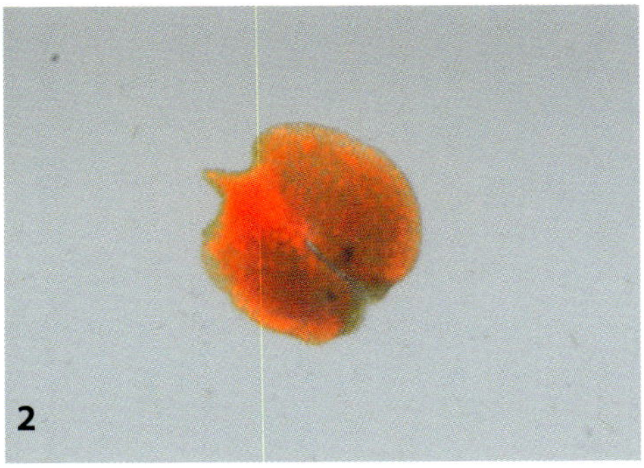

2

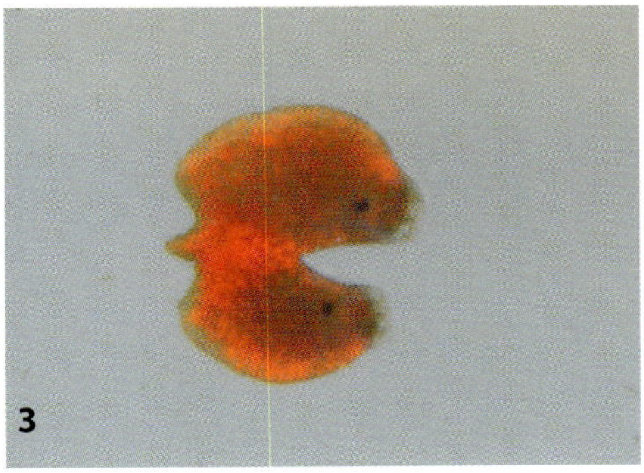

3

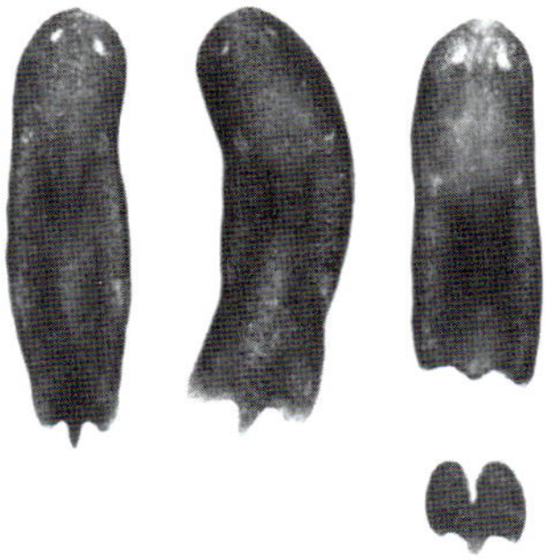

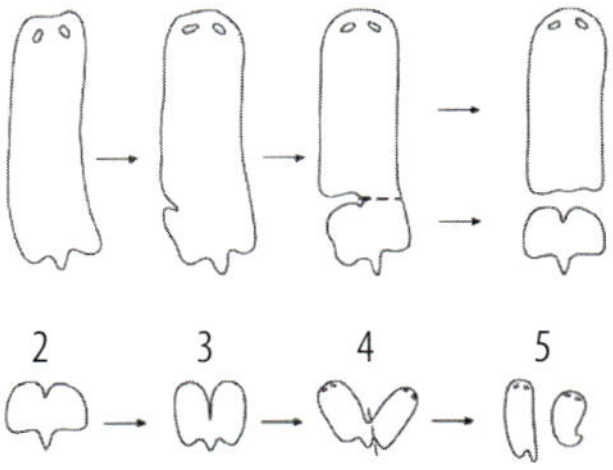

Der Strudelwurm *C. longifissura* pflanzt sich durch Abschnürung fort. Zuerst trennt sich der Schwanz vom Muttertier. Dieser Teil durchläuft dann das sog. Schmetterlingsstadium (2 ff.), um sich später in zwei Einzelindividuen (5) zu teilen. Grafik: Latka nach AKESSON et al. 1989.

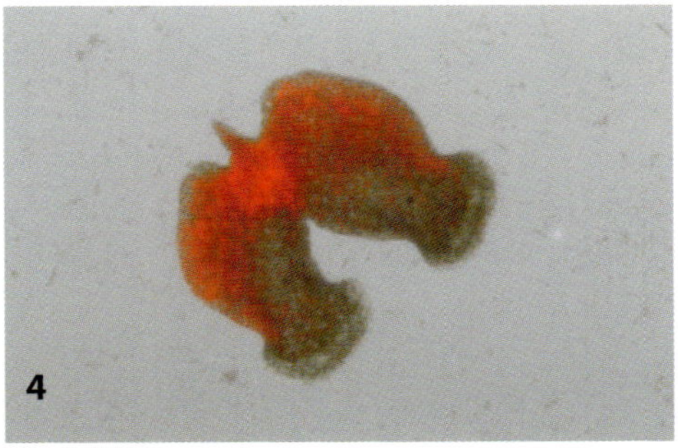

4

5

Kurz nach der Trennung vom Muttertier ernähren sich die abgeschnürten Teile ausschließlich von den symbiotischen Algen, die durch die Mutter mitgegeben wurden. Später dann nahmen sie in den Experimenten frisch geschlüpfte Artemien und harpacticoide Copepoden auf (HENDELBERG und AKESSON 1988, 1989, 1991). Auch sie fressen also aktiv und ernähren sich keineswegs nur von ihren Algen. Für ihre Reduzierung im Meerwasseraquarium gilt das Gleiche, wie bereits zu *C. retrogemma* aufgeführt.

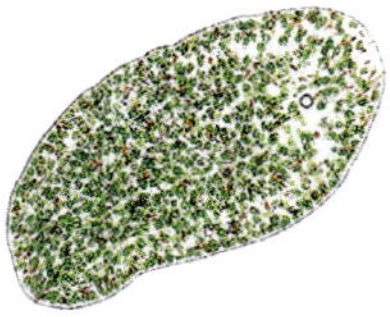

Strudelwurm der Gattung *Convoluta*.

Ernährung durch symbiotische Algen

Eine Ernährung von Plattwürmern ausschließlich über die symbiotischen Algen wird meinen Recherchen zufolge bei der Gattung *Convolutriloba* nicht diskutiert. Solche Fälle findet man eher in der Gattung *Convoluta* (Wagner 1913). Auch sehen diese Plattwürmer anders aus als diejenigen, die wir normalerweise im Aquarium als lästig bezeichnen! Sie zu bekämpfen dürfte schwierig werden, denn außer der Reduzierung von Pflanzennährstoffen (Phosphat/Nitrat etc.) auf ein Minimum bleibt nur noch die Bekämpfung durch Fressfeinde. Ich möchte aber bemerken, dass ich in 25 Jahren Meerwasseraquaristik noch nie mit Massenansammlungen solcher Plattwürmer konfrontiert wurde und ihnen daher nur wenig Bedeutung beimesse.

Schadensbild

In manchen Aquarien vermehren sich rotgefärbte Turbellarien sehr schnell. Sie lassen sich auf der gesamten Dekoration einschließlich der Aquarienscheiben nieder. Auf Korallen weichen sie nur aus, wenn Platzmangel herrscht (Kirchhauser pers. Mittl.). Auf dem Boden und meist am unteren Bereich der Aquarienscheiben kurz über dem Boden treten sie in Massen auf.

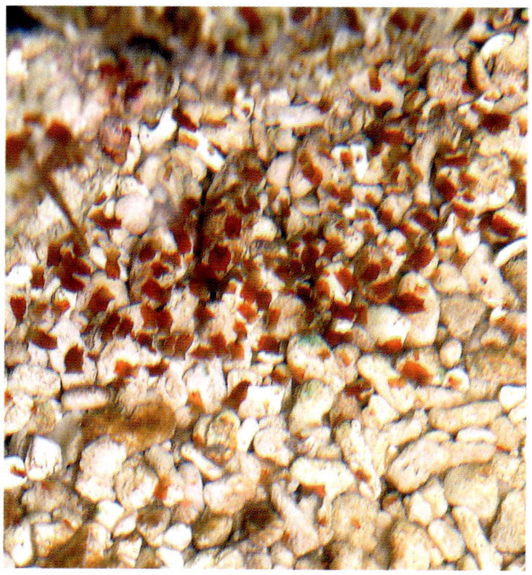

Müssen wir diese Strudelwürmer überhaupt „bekämpfen“?

Ich möchte noch einmal explizit darauf hinweisen, dass eine leidliche Massenvermehrung der roten Plattwürmer fast immer ein ausschließlich ästhetisches Problem darstellt. Kaum jemals werden Korallen oder sonstige Bewohner geschädigt. Deshalb würde ich auch vorschlagen, hier auf keinen Fall überzureagieren.

Mit den 14-tägigen oder gar wöchentlichen Wasserwechseln lassen sich die Strudelwürmer durch Absaugen schon gut dezimieren. Verfolgt man dann noch ein gutes Wassermanagement, kann man fast zu einhundert Prozent davon ausgehen, dass sie nach einiger Zeit überhaupt nicht mehr stören oder sogar ganz verschwunden sind.

Anfänglich kann man mit einem mit Watte vollgepackten Außenfilter eine große Menge davon absaugen. Auch die obere Schicht des Bodengrunds kann man absaugen und in Süßwasser auswaschen. Mit etwas Geduld kann so schon eine sehr große Menge der Strudelwürmer aus dem Aquarium entfernt werden. In Verbindung mit dem Einsatz einiger Fressfeinde (wie nachfolgend beschrieben) und dem Minimieren

Bei solchen Absaugaktionen ist immer wichtig, dass nicht zu viel wertvolles Salzwasser verloren geht. Mit dem bereits im Kap. 1.5 Algen beschriebenen, dicht mit Watte gepackten Außenfilter ist das möglich. Hier kann nach Belieben ggf. stundenlang abgesaugt werden. Hin und wieder die Watte reinigen, damit das Wasser gut durchläuft.

Absaugen der Dekoration und der Scheiben.

der Kieselalgen werden sich die „Roten“ nach einiger Zeit aus dem Aquarium verabschieden. Vermehrt sich die Population aber trotz aller genannter Vorschläge weiterhin, bleiben noch einige Theorien, die es auszuprobieren gilt.

Maßnahmen

Das Süßwasserbad

Dieses Bad sei nur erwähnt, weil es manchmal empfohlen wird. Es ist aber keine Option, weil dadurch die meisten marinen Organismen oder Korallen zu stark geschädigt werden!

Vermindern des Sauerstoffgehalts

Manchmal findet man in der Literatur einen hohen Sauerstoffgehalt des Aquarienwassers als entscheidenden Faktor für die Vermehrung der roten *Convolutriloba*-Turbellarien. Dort wird vermutet, dass in fast allen Fällen Massenvermehrungen dieser Plattwürmer in ausgesprochen fischarmen Aquarien stattfinden, in denen wenig Sauerstoff verbraucht bzw. viel Sauerstoff erzeugt wird. In meiner aquaristischen Praxis sind solche Aquarien allerdings eher die Ausnahme, denn die meisten Becken, die ich kenne und die ein Plattwurmproblem hatten, waren gut mit Fischen besetzt.
Meine *Convolutriloba*-Versuchspopulation entnahm ich z. B. aus einem 600-Liter-Feuerfischbecken, das neben diversen Feuerfischen (*Pterois antennata, P. radiata*) noch mit dem Tentakelschluckspecht (*Rhinopias eschmeyeri*), einem Anglerfisch (*Antennarius spec.*) und 6 Schnepfenmesserfischen (*Aeoliscus strigatus*) besetzt war. Hinzu kommt, dass das Becken normal und nicht übertrieben abgeschäumt wurde und auch die Beleuchtung nicht extrem stark eingestellt war, da diese Fische nicht so hell gepflegt werden wollen und die wenigen mitgepflegten Korallen relativ anspruchslos waren. Sauerstoffsättigung lag nicht vor, geschweige denn eine Übersättigung.
Aber die Theorie der Sauerstoffsättigung kann als eine mögliche Variante, dem Strudelwurmproblem beizukommen, ausprobiert werden, und man kann versuchen, den Sauerstoffeintrag z. B. durch Reduzierung der Abschäumerleistung oder Reduzierung der Beleuchtungsstärke zu verringern. Das Hinzusetzen eines Sauerstoffverbrauchers (Fische), der ja als Nebenprodukt Kohlendioxid in das Aquarium bringt und so die Plattwürmer mit ihren symbiotischen Algen noch zusätzlich düngen könnte, halte ich für kontraproduktiv. Allerdings darf man die Sauerstoffminimierung auch nicht so übertreiben, dass der Sauerstoffgehalt für die mitgepflegte Gesellschaft problematisch wird.

Zwei Versuche zur Sauerstoff-Problematik bei *Convolutriloba*

Ein kleines Aquarium wurde mit *Convolutriloba* besetzt, die dann in Massen vermehrt

wurde. 10 Exemplare wurden in einen von der Luft abgeschlossenen Kasten gesetzt und beobachtet. Die Messungen fanden nach 8 Stunden Beleuchtung statt. Das Hauptbecken gilt als Referenz. Das Ergebnis können Sie in Tabelle 7 ersehen.
Der tatsächliche Wert war also gegenüber der möglichen 100 %-Sättigung um 43 % reduziert. Dennoch zeigten die Plattwürmer keinerlei Anzeichen von Unbehagen. In einem Meerwasserbecken (mit Kalkreaktor und gutem Fischbestand) in dem der tatsächliche O_2-Gehalt ebenfalls kaum einmal die theoretische Sättigungsgrenze erreicht, würde ich eine Sauerstoffsenkung um maximal 10 % befürworten. Wenn aber selbst 43 % den Plattwürmern nichts anhaben, dann spielen noch andere Faktoren für einen Rückgang der Populationsdichte eine Rolle.
Interessant war, dass ich in dieser Zeit für eine Woche verreisen musste. Nachdem ich wieder zu Hause war, habe ich noch einmal den Sauerstoffgehalt im Kasten, der über diese Zeit mit einer Glasplatte gegen Verdunstung abgedeckt war, gemessen. Das Ergebnis sehen Sie in Tabelle 8.
Eine moderate Vermehrung der Strudelwürmer fand weiterhin statt. Physiologisch hat ihnen der geringe Sauerstoffgehalt nicht geschadet.

Das Iod-Bad mit Betaisodona

Immerhin stellt das Baden von Korallen oder Dekorationsgestein einen nicht unerheblichen Arbeitsaufwand dar, und so muss gewährleistet sein, dass nach Beendigung des Bades auch alle Strudelwürmer, ob *Waminoa spp.* oder *Convolutriloba spp.*, zuverlässig vernichtet wurden. Viele meiner Aquarienfreunde und ich benutzen dafür Betaisodona (wird auch als Polysept, Povidon-Iod oder kurz PVP-Iod angeboten).

	Kasten	**Plattwurmbecken**	**Hauptbecken (stark besetzt)**
Temp. °C	24	24	24,4
Dichte (kg/l)	1,022	1,022	1,0226
Theoretische 100% O_2-Sättigung	7 mg/l	7 mg/l	7,2 mg/l
Gemessener O_2-Wert	4 mg/l	6 mg/l	6 mg/l

Tabelle 7: Sauerstoffgehalt nach 8 Stunden Beleuchtung.

	Kasten	**Plattwurmbecken**	**Hauptbecken (stark besetzt)**
Temp. °C	24	24	24,4
Dichte (kg/l)	1,022	1,022	1,0226
Theoretische 100% O_2-Sättigung	7 mg/l	7 mg/l	7,2 mg/l
Gemessener O_2-Wert	**2,5 mg/l**	6 mg/l	6 mg/l

Tabelle 8: Extremwerte bei abgedecktem Kasten.

Wir gehen nach folgendem Muster vor:

Je nach Größe der jeweiligen Kolonie wird ein separater Behälter (Eimer, Plastikbecken etc.) mit der entsprechenden Menge temperierten Aquarienwassers befüllt.

Dieser Behälter wird nun mit 5 ml (pro Liter Wasser) PVP-Iod versehen.

Das Ganze wird gründlich umgerührt, damit es sich gut vermischt. Diese rötlichbraune Brühe ist das Behandlungswasser.

Die befallene Koralle wird samt Substrat in diesen Behälter gegeben und verbleibt dort 5 Minuten. Die Wirkung kann noch unterstützt werden, wenn das Wasser mit einem Stab oder Ähnlichem gut umgerührt wird und so eine starke Strömung entsteht. So dringt die Behandlungslösung auch in verwinkelte Bereiche vor.

Ein zweiter Behälter (Plexiglasbecken) wird mit einem Luftausströmerstein versehen und in das Hauptbecken gehängt. Er dient zur Beobachtung der behandelten Koralle.

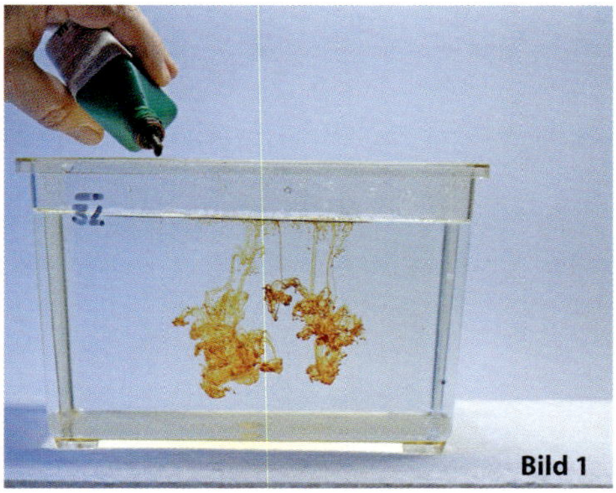
Bild 1

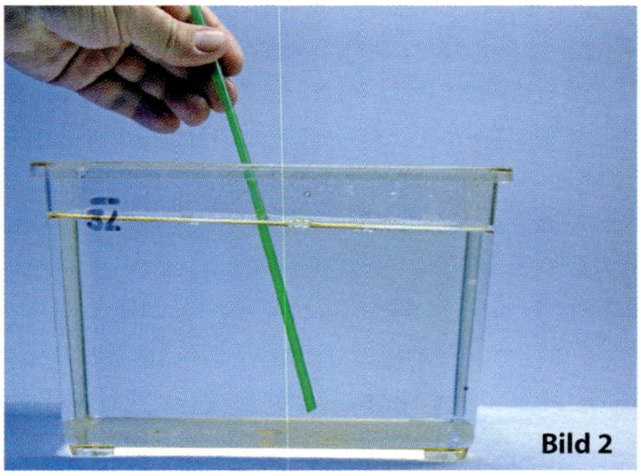
Bild 2

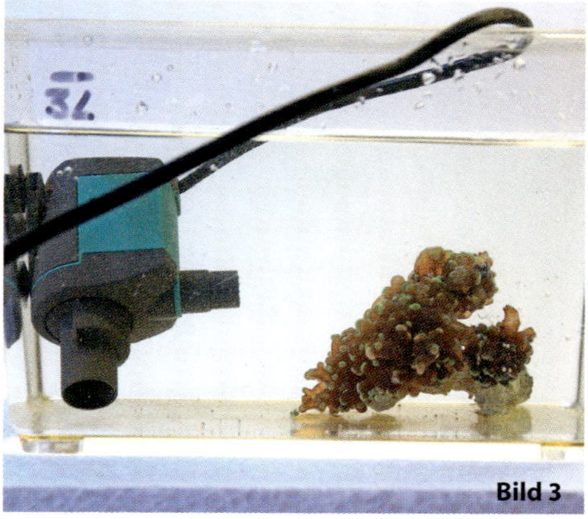
Bild 3

Bild 4

Das PVP-Iodbad:
Bild 1: Zugabe von 5 ml PVP-Iod pro Liter Wasser.
Bild 2: Umrühren, damit sich das Iod gut verteilt.
Bild 3: Die Koralle mit einer nicht zu starken Pumpe „abföhnen".
Bild 4: In ein Behelfsaquarium geben und mit der Lupe prüfen, ob alle Strudelwürmer vernichtet wurden.

Concurat-L 10% – die chemische Keule

Seit vielen Jahren ist in der Meerwasseraquaristik die Bekämpfung der roten Turbellarien mit dem Wirkstoff Levamisol bekannt. In der Regel wird das Mittel „Concurat-L" verwendet, in dem dieser Wirkstoff enthalten ist. „Concurat-L" ist ein verschreibungspflichtiges Wurmmittel

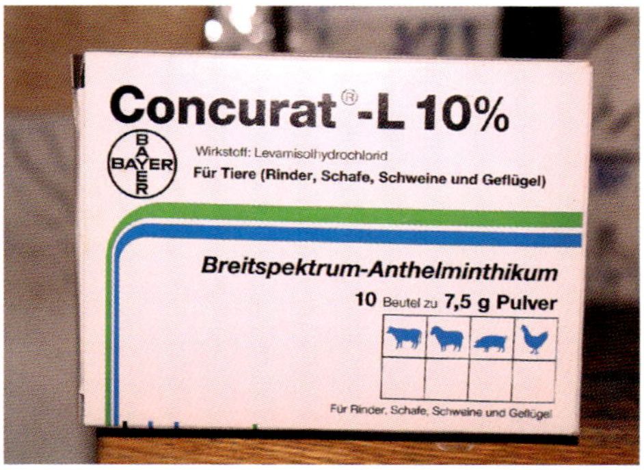

Concurat-L kann im Meerwasseraquarium direkt angewandt werden.

Ein Schnellfilter mit Watte ist Pflicht, damit die Plattwurmleichen aus dem Wasser gefiltert werden.

aus der Tiermedizin, ein Anthelminthikum, das vorzugsweise gegen parasitische Rundwürmer gerichtet ist.

Die Anwendung dieses Mittels hat, wie so vieles im Leben, natürlich zwei Seiten! Deshalb darf nicht verschwiegen werden, dass neben vielen erfolgreichen Anwendungen auch einige negative Berichte publiziert wurden.

Bei meiner täglichen Praxis als Redakteur der Zeitschrift „Der MeerwasserAQUARIANER" konnte ich auf genauere Nachfrage nach einer misslungenen Anwendung allerdings immer herausfinden, dass bei der vorherigen Entfernung der Plattwürmer entweder zu lax vorgegangen oder aber das Absaugen überhaupt nicht vorgenommen wurde, geschweige denn, dass der jeweilige Aquarianer auch nur einen Gedanken daran verschwendete, wie viel Nettowasservolumen sich denn eigentlich in seinem Aquarium befand. Unter diesen Gesichtspunkten darf man sich natürlich nicht wundern, wenn die Sache nur unbefriedigend funktioniert!

Wie gesagt: Zuerst müssen die Plattwürmer, so gut es geht, abgesaugt werden. Ich habe im Kapitel über „*Convolutriloba macropyga*" beschrieben, dass beim Platzen von Strudelwurmzellen eine giftige Flüssigkeit austritt, die das Wasser färbt und, sobald sie in starker Konzentration vorliegt, die Mitbewohner vergiftet. Aus diesem Grund müssen so gut wie möglich alle Plattwürmer, die man erreichen kann, abgesaugt werden.

Hier hilft der mit Watte bepackte Außenfilter. Sehr effektiv ist die Maßnahme, wenn man einige Tage vor der eigentlichen Behandlung beginnt, die Plattwürmer abzusaugen. So lassen sich wesentlich mehr von ihnen entfernen, als wenn erst eine Stunde vor der Behandlung damit begonnen wird. Zusätzlich kann in der Nacht noch über einem auf dem Bodengrund liegenden weißen Teller ein Punktstrahler (weiße LED) installiert werden. Hier sammeln sich dann große Mengen der Würmer auf dem Teller und können problemlos entfernt werden.

Dann wird die errechnete Menge (Nettowasservorlumen beachten) Concurat-L 10% in einen Liter Salzwasser gegeben, kräftig umgerührt und mitten in die Strömung des Aquariums gegeben. Der Abschäumer sollte in dieser Zeit, wenn möglich ohne Auffangtopf, weiterlaufen, damit eine gute Durchlüftung gewährleistet ist, da das Plattwurmgift (erkennbar durch die Einfärbung des Aquarienwassers) ein Sauerstoffblockierer ist. UV-Klärer abschalten und Aktivkohle entfernen. Auf jeden Fall zusätzlich einen effektiven Schnellfilter einsetzen, der die umhertreibenden Plattwurmleichen „wegfängt". Nach einer gewissen Einwirkzeit wird dann das Aquarienwasser mit einer guten Aktivkohle gereinigt, die das frei gewordene Gift aus dem Wasser herausholt und auch das Medikament beseitigt. Nach ca. 10 bis 14 Stunden die Kohle entsorgen.

Kritiker dieser Methode wenden ein, dass durch die Anwendung von Concurat-L die gesamte Wurmpopulation im Aquarium vernichtet wird. Egal, ob in den lebenden Steinen oder in den tieferen Schichten des Bodengrundes, alles stirbt ab, mit der Auswirkung, dass nun die vielen Wurmleichen das Wasser verpesten und das gesamte System zum „Kippen" bringen. Ein nicht unberechtigter Einwand, den es zu überprüfen gilt. Folgen Sie mir deshalb wieder in mein „Labor", um genau diesen Fall zu simulieren und messtechnisch zu überprüfen.

Concurat-L 10% im Experiment

Ein 25-Liter-Aquarium wurde mit Meerwasser befüllt, das ich meinem großen Becken entnahm. Danach wurde es mit neuen lebenden Steinen ausgestattet und dann mit ca. 20 roten Strudelwürmern aus dem Becken eines befreudeten Riffaquarianers geimpft.
Zunächst unterblieb eine Fütterung des Beckens und auch das Verdunstungswasser wurde komplett durch Osmosewasser ergänzt. So gelang es mir innerhalb von

Bild links: Das 25-Liter-Experimentierbecken.

zwei Monaten nicht (!), die „Roten" zu vermehren. Im Gegenteil, sie nahmen ab. Erst durch eine Änderung der Betriebsmethode änderte sich das Bild. Ich ersetzte das Verdunstungswasser durch kieselsäurehaltiges Leitungswasser und fütterte das Becken jeden Abend mit einigen Frost-Artemien. Nun vermehrten sich die roten Strudelwürmer ganz ausgezeichnet.
Nach weiteren zwei Monaten wurde dann im ersten Versuch eine Dosis von 7,5 g (ein Beutelchen) Concurat-L auf 750 Liter Wasser (netto) zugegeben. Die roten Strudelwürmer reagierten panisch und fingen an zu „rennen". Sie sausten förmlich auf der Dekoration umher. Einige wurden von der Strömung fortgerissen. Wieder andere flüchteten in die ersten Millimeter der Sandschicht. Die beigen Strudelwürmer der Gattung *Waminoa* zeigten sich hingegen unbeeindruckt. Nach einer Behandlungszeit von 3 Stunden gab ich die Menge von 40 g Aktivkohle auf 25 Liter (netto) in den Kreislauf des Beckens. Bisher hatten keine anderen Tierchen auf das Gift reagiert. Alle Borstenwürmer blieben unbeeindruckt in ihren Verstecken, die kleinen Röhrenwürmchen aus der Familie Serpulidae, die in fast jedem gut eingefahrenen Meerwasserbecken in hoher Zahl vorhanden sind, streckten nach wie vor ihre Tentakelkronen aus den Röhren. Auch die kleinen Posthornwürmchen der Unterfamilie Spirorbinae, die meist dunklere Bereiche des Aquariums überwachsen, zeigten keine negativen Reaktionen. Kleine Mysis-Garnelen, Gammarus-Krebschen, Asseln, kleine Schlangensterne, alle verhielten sich normal. Nach 14 Stunden entfernte ich die Kohle. Schätzungsweise 9/10 der roten Plattwürmer waren abgetötet. Allerdings lebte 1/10 von ihnen unbeschadet weiter!

Bei einer Dosierung von 7,5 g Concurat-L auf 750 Liter Wasser (netto) werden nicht alle Strudelwürmer abgetötet.

Wer also mit dieser Dosierung arbeitet, muss sich damit anfreunden, dass einige Strudelwürmer überleben. Dies kann dazu führen, dass, falls man das Aquarium so weiter betreibt wie vor der Plage, wieder ein Strudelwurmproblem entstehen könnte.
Wer nun aber beginnt, sein Aquarium sorgfältig zu füttern (nur so viel, wie von den Insassen tatsächlich gefressen wird) und das Wasser so sauber hält, dass nur wenig PO_4 und NO_3 zu messen ist, kann sich darauf verlassen, dass die Strudelwürmer in den Folgemonaten komplett verschwinden.
Ich persönlich halte diese Dosis (7,5 g auf 750 Liter netto) für absolut unproblematisch bezüglich des kompletten Aquariensystems.

Allerdings gab ich mich mit diesem Zehntel nicht zufrieden. Nun entschied ich mich, 2 Tage nach der Erstbehandlung, für eine zweite Behandlung, diesmal mit einer Dosis von 7,5 g auf 400 Liter Wasser (netto). Diese Dosis ist für die roten Plattwürmer absolut tödlich. Die gesamte Population wurde im zweiten Versuch ausgerottet. Wie aber reagierte der Rest der Besatzung?

Während der Einwirkzeit (3 Std.) torkelten die kleinen Mysis-Garnelen, die fast in jedem gesunden Becken zu finden sind, benommen in der freien Wassersäule. Fische würden diese nun leicht fressen können. Einige kleine Schlangensterne krochen irritiert aus den lebenden Steinen, ebenso einige Borstenwürmer bis ca. 5 cm Länge. Sie lagen zusammengerollt auf dem Bodengrund und zuckten wie im Todeskampf. Jeder außenstehende Beobachter hätte sie für tot erklärt.

Die kleinen Röhrenwürmer (Familie Serpulidae und Unterfamilie Spirorbinae) zogen sich in ihre Gehäuse zurück. Gammarus-Krebschen oder Scherenasseln waren nicht mehr zu sehen. Nach 3 Stunden wurde die Behandlung beendet. Wieder wurde das Becken mit 40 g Aktivkohle auf 25 Liter (netto) für 14 Stunden gereinigt.

Nachdem ich die Aktivkohle aus dem Kreislauf genommen hatte, wechselte ich 1/3 des Wassers. Eine Menge, die man in der täglichen Praxis auch in einem größeren Riffaquarium noch ohne Probleme austauschen kann. Nun ließ ich das Becken 3 Tage in Ruhe. Noch einmal zur Verdeutlichung: zwei Anwendungen kurz hintereinander!

Am vierten Tag fing ich an, die Makro- und Mikrofauna zu untersuchen. Hierzu nahm ich auch die lebenden Steine und zerteilte sie, damit ich in ihr Inneres schauen konnte, um zu prüfen, ob noch Leben vorhanden war. Beim Zerteilen fiel mir auf, dass die Steine einen normalen Geruch von sich gaben. Weder Verwesung noch Schwefelwasserstoff ließen sich „erschnüffeln“. Dann fand ich zuerst unter einer Blumentopfscherbe meine beiden tot geglaubten Borstenwür-

Bild 1 und 2: Während der Behandlung krochen einige Borstenwürmer aus den lebenden Steinen. Nach einer halben Stunde dachte ich, sie wären tot.

1

2

Bild 3 und 4: Bereits am nächsten Tag, nach Abschluss der Behandlung, hatten sie sich wieder erholt.

4

3

mer. Sie waren wieder fit und versuchten, nachdem ich die Scherbe anhob, in den Bodengrund zu kriechen. Im Bodengrund selbst wie in den lebenden Steinen fand ich kleine Borstenwürmer, Fadenwürmer (Nematoden) und andere Würmchen, die sich alle völlig normal bewegten. Mikroskopisch war das gut zu erkennen. In der Nacht flitzten die Mysis-Garnelen wieder durch das Aquarium und den kleinen Schlangensternen hat diese kurze Aufregung scheinbar ebenfalls nicht geschadet. Auch die kleinen Röhrenwürmchen der oben genannten Familien streckten ihre Kronen wieder ins freie Wasser. Jede Röhre, die ich zuvor als besetzt markierte, war auch nach der Doppelbehandlung besetzt. Alles lebte wie vorher auch. Wurmleichen etc. konnte ich nicht finden. Auch Copepoden, Rädertiere etc. „wuselten" weiterhin unter dem Mikroskop.

Mein Eindruck war, dass wirklich nur die roten Strudelwürmer vernichtet wurden. Nebenbei bemerkt sah ich auch keine beigen Strudelwürmer mehr! Die übrigen Tierchen litten zwar unter der Anwendung, kamen aber mehrheitlich nicht ums Leben. Scheibenanemonen, die sich im Becken befanden, zogen sich stark zusammen, aber nach einigen Wochen waren auch sie wieder fit. Nach der Behandlung durchgeführte Messungen der Ammonium-Ammoniakwerte (die eine Vergiftung durch Tierleichen unmittelbar anzeigen würden) zeigten keine gravierenden Ausschläge. Die Plattwürmer waren verschwunden und das System lief einwandfrei weiter.

Zur Probenahme zerschlug ich einen lebenden Stein und schwemmte den Inhalt in ein Plexibecken. Alle kleinen Röhrenwürmer, die ich markiert hatte, überlebten die Behandlung.

Nach der Behandlung stellte ich keine bedenklichen Werte fest. Der Ammoniak-Gehalt lag hier bei ca. 0,03 mg/l NH_3. Gemessen wurde ein pH-Wert von 8.0.

Wer nun meint, das leidige Plattwurmproblem nicht auf anderem Wege in den Griff zu bekommen als durch Chemie, sollte, falls er Concurat-L verwendet, eine der beiden oben aufgeführten Varianten nutzen.
Wenn man aber bereits beim Neukauf eines lebenden Steins oder einer Koralle darauf achtet, dass keine Strudelwürmer eingeschleppt werden (siehe Betaisodona-Methode), kann diesem Missstand elegant ausgewichen werden. Ich betreibe die Meeresaquaristik schon über viele Jahre und hatte in meinem Schauaquarium noch nie rote Strudelwürmer. Es ist also nicht unmöglich!

Fressfeinde

<u>Fische</u>

Zur laufenden Prophylaxe können einige Fische als Turbellarien-Fresser eingesetzt werden. Der Lippfisch *Halichoeres marginatus* wird immer wieder als sicherer Fressfeind genannt. Dem können einige Kollegen und ich uns nur anschließen, allerdings mit der Anmerkung, dass dies oft nur bei frisch importierten Tieren zu beobachten ist. Fische, die sich an die regelmäßige Fütterung im Aquarium gewöhnt haben, fressen leider oft keine Turbellarien mehr. Dies gilt aber wohl nicht nur für *H. marginatus*, sondern auch für viele andere Lippfische, etwa der Gattungen *Halichoeres, Macropharyngodon* und *Coris*. Letztere werden allerdings zu groß für ein normales Heimaquarium und können nur im Jugendstadium verwendet werden. Beim Einsetzen der Adultfärbung werden beispielsweise *C. formosa* oder *C. gaimard* so kräftig, dass ihr fortwährendes Umdrehen von Steinen bei der Nahrungssuche lästig wird und man sie aus dem Aquarium entfernen muss. Prinzipiell sind alle am Substrat pickenden Fische als Prophylaxe zu sehen, da sie die Turbellarien permanent stören. Die Gattung *Synchiropus* wird in vielen Berichten von Aquarianern als Turbellarien-Fressfeind erwähnt. Hier sind besonders *Synchiropus stellatus* und *S. ocellatus* zu nennen. Aber alle diese Fische werden einer Plage kaum Herr. Da muss schon der Aquarianer mithelfen und kräftig Hand anlegen!

Lippfische der Gattung *Halichoeres* sind gute Strudelwurmfresser. Allerdings müssen sie zu der übrigen Aquarienmannschaft passen!

Oben: *H. melanurus*
Mitte: *H. hortulans*
Unten: *M. bipartitus*
Fotos: K. Velling/H. Kirchhauser

Nacktschnecken

Ein anfänglich sicherer Fressfeind der roten Turbellarie (auch der *Waminoa*-Arten) ist die Nacktschnecke *Chelidonura varians* aus dem indopazifischen Raum. Sie wird rund 4 cm groß. Diese Schnecke kommt erst seit wenigen Jahren in den Handel, leider immer noch sehr unregelmäßig. Es reicht selbst in großen Aquarien eine einzige Schnecke aus, um eine Plage einzudämmen. Die Betonung liegt auf „Eindämmen", denn komplett vernichten wird sie die Strudelwümer kaum, weil sie sich in der Natur nicht ausschließlich von roten Strudelwürmern ernährt und irgendwann hat sie einfach genug von ihnen. Das erkennt man sofort am Verhalten, wenn sie häufiger ins „Leere" läuft, d. h. die Plattwürmer geflissentlich übersieht.

Chelidonura varians beim Arbeitseinsatz. Hier frisst sie übrigens keine roten Plattwürmer, sondern die *Waminoa*-Arten. Fotos: J. Pfleiderer

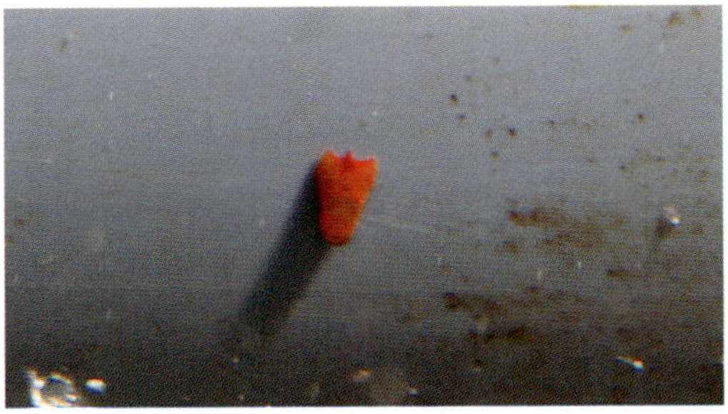

Auf einen Blick
Strudelwürmer

Schadensbild

1. Hauptsächlich während der Einlaufphase eines Meerwasseraquariums treten kleine 2 bis 7 mm große, weißlich-transparente doppelschwänzige Strudelwürmer in Massen auf.

2. Beige oder hellbraune rundliche „Flecken“ auf vielen Korallen.

3. Rostrote, teilweise länglich gestreckte „Flecken“ mit dreizipfeligem Schwanz auf vielen Korallen und anderen Dekorationsteilen. Auf dem Boden und häufig am unteren Bereich der Aquarienscheiben kurz über dem Boden treten sie in Massen auf.

Ursache

Zu 1. Weiße Strudelwürmer: Charakteristisch sind ihr abgerundetes Vorderteil und das deutlich gegabelte Hinterende.

Zu 2. Braune oder beige *Waminoa*-Strudelwürmer.

Zu 3. Rote Strudelwürmer (umgangssprachlich als Planarien bezeichnet).

Maßnahme

Zu 1. Reduzierung der übertriebenen Futterzugabe und gleichzeitige Minimierung der Kieselalgen. Als Fressfeinde kleine Lippfische und Mandarinfische der Gattung *Synchiropus* einsetzen. Sie dezimieren die weißen Strudelwürmer zuverlässig.

Zu 2. Hier helfen nur die Absaug-Methode oder Betaisodona-Bäder. Weitere chemische Mittel, die bei den roten Strudelwümern anschlagen, sind oft nicht wirksam. *Chelidonura*-Schnecken als Fressfeinde einsetzen.

Zu 3. Absaugen, besseres Wassermanagement, Betaisodona-Bäder oder die „Concurat-L-Methode“. Die Behandlung darf nur **3 Stunden** lang durchgeführt werden. Dann das Wasser sofort mit **Aktivkohle** reinigen. Wird vor der chemischen Keule nicht sorgfältig abgesaugt, muss mit Verlusten bei Fischen gerechnet werden. Möglichst viele Strudelwürmer vorher entfernen!

Wo bekommt man Concurat-L10% bzw. Lewamisol 10%?

Tierärzte und Apothecker gehen oft automatisch davon aus, dass Nutztiere behandelt werden sollen. Automatisch folgt die Antwort: „Das Mittel gibt es nicht mehr“! Bitte geben Sie sich mit dieser Auskunft nicht zufrieden und erklären Sie, dass ein Aquarium behandelt werden soll. Ein alternatives Präparat (Levamisol 10) ist unten aufgeführt. Im Fall der Strudelwürmer dürfen nur solche Mittel verwendet werden die Levamisol 10% enthalten!

Concurat® L10%:
Hersteller: Bayer AG, Leverkusen (www.bayer-tiergesundheit.de).
Zusammensetzung: 100 g Pulver enthalten 11.79 g Levamisolhy-drochlorid (entsprechend 10 g Levamisol). Packunggsgröße: 7,5 g

Levamisol 10
Hersteller, Vertrieb: CPPharma, medistar-Arzneimittel-Vertrieb GmbH, WDT (www.cp-pharma.de). Wirkstoff: Levamisol-10%iges Pulver zum Einnehmen. Wenn nicht anders möglich, sollte alternativ zum Concurat-L10% dieses Mittel eingesetzt werden. Anwendung und Dosierung genau wie Concurat-L10%.

Leopardstrudelwurm
Pericelis spec.

11.5 Der Leopardstrudelwurm

Hier stelle ich nun einen Strudelwurm vor, der zwar keine Neuentdeckung ist, über dessen Ernährungsverhalten aber in der aquaristischen Literatur bisher wenig berichtet wurde. Gemeint ist der Leopardstrudelwurm *Pericelis spec.*, ein im Adultstadium bis zu 8 cm groß werdender Strudelwurm.

Schadensbilder

Dass es sich um einen Räuber handeln könnte, fiel mir bereits Anfang 2003 auf, als von zwei frisch eingesetzten Mittelmeerseeigeln einer bereits nach 2 Tagen tot im Aquarium lag. Weder war für diese Tiere die Temperatur mit 23 °C zu hoch angesetzt noch waren sie unvorschriftsmäßig schnell an das neue Milieu angeglichen worden. Beide Seeigel, die in den Morgenstunden eingesetzt wurden, zogen den ganzen Tag lebhaft durch die Dekoration und weideten die Kalkalgen von den Wänden. Am nächsten Morgen lag einer von ihnen tot am Boden und auf ihm saß der besagte Strudelwurm inmitten eines schleimigen Etwas. Als der Seeigel aus dem Becken genommen wurde, verschwand der Wurm schnell in der Dekoration und ward nicht mehr gesehen. Eine Woche später das nächste Trauerspiel. Der zweite Seeigel lag tot im Becken und wieder war er – diesmal von zwei dieser Strudelwürmer inmitten eines Schleimbatzens – besetzt. Nun wurde über den Seeigel ein Einmachglas gestülpt unter das dann eine Glasscheibe geschoben wurde, und so konnten die beiden Strudelwürmer mitsamt Seeigel dem Becken entnommen werden. Danach gab es nie mehr Probleme mit Mittelmeerseeigeln im Becken.

Auffällig war damals in beiden Fällen die enorme Schleimansammlung auf den Seeigeln, für die ich allerdings damals keine Erklärung hatte.

MRUTZEK publizierte 2009 seine Erfahrungen mit diesem Strudelwurm. Dabei fiel ihm in seiner Hälterungsanlage nach einer größeren Lieferung von *Tridacna*-Muscheln bei einer nächtlichen Routinekontrolle ein imposanter Schleimberg auf. Hier entdeckte er einen Leopardstrudelwurm mitten auf einer kleinen *Tridacna maxima*. Durch die Taschenlampe fühlte sich der Strudelwurm gestört und trat sofort den Rückzug an. Der Flüchtling wurde mit einer langen Pinzette mechanisch entfernt. Der Schleim auf der Muschel war viskos, leicht klebrig und selbst durch massives Schütteln in einem separaten Behälter kaum davon zu lösen.

Wochen später saß erneut ein Leopardstrudelwurm auf einer Muschel. Offensichtlich kriecht der Wurm direkt auf die Mantellappen der Muschel und umhüllt sie massiv mit Schleim. Möglicherweise entspricht dies einer extrazellulären Verdauung. Wann und warum er zuschlägt, kann nicht befriedigend geklärt werden, denn beim Ausräumen des besagten Aquariums fand ich nach Jahren noch einmal zwei Exemplare dieser Würmer, die aber seither nie mehr ein Tier belästigt haben. Auch in meinem neuen Aquarium befördere ich schon seit vielen Monaten regelmäßig diese Strudelwürmer aus dem Becken. Nach vielen Exemplaren bin ich mir gar nicht mehr so sicher, ob sie sich nicht doch im Aquarium vermehren können.

Tatsache ist aber, dass in diesem Becken noch nie ein Mitbewohner die o.g. Anzeichen (Schleim etc.) aufwies und dadurch zu Tode kam. Hier sollten wir vorsichtig sein, dass wir einem Tier, das vom Verhalten her sehr interessant sein kann, nicht durch übereilte Spekulationen Unrecht tun. Ein Wurm wurde von mir in einem separaten Becken über Monate (!) beobachtet. Das Becken bestand nur aus Sand, einem Heizstab und einem Ausströmerstein. Ich versuchte den Wurm zu füttern. Weder nahm er Frostfutter noch Granulatfutter noch pflanzliche Nahrung (Nori-Algen) zu sich. Auch machte er sich nicht über Aas (Stint) her.

Der Leopardstrudelwurm hinterlässt an Gegenständen, auf denen er herumgekrochen ist, eine enorme Menge Schleim. Links eine Mikroskop-Nadel, auf der er unterwegs war.

Regelmäßig (!) fand und finde ich noch Exemplare des Leopardstrudelwurms in den Hohlräumen (Pfeil) der TUNZE-Nano-Stream- Magnetholder.

Er war also mit dem üblichen Futter nicht zu locken.

Maßnahmen

Die beste Möglichkeit, diesen Strudelwurm zu fangen, haben Sie in der Nacht sobald Sie ihn sehen. Alles andere ist reines Glück. Also, nachts öfter mal das Becken kontrollieren! Wenn Sie solche Strudelwürmer sehen, müssen Sie sich eine kleine Falle bauen, die nur einen millimeterbreiten Schlitz als Eingang hat. Diese gibt es nicht zu kaufen – man muss sie selbst bauen. Die Falle wird mit sehr kleinen Löchern versehen (1-Millimeter-Bohrer), damit das Aquarienwasser hindurchströmen kann. Vorteilhaft ist es, wenn die Falle im Innern dunkel ist. Der Wurm kriecht durch die schmale Öffnung in die Falle, die während der Lichtphase (nachts ist er unterwegs) täglich kontrolliert wird. Ich kam darauf, weil sich die Würmer tagsüber häufig in den Befestigungsmagneten der Turbelle-Stream-Pumpen versteckten. Alle Würmer, die ich fand, saßen ausnahmslos in diesen Magneten!

Fressfeinde

Mit Fischen kann man in diesem Fall kaum arbeiten, denn der Wurm ist nachts unterwegs, und da schlafen diese bereits. Besser ist es, wenn ein Pärchen *Stenopus hispidus* in das Aquarium eingesetzt wird. Sie suchen in der Nacht nach allerlei Fressbarem und werden auch die Würmer aufspüren.

11.6 Der *Acropora*-Strudelwurm

Mit den *Acropora*-Steinkorallen hielt auch der sog. *Acropora*-Strudelwurm Einzug in unsere Miniriffe. Zuerst unbemerkt, wurden eventuelle Schäden an den Korallen auf nicht bekannte Mangelerscheinungen oder auf die besonderen Bedürfnisse (Empfindlichkeiten) bestimmter *Acropora*-Arten zurückgeführt. Dies zum einen auch deshalb, weil nicht alle *Acropora*-Arten gleichermaßen von den zu beobachtenden Problemen betroffen waren.

Durch die Erstveröffentlichungen von M. Mrutzek Platjenwerbe im Jahr 2000 wurden dann die ersten Aquarianer auf das Problem mit dem *Acropora*-Strudelwurm aufmerksam. Nach einem Iod-Bad der potenziell betroffenen Tiere, wie dies von Mrutzek beschrieben wurde, bestätigte sich bei vielen Aquarianern der Befall mit diesem Parasiten. Nach der Behandlung verbesserte sich der Zustand der Korallen zusehends.

Schadensbild

Artspezifische Abhängigkeit des Strudelwurmbefalls

Meine und die Erfahrungen vieler anderer Riffaquarianer haben gezeigt, dass ausschließlich die Gattung *Acropora* von besagter Plage heimgesucht wird. Andere kleinpolypige Steinkorallen wie *Pocillopora, Stylophora, Seriatopora, Montipora* etc. werden nicht befallen. Aus diesem Grund hat sich für diesen parasitär lebenden Strudelwurm der Name *Acropora*-Strudelwurm eingebürgert. Aber selbst innerhalb der Gattung *Acropora* ist die Plage unterschiedlich ausgeprägt. So gibt es Korallenarten, die fast unausweichlich befallen werden und, wie es scheint, diesen Strudelwurm magisch anziehen. Unter Meerwasseraquarianern werden solche Korallenarten z. B. als „Strudelwurmfänger“ bezeichnet. Zu den Strudelwurmfängern gehören die zu dem Formenkreis von *Acropora valida, A. formosa, A. selago, A. tricolor* und *A. solytariensis* zählenden Korallenarten.

Diese besitzen wenige, weit auseinander liegende, relativ kurze Korallenpolypen. Besonders die *A. valida*-Arten mit violetten Wachstumsspitzen und insbesondere Exemplare mit violettem Grundgewebe und grünen Polypen werden fast ausnahmslos stark befallen. Diese Arten sind deshalb fast komplett aus unseren Aquarien verschwunden.

Weiterhin gibt es *Acropora*-Arten, die zwar befallen werden, aber relativ gut mit dem Befall

Typische Fraßstellen an einer *Acropora valida*.

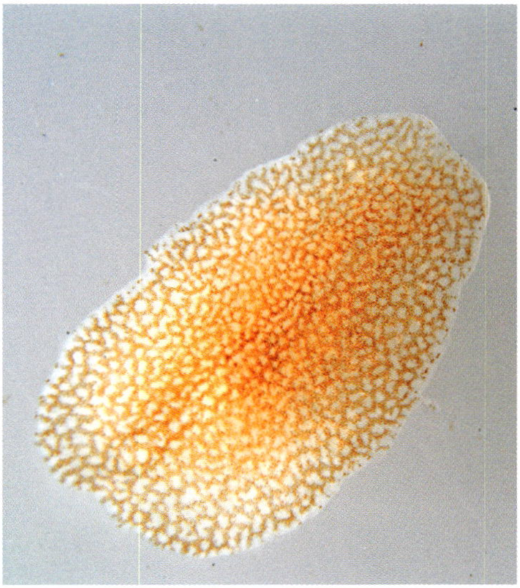

Isolierter *Acropora*-Strudelwurm. Diese Würmer sind an die von ihnen bevorzugten Korallen perfekt angepasst. Mit bloßem Auge sind sie kaum zu erkennen.

zurechtkommen. Zu diesen zählen Spezies aus dem Formenkreis von *A. granulosa*, *A. hummilis* und *A. hyazinthus*. Allerdings ist auch bei diesen nicht ausgeschlossen, dass sie vom „Wurm" befallen werden und der Plage zum Opfer fallen.
Bei Korallen mit ausgeprägtem Polypenbild, d. h. langen, dicht sitzenden Polypen, wie z. B. *A. horrida*, *A. millepora*, *A. florida* und *A. spec.* („Enzmann"), konnten Spezialisten der Szene nie Strudelwürmer beobachten und/oder nachweisen. Aber auch die wunderschön dornenbuschartige *A. echinata* ist absolut unempfindlich gegen den Strudelwurm. Worauf diese unterschiedlich ausgeprägte, artspezifische Toleranz des Parasiten zurückzuführen ist oder warum manche *Acropora*-Arten gar nicht befallen werden, ist bis heute nicht geklärt.

Standort

Der Befall durch den Strudelwurm kann bei ein und derselben Korallenart, je nach Standort, verschieden stark ausgeprägt sein. Häufig geschieht es, dass z. B. eine *Acropora valida*, die an einer bestimmten Stelle im Aquarium platziert wird, keine Anzeichen eines Befalls zeigt, aber an anderer Stel-

Acropora valida als typischer Strudelwurmfänger.

Acropora granulosa-Typen sind weniger gefährdet.

Acropora spec. „Enzmann" wird nicht befallen.

le untergebracht regelrecht „aufgefressen“ wird.

Strömung

Ein Parameter für die Standortabhängigkeit der Plage ist die jeweils herrschende Wasserströmung. Es hat sich gezeigt, dass an Stellen mit hoher Strömungsgeschwindigkeit der Befall deutlich gemindert wird. Dies könnte zum einen daran liegen, dass durch die hohe Strömungsgeschwindigkeit die Beweglichkeit des Strudelwurms auf der Koralle selbst eingeschränkt ist. Durch die Strömung muss sich der Wurm intensiv an der Koralle verankern, um nicht weggeblasen zu werden. Kann er dies nicht, wird er ins freie Wasser getrieben und leicht Beute von Fischen. Insbesondere bei plötzlich eintretender Strömung, wie bei der Verwendung von intervallgesteuerten Strömungspumpen, ist das der Fall. Der Strömungsgeschwindigkeit sind jedoch auch Grenzen gesetzt, da es sonst zu Gewebeschäden an den Korallen kommt.
Da sich der auf den *Acropora*-Stöcken sitzende Strudelwurm auch aktiv (vor allem nachts) von Koralle zu Koralle bewegen kann, wie dies von Mrutzek (und auch dem Autor in Tests) beobachtet wurde, ist ebenfalls darauf zu achten, dass die strudelwurmempfindlichen Korallen so platziert werden, dass ein Neubefall nach einer Iod-Behandlung und/oder eine Übertragung von befallenen Tieren auf andere Tiere möglichst unterbunden wird.

Bodengrund

Eine weitere erstaunliche Beobachtung machte z. B. Paul Müller (2007) zum Thema standortabhängiger Befall, nämlich, dass auf dem Bodengrund platzierte Korallen weniger Befallssymptome zeigen. Er hatte eine stark befallene *A. granulosa* schon aufgegeben, weil auch wiederholte Iod-Bäder nicht zur Erholung der Koralle führten. Sie übergab er ihrem Schicksal, indem er sie einfach auf den Bodengrund legte. Zu seiner Überraschung stellte er fest, dass sich die *A. granulosa* erholte. Das Erscheinungsbild der Koralle änderte sich vom ursprünglich hel-

1

2

3

Um zu prüfen, wie schnell ein einmal weggespülter Strudelwurm seinen Wirt wieder erreicht, wurde folgendes Experiment gemacht: der Wurm wurde von der Koralle isoliert und in einer Entfernung von 10 cm auf den Glasboden gesetzt. Bereits nach 10 Sekunden hatte er die Koralle wiedergefunden und erneut besetzt (Bilder 1 - 5). Er kroch über die Vorderscheibe (1+2) auf das Trägersubstrat (3) und dann auf die Koralle (4+5). Es ist fast aussichtslos, einmal eingeschleppte Würmer dieser Art wieder aus dem Aquarium zu bekommen.

len Einheitsbraun zu einem satten Dunkelgrün mit violetten Wachstumsspitzen.
Weitere strudelwurmempfindliche Korallen wurden nun getestet (*A. valida* und eine nicht näher bezeichnete Tischkoralle). Auch diese zeigten eine Erholung, ohne zuvor mit Iod behandelt worden zu sein. Sie wurden, auf dem Bodengrund platziert, wesentlich farbintensiver und vitaler. Die Strudelwürmer verschwanden. Dafür gibt es bis heute noch keine schlüssige Erklärung.
Zuerst wurde vermutet, dass die geringere Lichtstärke am Boden die Plage minderte. Bereits bei früheren Versuchen mit der unterschiedlichen Platzierung des „Strudelwurmfängers" *A. valida* wurde bemerkt, dass diese Koralle bei geringerer Lichtstärke einen schwächeren Befall zeigte. Da jedoch eine deutliche Besserung auch bei *A. granulosa* durch die Platzierung auf den Bodengrund zu erkennen war (in der Literatur spricht man von einer eher lichthungrigen Koralle), kann eine Erklärung mithilfe der an diesem Standort herrschenden schlechteren Lichtverhältnisse nicht gegeben werden. Die einzige nahe liegende Hypothese wäre, dass auf dem Bodengrund mehr Fressfeinde für den Strudelwurm vorhanden sind. Zum einen können das Kleinlebewesen sein, zum anderen aber wurde beobachtet, dass die auf dem Bodengrund platzierten Korallen viel intensiver von sonst nicht an den Korallen interessierten Fischen (Doktorfischen, größeren Lippfischen etc.) kontrolliert und nach Fressbarem abgesucht wurden.

Provoziert Korallenfutter eine Plage?

Bei näherer Betrachtung kann eine Strudelwurmplage auch von der Art und Weise der Korallenfütterung abhängig gemacht werden. Die Gattung *Acropora* (und nicht nur diese) ernährt sich nicht allein von den Produkten ihrer Zooxanthellen und der Aufnahme partikulärer Stoffe über die Korallenpolypen. Es ist seit einiger Zeit belegt, dass sich im Wasser befindliche organische Verbindungen (Eiweiße, Fette wie Fischöl oder Vitamin E, Kohlenhydrate, Aminosäuren etc.) vom auf dem Gewebe sitzenden Korallenschleim „aufgenommen" werden. Dieser mit organischen Verbindungen „angereicherte" Schleim wird dann über

Die Entwicklung der Fraßstellen an einer *Acropora valida*. Zuerst das oben gezeigte punktförmige Fraßmuster. Später wird das Gewebe großflächig abgefressen, sodass die Koralle nach und nach abstirbt.

die Korallenpolypen aktiv von der Koralle verwertet. Deshalb verwenden wir in unseren Riffaquarien auch solche Produkte, die entsprechende organische Inhaltsstoffe besitzen, um die Korallen zu füttern. Bei regelmäßiger Fütterung mit flüssigem Korallenfutter (organische Verbindungen in gelöster oder partikulärer Form) haben einige Autoren eine explosionsartige Vermehrung der Strudelwürmer beobachtet. Durch Absetzen speziell dieses Korallenfutters besserten sich die Symptome, traten aber bei erneuter Futterzugabe wieder auf. Damit ist der Zusammenhang Strudelwurmplage/flüssiges Korallenfutter gegeben (siehe Müller 2007).

Hierzu lässt sich folgende Hypothese aufstellen: Die auf dem Gewebe von *Acropora*-Steinkorallen sitzenden Strudelwürmer ernähren sich nicht nur vom Korallengewebe und damit von der Koralle, obwohl die bei Befall zu beobachtende Fleckenbildung dafür zu sprechen scheint, sondern diese Flecken können auch andere Ursachen haben. Müller ist z. B. der Meinung, dass sich die Strudelwürmer vor allem von Korallenschleim ernähren. Das würde auch erklären, warum *Acropora*-Arten mit dichtstehenden Polypen und ausgeprägtem Polypenbild (*A. horrida, A. millepora*), nicht befallen werden, denn diese Arten nehmen die Zusatznahrung durch den direkt auf den Polypen sitzenden Schleim auf. Hier können sich die Strudelwürmer aber nicht lokal festsetzen, denn das bewirkt das Einziehen der Polypen und damit den Wegfall der Nahrungsquelle.

Die Theorie ist, dass durch das Fressen des Schleims durch den Strudelwurm der Koralle allmählich diese wichtige Nahrungsquelle entzogen wird und es nach einiger Zeit zu Mangelerscheinungen wie schlechtem Polypenbild, Farbverlust, Aufhellen und Absterben des Gewebes in den unteren Korallenbereichen kommt. Wird nun durch die Zugabe des erwähnten Korallenfutters der Korallenschleim mit Nährstoffen angereichert, profitieren vor allem die Strudelwürmer davon. Es kommt zu einer explosionsartigen Vermehrung. Ob diese Erscheinung durch jedes Korallenfutter ausgelöst wird, wird die Zukunft zeigen. Es ist aber denkbar, dass nur bestimmte Inhaltsstoffe für die Plage verantwortlich sind und damit nicht jedes angebotene Futter gleich mit einer Plage einhergehen muss. Vor allem Fettverbindungen können hier problematisch sein, da bei gezielter Zugabe von emulgiertem Fischöl besonders negative Erfahrungen gemacht wurden.

Wie bei diversen Krankheitsbildern in diesem Buch schon erwähnt, hängt jede parasitäre Erkrankung (auch der Befall des *Acropora*-Strudelwurms) mit der Vitalität

und Gesundheit der Koralle zusammen. Bei gesunden Korallen ist der Befall weniger ausgeprägt, aber letztendlich wohl doch immer latent (nur kommt ein gesundes Tier besser damit zurecht). Für uns Riffaquarianer bedeutet dies aber auch, dass der Strudelwurmplage durch optimale Pflegebedingungen gegengesteuert werden kann.
Wer die nötige Konsequenz und Disziplin aufbringt und bei jeder neu erworbenen Koralle das mitgelieferte Substrat entfernt (auf dem nachweislich die meisten Parasiten mit in das Aquarium einziehen) und jede *Acropora* einer eingehenden Prüfung mit einer anschließend prophylaktischen Behandlung unterzieht, kann verhindern, dass sich der *Acropora*-Strudelwurm im Aquarium etabliert. Zumindest der Autor dieses Buches und einige befreundete Aquarianer haben es geschafft, ihre Aquarien frei von diesem Strudelwurm zu halten.

Maßnahmen

Erstmaliges Iod-Bad

Durch das Baden der befallenen Korallen in PVP-Iod (Handelsname: Betaisodona/Polysept), werden die Strudelwürmer bei einer Verwendung von 2 ml/l „betäubt" und können sich auf den Korallen nicht mehr aktiv festhalten. Durch das Schütteln der Stöcke werden sie gelöst und entfernt.
Korallenzüchter, die z. B. auf eine starke Farbausprägung der Korallen Wert legen, sind in der letzten Zeit aber dazu übergegangen, das Iod-Bad zu meiden. Sie setzen die befallenen Korallen nur dem starken Druck einer Strömungspumpe aus. Auch so wird der Strudelwurm von der Koralle „gefegt". Wenn man dann noch mit einem harten, scharfen Gegenstand die Ei-Pakete löst, werden sie ebenfalls abgespült.
Diese Methode ist für die Koralle schonender, und erfahrungsgemäß braucht sie wesentlich weniger Zeit, um sich von dieser Strapaze zu erholen. Vereinzelt wurde festgestellt, dass die Koralle nach einem Iod-Bad die Farbe gewechselt hatte. Das

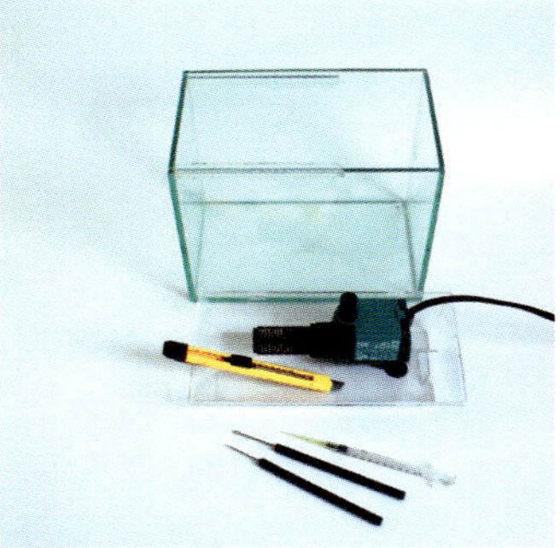

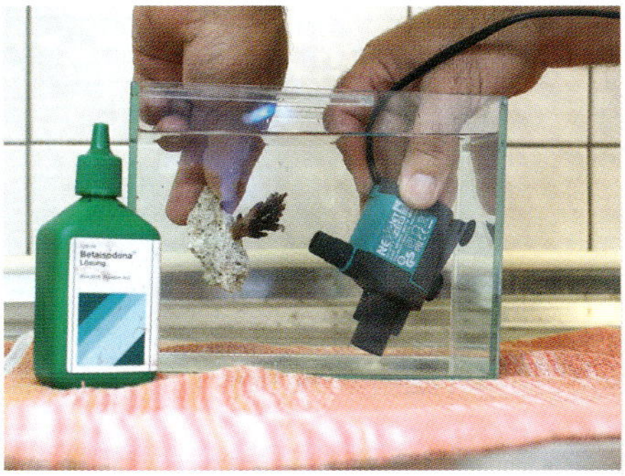
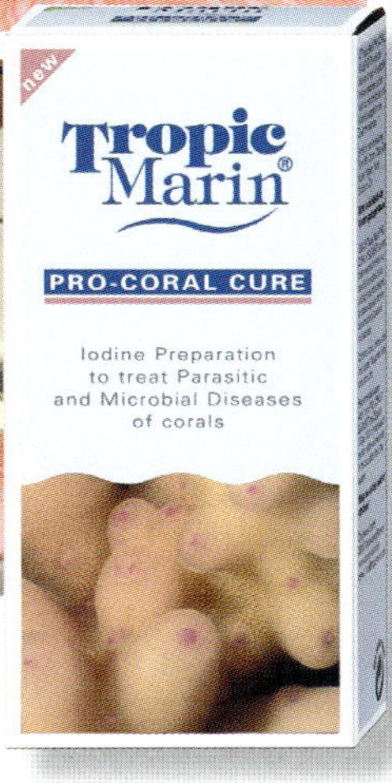

Oben links: Werkzeuge zur Behandlung. Mitte rechts: Zugabe von PVP-Iod. Das Abstrahlen (Abföhnen) der befallenen Koralle mit einer kleinen Strömungspumpe.

Unten: Eventuelle Ei-Gelege müssen gefunden und entfernt werden. Mit einem Skalpell oder einem ähnlich scharfen Gegenstand ist das möglich. Das Entfernen mit einem Pinsel hat bei mir nicht funktioniert. Die Eier waren zu fest angeheftet.

konnten meine Aquarienfreunde und ich allerdings bisher noch nie beobachten.
Entdeckt man den Strudelwurm, bevor die Koralle im Hauptbecken untergebracht wird, kann man davon ausgehen, dass durch das Bad, ein gleichzeitig starkes „Abföhnen" mit einer Strömungspumpe und das Abkratzen der Eier die Parasiten von der Koralle entfernt wurden. Wer mehr Sicherheit haben möchte, gibt anschließend noch eine Tanzgarnele (siehe Fressfeinde) ins Behandlungsbecken. Diese durchforstet dann nochmals die Koralle nach aufsitzenden Würmern. Meiner Erfahrung nach wird man dann von dieser Plage nicht mehr belästigt.

Wenn das Becken bereits infiziert ist

Da allerdings unter den *Acropora*-Fans der Szene ein reger Austausch von Korallenkolonien praktiziert wird und nicht jede neue Kolonie peinlichst auf Parasiten gecheckt wird, besteht ein hohes Risiko, sich den Strudelwurm unbemerkt ins Aquarium zu holen.
Müller beschrieb in der Zeitschrift „Der MeerwasserAQUARIANER" (1/2007), wie man am besten vorgehen sollte, wenn bereits diverse Korallen im Hauptaquarium infiziert sind. Es hat sich leider gezeigt, dass sich in einem bereits infizierten Aquarium selbst durch wiederholtes Baden sämtlicher Stöcke (enormer Aufwand, wenn die Stöcke bereits festgewachsen sind) das Problem nicht dauerhaft lösen lässt. Der Wurm hat hier zu viele Rückzugsgebiete, und ein neuer Befall kann immer wieder auftreten. In diesem Fall besteht die Möglichkeit, dass die ursprüngliche Dosis PVP-Iod mit der Anzahl der Behandlungen deutlich erhöht werden muss, um ein Ablösen der Würmer zu erreichen. Der Verdacht liegt nahe, dass sich die Strudelwürmer ggf. an das Iod-Bad „gewöhnen" oder in gewisser Weise eine Resistenz ausbilden.
Beobachtungen von Müller zeigten weiterhin, dass sich bei Korallen, die typische Anzeichen eines Befalls aufwiesen, selbst bei einer Konzentration von 2 ml/l PVP-Iod im Wiederholungsbad keine Strudelwürmer mehr lösten. Wurde die Dosis aber auf das Doppelte erhöht, „schneite" es nach dem Schütteln wieder Würmer, wie der Autor schreibt. Später allerdings musste die Dosis weiter erhöht werden.

Ein guter Fressfeind ist der Sechsstreifen-Lippfisch (*Pseudocheilinus hexataenia*).

Die gleichen Erfahrungen haben unabhängig voneinander auch andere Aquarianer gemacht. Durch die Erhöhung der Dosis brauchen die Korallen länger, um sich vom Iod-Bad zu erholen. Die so geschwächten Korallen werden auch schneller wieder befallen, sodass dies keine langfristige Lösung des Problems darstellt.

Fressfeinde

Fische

Verschiedene Fischarten wie z. B. *Chaetodon kleini* (nur eingeschränkt zu empfehlen, da Übergriffe auf Korallen möglich sind), *Synchiropus stellatus* etc. werden zur Bekämpfung der Plage empfohlen. Jedoch können solche Fressfeinde das Problem auf Dauer nicht lösen. Zwar tritt der Befall nicht mehr so massiv auf, aber vollständig eliminieren lässt sich der Strudelwurm durch sie nicht. Besonders sogenannte „Strudelwurmfänger" werden weiterhin geschädigt und sterben teilweise, vor allem von der Unterseite her, ab. Es bilden sich an diesen Stellen durch Überwachsen des alten, abgestorbenen Substrats regelrechte „Mützen". Diese bieten einen sehr guten Sichtschutz für das Gelege der Würmer und so werden die Eier von den Fischen nicht mehr erkannt und gefressen. Eine Ausnahme bildet der Sechsstreifen-Lippfisch (*Pseudocheilinus hexataenia*)! Von ihm werden die Gelege trotzdem noch gut gefunden und auch gefressen. Viele andere Fische würden die Würmer wahrscheinlich ebenfalls fressen, wenn sie diese nur erkennen könnten. So tritt die Plage immer wieder von Neuem auf.

Garnelen

Auch Tanzgarnelen der Gattung *Rhynchocinetes* können zur Vernichtung der Strudelwürmer eingesetzt werden. Sehr effektiv werden die Korallen von diesen Plagegeistern befreit, wenn sie in ein separates Becken gesetzt werden in dem sich eine kleine Gruppe (3 bis 4 Exemplare) der Durban-Tanzgarnele *R. durbanensis* befindet. Diese Garnelen reinigen die Korallen gründlich. In das Riffaquarium dürfen sie nicht eingesetzt werden, denn dort belästigen sie die Korallen. Im Hauptaquarium helfen die kleinen Garnelen *Thor amboinensis*, die Korallen „sauber" zu halten. Eine Plage allerdings können sie nicht eindämmen.

Oben: Die Tanzgarnele sucht die Koralle nach Plagegeistern ab. Sie darf nicht ins Hauptbecken gesetzt werden, denn sie schädigt die Korallen. *Thor amboinensis* (unten) hält „ihre" Koralle sauber.

Auf einen Blick

Strudelwürmer

Schadensbild

Der Wurm tritt hauptsächlich bei Korallen aus dem Formenkreis *Acropora valida, A. formosa, A. selago, A. tricolor* und *A. solytariensis* auf. Diese besitzen wenige, weit auseinander liegende, relativ kurze Korallenpolypen. Besonders die *A. valida*-Arten mit violetten Wachstumsspitzen und insbesondere Exemplare mit violettem Grundgewebe und grünen Polypen werden stark befallen. Ein möglicher Befall ist an den eingezogenen Polypen zu erkennen. Weiterhin sind deutliche helle Flecken auf dem Korallengewebe zu erkennnen, die sich unregelmäßig über die Koralle verteilen. Der Wurm selbst ist bestens getarnt und nur sehr schwer auszumachen.

Ursache

Acropora-Strudelwurm. Man vermutet, dass dieser Wurm der Gattung *Apidioplana* angehört (Nosratpour 2008), ist sich hierbei allerdings nicht ganz sicher.

Maßnahme

Beim Erwerb neuer Korallenableger: Hinsichtlich der Gefahr, die von den sog. Strudelwurmfängern ausgeht, ist es vernünftig, zu Beginn nur kleine Ableger zu erwerben. Idealerweise sollte so ein Ableger aus nur einem kleinen „Arm" bestehen. Dieser kann bestens kontrolliert werden. Endeckt man Eier oder einen ausgewachsenen Wurm, muss dieser entfernt werden. Mit Betaisodona oder dem Mittel Pro-Coral-Cure von Tropic Marin (2-3 ml/l) ist das in einem separaten kleinen Becken möglich. Auch das Abpinseln oder „Abföhnen" mit einer Tauchpumpe ist effektiv.

Plage bereits im Becken: Hier wird es nicht gelingen, den Wurm mit chemischen Mitteln zu bekämpfen, geschweige denn, wieder aus dem Aquarium zu bekommen. Nur der Einsatz von Lippfischen wie diverse *Halichoeres*-Arten oder auch der Sechsstreifen-Lippfisch (*Pseudocheilinus hexataenia*), *Chaetodon kleini* (nur eingeschränkt zu empfehlen, da Übergriffe auf Korallen möglich sind), *Synchiropus stellatus* können helfen, die Plage im Zaum zu halten. Hält man die Fische bei der Fütterung etwas kürzer (verhungern sollen sie aber nicht!), suchen sie aktiver nach diesen Würmern.
Auch Tanzgarnelen (Gattung *Rhynchocinetes*) können gezielt nach diesen Würmern suchen. Sie darf man aber nur in separaten „Behandlungsbecken" einsetzen. Dort muss man sie im Auge behalten, damit sie nicht das Korallengewebe schädigen. Die kleinen *Thor amboinensis*-Garnelen pflücken auch den einen oder anderen Strudelwurm von den Korallen.
Weiterhin darf man die Korallen in der Zeit einer Plage nicht mit käuflichem flüssigem Korallenfutter füttern. Dieses Futter begünstigt die Entwicklung der Würmer.

Nachwort

Quellen und weiterführende Literatur

Stichwortverzeichnis

Nachwort

In diesem Nachwort möchte ich noch einmal wichtige Faktoren in einer Kurzübersicht darstellen.
Die Dichte in all meinen Aquarien und Testaquarien lag bei einem Wert zwischen 1,022 und 1,024 kg/l gemessen bei 25 °C. Der pH-Wert lag bei allen Tests und besonders bei den Versuchen mit den vorgestellten Algen- oder Strudelwurm-Chemikalien zwischen 7,9 und 8,2, die Alkalinität (KH) zwischen 6 und 9. Der Calciumgehalt betrug ca. 390 bis 410 mg/l. PO_4 < 0,08 mg/l, der Nitratgehalt (NO_3) lag bei maximal 12 mg/l.

Während ich die chemischen Keulen einsetzte, bestand das gesamte System nur aus

- Aquarium,
- keinem oder nur einem sehr trocken eingestellten Eiweißabschäumer,
- ggf. Biofilter und/oder Schnellfilter,
- Kalkreaktor.

Während der Behandlungszeit und auch einige Tage danach sollten keine zusätzlichen Adsorber wie PO_4-Adsorber oder Zeolith, aber auch keine denitrifizierenden Filter, Schwefelfilter usw. die die Chemie beeinflussen und ggf. unvorhergesehene Schäden verursachen können, eingesetzt werden. Das Gleiche gilt für UV und Ozon. Auch eine Kalkwassergabe während einer Behandlung muss unterbleiben. Eine Doppelmaßnahme, wie z. B. rote Schmieralgen und Glasrosen gleichzeitig zu bekämpfen, sollte vermieden werden.

Macht man sich die Mühe das Nettowasservolumen so genau wie möglich zu berechnen und die jeweilige Dosis daran auszurichten, dann ist ein Erfolg ohne Ausfälle wahrscheinlich. Ich habe bei meinen vielen Experimenten außer einer kleinen Garnele (*Thor*) keine Tiere verloren. Auch sämtliche Korallen wie kleinpolypige Steinkorallen, großpolypige Steinkorallen, Hornkorallen und Weichkorallen haben die Behandlungen gut vertragen. Waren einige von ihnen ggf. einige Tage geschlossen, so standen sie aber nach spätestens zwei Wochen wieder bestens.

In keinem Fall wurde die Bakterienbiologie im Aquarium so stark geschädigt, dass Tiere verendeten oder bedenkliche Ammoniakwerte gemessen wurden. Wird sicherheitshalber nach Beendigung einer Behandlung noch ein effektives Bakterienpräparat zugegeben und maßvoll gefüttert, dann gibt es mit dem Stickstoffkreislauf überhaupt keine Probleme.

Ich würde all die hier vorgestellten Maßnahmen bei Bedarf zu jeder Zeit wieder an meinem eigenen Meerwasseraquarium durchführen.

Rüdiger Latka

Kontaktadresse:

Rüdiger Latka Verlag
Stichwort: „Plagegeister“
Dekan-Fellhauer Str. 18
76359 Marxzell–Burbach

E-Mail: meeraqua@t-online.de

www.dermeerwasseraquarianer.de

Quellen und weiterführende Literatur

Adey, W. H., Loveland, K. 1991: Dynamic Aquaria: Building Living Ecosystems. Academia Press, San Diego.

Åkesson, B., Gschwentner, R., Hendelberg, J., Ladurner, P., Müller, J., Rieger R. 2001: Fission in *Convolutriloba longifissura*: asexual reproduction in acoelous turbellarians revisited. Acta Zoologica 82. S. 231-239

Åkesson, B., Hendelberg, J. 1989: Nutrition and asexual reproduction in *Convolutriloba retrogemma*, an acoelous turbellarian in obligate symbiosis with algal cells. In: Ryland, J. S. and Tyler, P. A. (Eds.): Reproduction, Genetics and Distributions of Marine Organisms, pp. 13-21. Olsen & Olsen, Fredensborg, Denmark.

De Villele, X., Verlaque, M. 1995: Changes and degradation in a *Posidonia oceanica* bed invaded by the introduced tropical alga *Caulerpa taxifolia* in the North-Western Mediterranean. Bot. Mar. 38. S. 79-87.

Glaser, A. 2008: Ratgeber Meerwasserchemie. Rüdiger Latka Verlag, Marxzell.

Hamner, W. M., & Wolanski, E. 1988 in Riddle D., Gay, N. 2002: Der pH-Wert: Indikator für eine korrekte Strömung? Der MeerwasserAQUARIANER 1-2002.
Rüdiger Latka Verlag, Marxzell.

Hebbinghaus, R. 2004: Die Erben der Glasrosen. Datz 2/2004 und 3/2004.
Ulmer Verlag, Stuttgart.

Holmes-Farley, R. 2003: Silica in reef aquariums, Advanced Aquarist Jan. 2003.

Holmes-Farley, R. 2005: Reverse Osmosis/Deionization Systems to Purify Tap Water for Reef Aquaria, Reefkeeping 5/2005.

Holmes-Farley, R. 2006: Ozone and the Reef Aquarium, Part 1–3, Reefkeeping 3–5/2006.

Hubbard, J. 1974: Scleractinian coral behavior in calibrated current index. Proc. 2nd Int. Coral Reef Symp., Brisbane, Australia 2. S. 107-126.

Hüster, R. 2004: Stoffkreisläufe im Riff und im Aquarium in 4. Int. Meerwassersymposium, Lünen - Symposiumsband 4.

Kokott, J. (2003): Nährstoffarm oder nährstoffreich – nur Ansichtssache? Zusammenfassung des Vortrags zum 3. Aqua-Terra-Symposium, Sindelfingen 2003.

Kokott, J. (2004): Nährstoffe im Riffaquarium und die Ernährung von Korallen. Teil 6. Nährstofflimitierung. KORALLE 29 (05/2004). S. 73-79.

Kreissl, D. (2011): Reinheit von anorganischen Salzen. Der MeerwasserAQUARIANER 1/2011.

Latka, R., Kirchhauser, H. 1997: „Hart im Nehmen" – Beobachtungen einer parasitären Nacktschnecke auf *Montipora*-Korallen. Der MeerwasserAQUARIANER 2/97.
Rüdiger Latka Verlag, Marxzell.

Mebs, D. 1989: Gifte im Riff. Wissenschaftliche Verlagsgesellschaft mbH, Stuttgart.

Meyer-Reil, L.-A., Köster, M. 1993: Mikrobiologie des Meeresbodens. Gustav Fischer, Stuttgart.

Michelis, N. K., Anthes, N., Hart, N.S., Herler, J., Meixner, A. J., Schleifenbaum, F., Schulte, G., Siebeck, U. E., Sprenger, D., Wucherer, M. F. 2008: Red fluorescence in reef fish: a noel signalling mechanism? – BMC Eco-

Quellen und weiterführende Literatur

logy 8: 16, im Internet (Stand Okt. 08): www.biomedcentral.com/content/pdf/1472-6785-8-16.pdf

Mrutzek, M. 2000: Ein auf die *Acropora formosa*-Verwandtschaft spezialisierter Strudelwurm und eine Methode zu seiner Bekämpfung. Das Aquarium 5/2000. Schmettkamp Verlag, Bornheim.

Mrutzek, M. 2009: Ärger mit dem Leopard-Strudelwurm *Pericelis spec.* Der Meerwasser-AQUARIANER 3/2009.
Rüdiger Latka Verlag, Marxzell.

Müller, P. 2007: Erfahrungen mit dem *Acropora*-Strudelwurm. Der MeerwasserAQUARIANER 1/2007.
Rüdiger Latka Verlag, Marxzell.

Nahabedian, S., Wood, J. B., Parr, M. 2007: Marine Invertebrates of Bermuda: Flamingo Tongue Snail (*Cyphoma gibbosum*). www.thecephalopodpage.org

Nosratpour, F. 2008: Observations of a polyclad flatworm affecting acroporid corals in captivity. In: Advances in Coral Husbandry in Public Aquariums Volume 2. Burgers` Zoo Arnheim, The Netherlands.

Ogunlana, M. V., Hooge, M. D., Tekle, Y. I., Benayahu, Y., Barneah, O., Tyler, S. 2005: *Waminoa brickeri n. sp.* (Acoela: Acoelomorpha) associated with corals in Red Sea. Zootaxa 1008, Magnolia Press. S. 1-11.

Reize, I. B. 2007: Oh diese Schmieralgen. Blaualgen aus der Sicht eines Phycologen. www.koelneraquarienverein.de

Rohleder, P.-G. 2010: Die Bekämpfung von Roten Schmieralgen mit Mycosidol. Der MeerwasserAquarianer 03/2010.

Risch, M. 2001: Plagegeister. Das Aquarium Nr. 385, Juli 2001, Birgitt Schmettkamp Verlag, Bornheim.

Schlegel 1992: Allgemeine Mikrobiologie. Thieme Verlag, Stuttgart.

Schmidt, H. 1972: Prodromus zu einer Monografie der mediterranen Aktinien. Zoologica 42 (121) S. 1-146.

Shannon, Th., Achatz, J. G. 2007: *Convolutriloba macropyga sp. nov.*, an uncommonly fecund acoel (Acoelomorpha) discovered in tropical aquaria. Zootaxa 1525, Magnolia Press. S. 1-17.

Sprung, J., Delbeek J. C. 1998: Das Riffaquarium, Band 2. Dähne Verlag, Ettlingen.

Stüber, D. 2007: Giftig, nicht giftig, wie giftig? Welche Gefahren verbergen sich in einem Riffaquarium und wie begegnet man ihnen? Der MeerwasserAQUARIANER 2/2007. S. 38-47.
Rüdiger Latka Verlag, Marxzell.

Stüber, D. 2010: Achtung Lebensgefahr. Krustenanemonen können lebensbedrohlich sein. Der MeerwasserAQUARIANER 03/2010. S. 42-47.
Rüdiger Latka Verlag, Marxzell.

Valdés, A. 2005: A new species of *Aeolidiella* Bergh, 1867 (Mollusca, Nudibranchia: Aeolidiidae) from the Florida Keys, USA. *The Veliger*, 47. S. 218-223.

Whittaker, R. H., Feeny, P. P. 1971: Allelochemics: Chemical interactions between species. Science 171. S. 757-770.

Stichwortverzeichnis

Stichwortverzeichnis

Stichwortverzeichnis

Stichwortverzeichnis

Stichwortverzeichnis

Stichwortverzeichnis

Stichwortverzeichnis

Stichwortverzeichnis

Stichwortverzeichnis

Stichwortverzeichnis

Stichwortverzeichnis

Flabellina rubrolineata. Foto: Kai Velling.